公共关系

第二版

PUBLIC RELATIONS

[日] 井之上乔 著
王晃玉 王熙威 译

人民东方出版传媒
People's Oriental Publishing & Media
東方出版社
The Oriental Press

前言

拙著《公关力》的第一版（日文版书名为パブリック.リレーションズ）2006年3月在日本出版。时间过得很快，转眼间9年过去了。在这期间，世界发生了巨大的变化。国民生产总值（GDP）曾是世界第二的日本，也把此位置拱手让给了中国。世界从美国单极控制的局面迅速向多元化格局变化。在世界全球化的急速发展背景下拥有超过40亿人口的亚洲市场成长非常显著。互联网的爆炸式普及所带来的各种技术革新、社交媒体的发展、地域纷争、气候的异常等因素在全球范围极大地影响着我们的生活以及社会、经济和政治环境。与时俱进的企业公关角色，当然会随着上述要素的变化而变化。所以笔者以当今时代的视角重新编辑出版本书，也借此机会将书中的诸多用词遣句修改，以顺应当今时代潮流。

“公共关系（Public Relations，PR）是个人或者组织通过最短距离达到目的、达成目标的活动，是由‘伦理观’支撑的，以‘双向沟通’和‘自我修正’为基础的构筑关系的活动。”

这是笔者作为公共关系专家，实际投身于公关业务40多年后为公共关系所下的定义。公共关系的生命在于由高度“伦理观”支撑的“双向沟通”和“自我修正”，在此基础上运用各种手法，通过最短的距离达成目标，达到目的。

此外，从经营管理的视角来看，公共关系是把本有的四大资源——“人”“物”“资金”“信息”分别强化，再加以统合后形成的“第五大经营管理资源”。

包含了伦理观和自我修正机制的公共关系在民主政治和自由竞争的社会中发挥着它真正的价值。公共关系具体需要做些什么呢？简言之，公共关系的内容是指，为了达成目标和达到目的，要向各类公众，也就是需要构筑关系的利害关系者（包括顾客、股东和投资人、员工、生意伙伴等）、市场、纳税人、国民、世界各国的人、外国政府以及国际机构积极地发送信息，通过反馈回来的信息持续地分析他们的动向和状况，如发现错误则接受并立即修正，实施新的方案并且再度发送新的信息。在反复不间断地实施上述活动的过程中，迅速应对情况的变化，直至达到目的，达成目标。换句话说，就是为了达成目标而实施的与各类利害关系者们构筑良好关系的关系管理行为。举个例子，如果利害关系者是国际社会的话，公共关系此时就是促进不同文化的交流，构筑国家与国家之间良好关系的全球化时代的基础设施。

公共关系（Public Relations,PR）一词最早出现于20世纪初的美国。虽然其后随着时代的变迁，它的含义和手法都一直在发生着变化，但是在以美国和英国等为代表的欧美发达国家，它渗透到了从企业到政府、地方自治体，学校等教育机构，甚至是联合国和国际银行等国际机构中，并且被这些机构所实践着。

公共关系的“公共”是指一般意义上的社会，不过具体含义因组织机构所设定的目的、目标的不同而不同。比如，对于上市公司来说就是投资人关系；与社会团体产生的关系就是社区社团关系；

为了推动政府放宽政策而构筑的关系就是政府关系；等等，因目的不同，对象也产生变化，进而构筑关系的战略和内容也会变化。如此这般，从诸多的公众中选择限定对象作为目标群体，与这些目标群体构筑的关系的总和就是公共关系。

公共关系学是在第二次世界大战后的GHQ（General Head quarters）的主导下传入日本的。之后历经曲折发展至今日。近年来又在经济高度成长的背景下被狭隘化地曲解，有时甚至完全被误解其义。

PR在日文中没有贴切的词汇可翻译。意思比较相近的词汇是日语的“广报”一词。但是如果从PR的本意来看，“广报”一词欠缺了“关系构筑”这个要素，而这恰恰是PR一词的生命灵魂所在。按“广报”一词一直以来的意思来解释的话，应解释为“广而报之”。如此就只表达了发出信息的一面，多数情况下都只有“单向交流”的意思。只有和“广而听之”配套同时使用时才算具备了双向交流的意思。如果一定要从日语中找出更贴切一词解释PR的话，那么“战略广报”的语感还更接近一些。战略广报是指，为了达到目的，经营管理中枢、面向各类大众，通过自己的行动所开展的关系构筑活动。

公共关系的灵魂在于拥有双向性的关系构筑活动。如前所述，公共关系是个人或者组织为了达到目的，在高度的伦理观支撑下，以双向交流和自我修正能力为前提，在原有的战略性特质上再添加了局势分析和危机管理等功能和技术，持续地进行“进攻”和“防守”的强硬而坚固的手法。个人和组织体通过运用此手法可以得到所谓的“软实力”。在这个纷繁的世界，这正是组织体、领导人以及正处于低迷状态的日本社会所最需要的。

公共关系诞生和发展于美国。本书除了介绍公共关系在美国的概念和技术之外，还会分析为何公共关系引入日本后的普及会如此缓慢滞后。此外，笔者运用常年从事公共关系工作所得到的知识和见解，对公共关系的“自我修正模型”进行了研究，此研究也会在本书的最后部分作为“辅论”出现。希望这些能帮助读者进一步理解深奥的公共关系世界。

当今世界正处在一个巨大的十字路口中央。拥有综合视角的公共关系正是解决国家、民族以及各地域社会的各种问题时最需要的手法。

本书探究了公共关系在 21 世纪的作用和重要性，写出了在当今激烈竞争的社会中经营管理者和实务工作者们应当专注从事的公关实践方法以及分析手法，并介绍了具体的公关案例。笔者衷心希望，本书的出版，能为将这前途未卜的日本以及世界改变为充满希望的、和平的社会，尽一些绵薄之力。

井之上乔

2015 年 2 月

目　录

CONTENTS

第一章

什么是公共关系？

一、“公众”（Public）的概念

公共关系（Public Relations）一词中的Public，常常被翻译为“公共”或“公众”，在本书中我们将取用其“社会”和“大众”的意思，以便于更加贴切地体现公共关系的深度和广度。

如图1–1所示，以企业组织为例，公众由一般消费者或顾客、从业人员、分销商、股东、投资方、地区社会以及国际社会等多种多样的对象构成。并且，对组织来说，随设定目标的不同，对象也具有可变性。例如，上市公司的对象是投资者，实施的公关行为叫作投资者关系（Investor Relations）；与社会地方团体相关的公关被称作社群关系（Community Relations）；为促进政府放宽政策所实施的公关则被称为政府关系（Government Relations）；等等。因目标不同对象也改变，促成关系的战略和手法也因此不同。图1–2表示的是组织与公众之间的互动联系。公关活动本身也和对象设定一样，因目的目标的不同而变化。因此，从多样的公众中选择某类特定的公众，与这各类公众构筑的关系的总和就被称为公共关系。

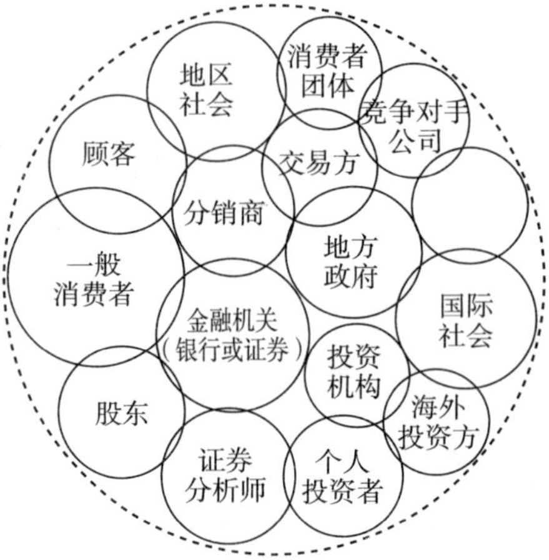

图 1-1 对组织机构（企业）来讲的“公众”

要想制定好的公关战略，对公众的理解必不可少。交流沟通可以说就是公共关系这条血管中流淌着的血液。一方面我们要把信息传输到需要的地方，另一方面又要把关于何处需要什么信息的数据反馈回来，再发出新的信息。不过信息发送者如果无法理解信息接收者的话，血液将无法流动，准确的交流和沟通将无法实现。信息接收者正是公众的一部分，对公众的理解如果不够充分的话，就无法准确地设定对象，明确谁是信息接收者。

与此同时，我们还需要理解的是，信息接收者往往也同时是信息发送者，反过来也是如此。只有理解了上述这点，才能够双向地理解被设定为信息接收对象的一方，作为新的信息发送者要对什么样的对象进行信息发送。

为了有效地实施信息发布，必须充分对全体公众到公众的一部分——利害关系者，再到特定的团体都加以理解，并对从宏观到微观的整体与个体集团之间的关系都有充分的理解。此外，这种理解

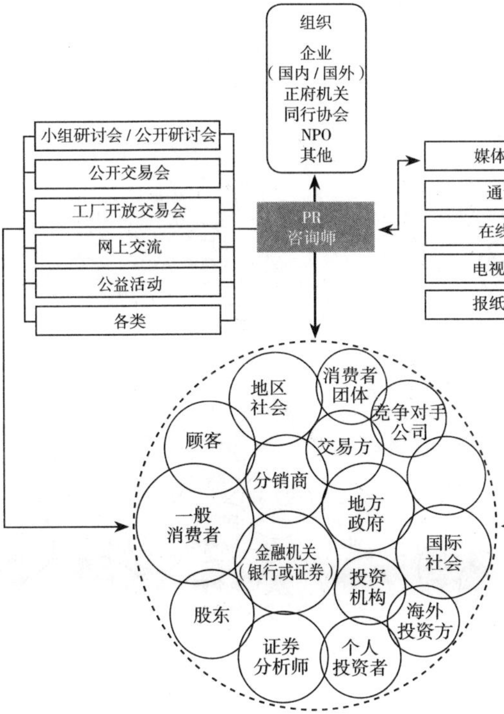

图 1–2　组织与公众之间的关系

不能仅停留在静态，因为公众的情况时时刻刻发生着变化，这就需要从动态的角度去理解上述种种对象。

下面我们一起来看一个将企业作为信息发送者的例子。

◆静态的公众

请看图 1–3（被公众四面环绕的企业）。以企业为中心而交差的纵横两轴把空间分为 4 块，在这 4 块空间里分布着的就是公众总体。如前所述，“公众”的意思被理解为“社会”和“大众”，而随着数据化时代的到来和互联网的普及，我们还必须把网络空间也纳

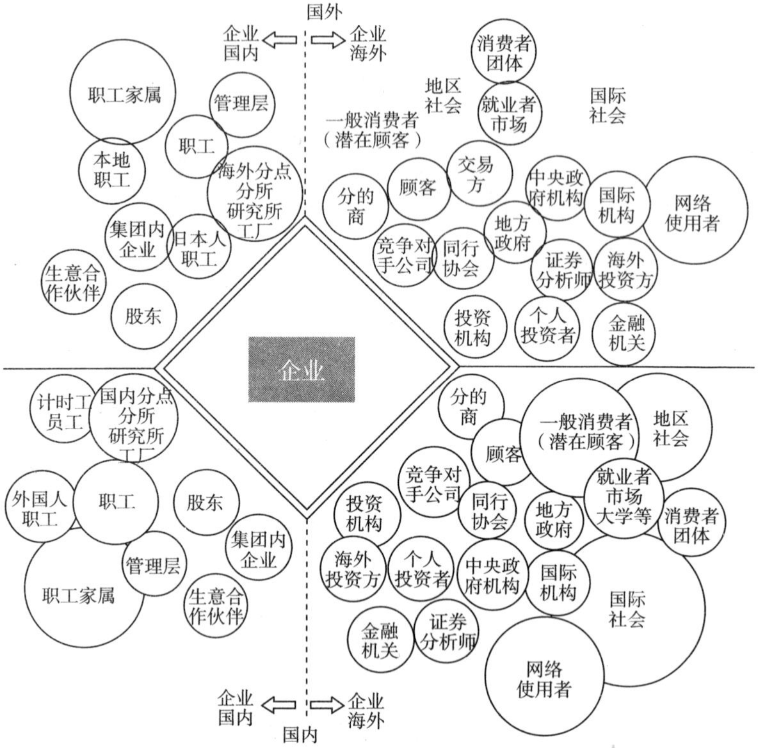

图 1–3　被公众四面环绕的企业

入视野。这样一来仅仅用“公众”一词就无法充分表达真正意义上的公众。从不同切入点来做静态的分析会得出不同的结论，在这里，我们就将一切有可能成为公众的群体都包含到公众的定义中去。而有可能成为公众的群体究竟是什么，是如何发展而来的，是如何演变而来的等问题都是需要进行动态分析的。当然，如果没有足够的静态理解，动态分析也很难做到。

公众总体的中心就是作为信息发送者的企业。首先，企业的交流方式可以分为企业内部交流和企业外部交流。横轴的右边表示企业外部，左边表示企业内部。从经营活动的地点来看又可分为国内交流和海外交流，这点我们通过纵轴来表示。纵轴的上方为海外，下方为国内。由此，从企业的角度来看，公众就可以分为四大类。

首先左下方是企业内部、国内部分，包括可能成为新员工的人的集合（例如即将毕业的大学生或者正在找工作的人们等）、工会等由员工组成的集合、商业伙伴等虽然是企业外的组织团体，但其中某些部分也可以划到企业内部去的集合。另外，如果是企业间互相持股组成了企业集团的话，那么股东也有一部分要被划入这个部分。就拿企业员工来说，从市场的角度和从劳资关系的角度来看，员工会被划入不同的类别，或者横跨两类之间。图中的圆圈相互重叠的部分就表示这个意思。

接下来让我们一起来看左上角的部分，也就是海外的企业内部部分，包括派驻海外的员工及其家属、在外国当地雇佣的员工、作为国外据点的营业场所和工厂。与此同时，如果考虑到文化问题的话，海外所在地的社会也要纳入这个部分。

右下角部分是国内的企业外部部分。这一部分包括交易上下家、竞争对手企业、国内政府和地方政府、消费者及消费者团体、消费者所属的地区社会、投资人、还有同行业协会团体等。

最后右上方的部分是海外的企业外部部分。包括海外的交易上下家、竞争对手企业、外国政府、海外消费者群体、海外投资人，还有笼统的无边无际的国际社会也可以纳入考虑范围。

在这里只设定了企业内—企业外、国内—海外两条轴，但因公关目的的不同，我们也可以设定其他的轴。另外，图 1–3 中把作为公关对象的各种组织团体用圆圈圈了起来。但是我们只要看看图就会发现，在圆圈之外还有很多空白，这些空白表示在现阶段还不能识别的未知公关对象。这不是因为作为公关对象不需要被认识，而是因为这些公关对象超过了信息发送者的认识能力范围，无法被识别。但是，无法识别并不等于和信息发送者没有关系，而是我们还无法预料这些公众群体会在什么时间、以什么方式和信息发送者发生关系，产生相互影响。比如，我们可以将其考虑为企业在开展新业务时所产生的新对象的存在空间。从这个意义上讲，我们可以将图中空白部分理解为企业的潜在交流对象。

在企业与环绕包围着企业的各种组织团体之间，存在着沟通的渠道。包括媒体，对舆论界有影响力的学者、评论家，还有市民团体等。企业通过这些渠道间接地与公众沟通。而在当今社会，互联网和社交媒体的发展也使企业与公众的直接交流成为可能。

至此，我们界定了全体公众乃至按对象细分的公众群体，但如果要进一步理解公众内涵的话，还需要进行逆向思维。也就是说，不仅存在着作为公关对象的各种各样的群体，同时也存在着“现在尚未成为但将来有可能成为目标对象的、尚未被认知的”各种团体。而更复杂的是，有些群体即使没有成为目标对象，也会以某种方式在信息发送者没有意识到的情况下以某种形式发挥着影响作用（指图 1–3 中空白的部分）。而且，不论是否是有意识的，各种群体都可能作为利害相关者环绕包围着信息发送者，在相互联动演绎着复杂的利害关系的过程中形成了“公众”的整体。综上，我们可以认识到：公共关系中对公众的理解不仅出乎意料地复杂，而且要设定一个明确的公众目标也不是一件容易的事。

专题一：公众和利害关系者的区别

“公众（Public）”指的是“一般社会”和“一般大众”，由众多的集团构成。企业在日常经营活动中接触的所有集团的构成因子被称为“利害关系者”（Stakeholder）（包括企业的职工员工）。比方说，企业为增加资本而再次发行股票的时候，投资者、股东、证券公司、监管部门是企业的利害关系者；新产品上市的时候，一般消费者和顾客、分销商等是企业的利害关系者。因此，依据目的和主题的不同，企业在向外界发送信息时，向不同类别的利害关系者发送信息的内容和方法也各不相同。

使问题更进一步复杂化的是，我们不能忽略，以上所说的信息发送者在其他信息发送者的眼中，很简单地就变身为一个公众群体，一个公众因子。

比如，以企业作为信息发送者主体来看待“大学”这个公众群体。对企业来说，教职员工以及大学生是顾客（或潜在的顾客），而同时也是企业的人才招聘对象。图 1-4 描述了围绕在大学周边的公众。如果以大学作为信息发送者主体来看，企业只不过是其公关对象的一个群体、一个因子。信息发送者常常会错觉自己身处公众的中心位置，但从其他公众群体的视角看来，他只不过是全体公众的一部分罢了。

我们只有时刻意识到，自己在站在公众的中心的同时，也只不过是公众的一个因子这个事实，才能认识到自己既是信息发送者，同时也是信息接收者这一事实。并且，只有拥有了这种意识，才能

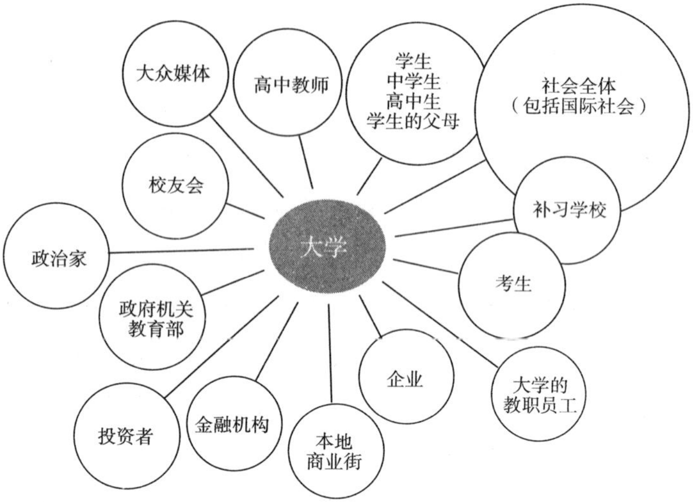

图表 1–4　围绕着大学的公众

称得上是具备了“实践以多视角的双向沟通为基础的公共关系管理”所需的基本态度。

图 1–5 中显示作为信息接收者的某个人会有多个面孔，成为不同种类的“对象”。公众的最小单位是个人。个人通过家庭、职场等进一步展开他的关系网，增加他的信息交接点。某条信息会通过个人的关系网向各类公众无限扩散出去。另外，如前所述，信息接收者也很可能变为信息发送者。

◆动态的公众

只理解静态的公众的话还不能算得上真正理解了公众的内涵。我们必须还要明白全体公众和作为沟通对象的利害关系人群体是如何演变而来，以及未来将会发生何种变化。在外部环境瞬息万变的情况下，没有什么公关对象是不变的。就算一年不变，三五年也会变。眼下不存在的对象群体会逐一粉墨登场，反过来也会有对象群

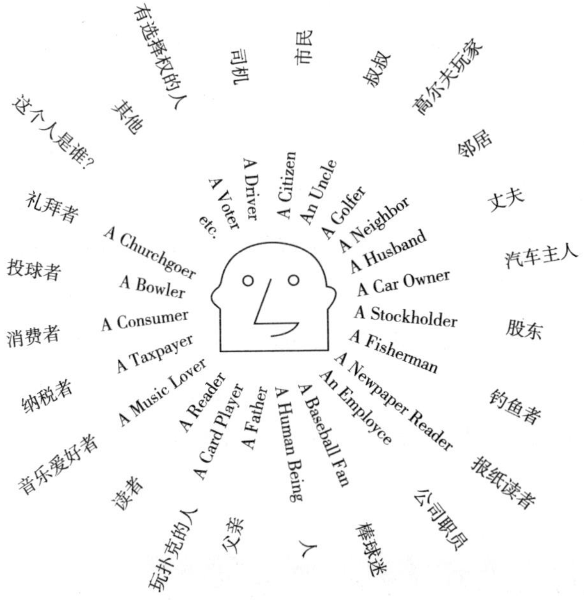

图 1–5　个人信息结合点

体逐渐消失。比如 30 年前还不存在的由互联网空间和移动通信网络所构筑的庞大的虚拟世界，而现在已经成为我们不容忽视的存在了。由此可见，短期的调查只能静态地理解当下的一部分公众，静态地理解公众很可能会招致公关的失败。

掌握和理解公众的变化的手段有很多种。既有把公众作为一个整体看待的社会科学的方法，也可以按年龄、性别、是否为实际用户等条件对调查对象加以限定。公关活动的目的不同，公关手法自然也不同，公关从业人员因此必须具备随机应变的灵活性。要紧紧盯住变化多端的公关对象，并把目光放长远，不间断地收集、分析信息。

我们还必须注意的是，引起对象群体变化的原因可能是这个群体外部环境的变化。在这种情况下，我们就必须要看清变化发生的真正所在和原因。可是互相关联的利害关系如此庞杂，我们在辩明原因时可能需要面对无尽的连锁关系。再加上信息发送者自身也在变化，在这种情况下，我们最好能按照公关活动的目的和期限，来限定对外部环境变化及其影响的调查方法，以及调查范围。

静态的公众本就很复杂，再加上繁杂的动态变化，使得正确地理解它变得非常困难。如何敏锐地感知变化的发生，如何展开触角、广布天线，又如何应对变化——这既是有效公关的关键，也是成功的公关被称为“实时控制工具”的原因所在。

二、各种各样的“关系”及其目标对象

如前言中所述，“公共关系”是企业、政府等组织为了达到一定的目的，作为信息发送者，与公众（社会等信息接收者）构筑各种关系的关系管理活动。

在这种情况下，信息发送者需要做的就是设定好公关目的和对象，然后发出信息。如果是企业，就会根据它的经营战略和市场战略来决定构筑关系时的重点目标公众群。而从营销视角出发的话，公关对象就变为了市场。

一旦看错或选错了和目标对象密切相关的某一层关系的话，就会导致无法对信息进行正确的分析，从而对与之相关的方针变更、自我修正等行为造成负面影响，并导致实际操作时项目的精确度和效果被削弱，有时甚至会导致整个公关战略的失败。

本章将就信息发送者与特定的目标群体构建恰当的关系时，最具代表性的5种公关的特点和角色进行介绍。这5种公关分别是：“媒体公关（Media Relations）”“投资人公关（Investor Relations）”“政府公关（Government Relations）”“员工公关（Employee Relations）”“社区公关（Community Relations）”。

公共关系实务专家作为组织中的一员，或者作为身处组织外部的咨询顾问（以个人或企业的形式），起着信息发送者与对象群体间的中介人的作用。此时，公共关系实务专家的立场是站在信息发送者这一边的。

（一）媒体公关（Media Relations：MR）

◆作为核心竞争力的媒体公关

“媒体公关”不同于其他普通的商业咨询公司的活动，甚至可以称得上是公共关系中的核心竞争力。如图1-6中所示，媒体公关

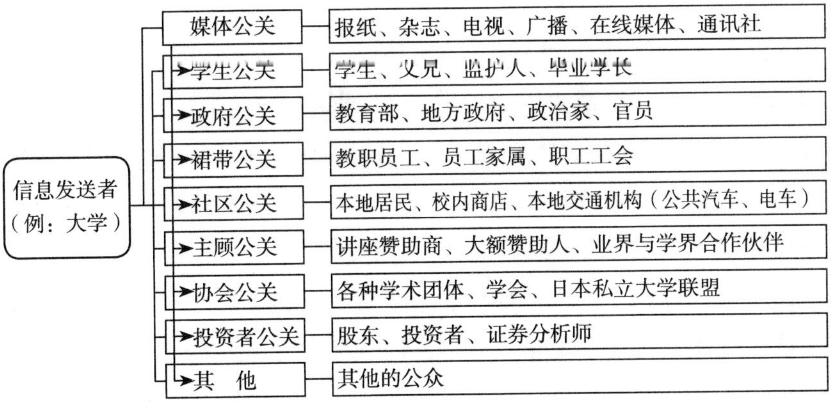

图表1-6　与目标有关的各类公共关系

不仅是针对各式各样公关对象的一种公关渠道，也担任着和媒体建立起良好关系，并以此为基础进行关系管理的重大任务。

专题二：公众宣传活动与媒体公关

这两个公关用语易混淆。公众宣传（Publicity）活动的对象如果是纸面媒体的话，那么它就是“以被报道为目的的，向媒体提供信息”的行为。所以，它是一个单方向性的信息发送行为。而媒体公关（Media Relations）是指信息发送者（企业或团体等）“通过与媒体交换信息，促进彼此间的相互理解与信赖关系的形成，以此期待媒体刊登有效果的报道”的行为。信息发送者必须要在充分了解目标媒体的报道角度，以及记者、编辑对信息的需求的基础上提供准确的信息。所以可以说，媒体公关是具有双向性质的交流活动。

此外，按媒体的种类来区分的话，有报纸（全国发行的、社区的、地方性的、经济类的、产业类的、团体性的等）、杂志（季刊、月刊、周刊，还有经济类杂志、行业类杂志、女性杂志等）、电视（全国台、地方台、有线电视等）、广播、通讯社等。特别值得一提的是，最近互联网的兴起使网络媒体和社交媒体（SNS：Social Networking Service）以其即时性为优势而迅速发展。关于网络媒体和社交媒体，将在第七章“互联网时代企业公关”中详述。

日本是世界上屈指可数的信息密集程度以及信息的经济价值都很高的国家。《朝日》、《读卖》、《每日》、《产经》、《日经》等全国发行的报纸每天的早晚刊发行份数合计超过 3500 万份（2013 年数据）。NHK 和民营的 5 大电视台全国联网，把重大的新闻瞬间传遍全国（参照第二章第七节）。在日本，公众对于高端媒体报道的信赖度很高，媒体很容易对公众产生影响。同时，超过 90% 的媒体总部集中于东京，这构成了构筑媒体关系的极佳环境。而且，东京有乐町的电器大厦北馆 20 层设有日本外国特派员协会（FCCJ：通称“外国记者俱乐部”），在那里世界主要媒体的特派记者把信息从日本发布向海外。

在公关活动中，企业和这些媒体的关系至关重要。企业就是要把话题性、热点性高的信息以影音形式通过各种媒体发送，并使相同内容的新闻在各个媒体渠道得以反复传播。这样一来，通过信息的全社会范围共享，可以促进舆论的形成，影响政府的行政活动和企业的经营活动。媒体报道的语气及报道内容，短时间内就可以在极大程度上左右公众心目中政府或企业的形象。

信息发送者借助媒体把信息传达给最终目标对象，并在这个过程中充分利用媒体的影响力。这是媒体公关和其他公关最大的不同点。

媒体公关的一般框架如图 1-7 所示，在此基础上如果再把公共

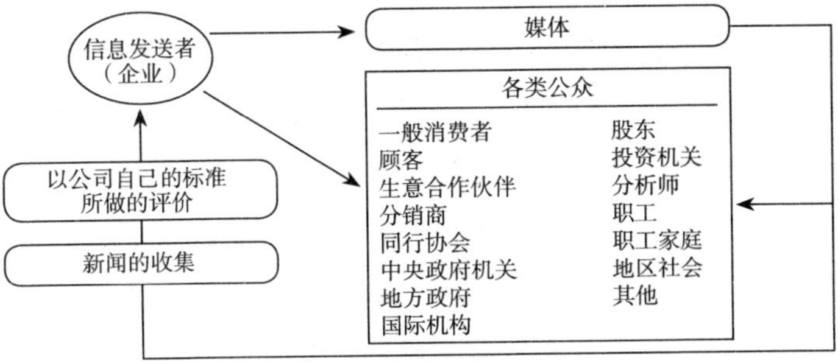

图 1-7　媒体公关的典型事例

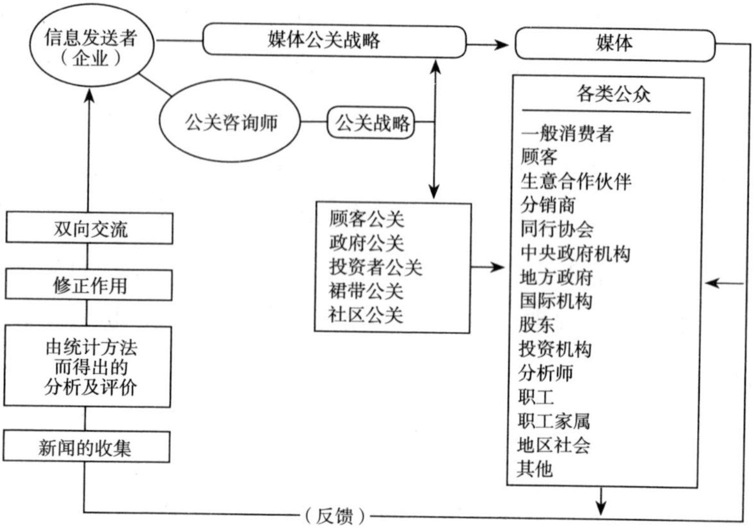

图 1–8　专业的媒体公关

关系咨询业算入其中的话，就形成了如图 1–8 所示的基于公共关系战略的专业媒体公关流程。图 1–8 中媒体关系作为具有统筹性公关的一个环节，起到了实现具有“反馈信息机能”和“自我修正机能”的双向沟通作用。

◆媒体的特性和职能

如前文所述，媒体有许多种类，而通过各种媒体渠道对外界发送信息的时候，媒体也可以分成需要付费和不需要付费两大类。

前者（付费的）就是广告和宣传。购买报纸的一定版面、电视特定的播放时间，在媒体设定的广告刊登标准以及广告商协会的道德纲领范围内，信息发送者可以自由地展现想要展现的内容、设定发布时间等。后者（不付费的）是媒体主动采集和选择信息，通过专题报道、专栏节目等形式对信息进行播放、发布，内容由媒体自主决定、自行编辑，信息发送者没有能力干预。

专题三：公众宣传与广告的区别

虽然这两者在“利用大众媒体广泛发布信息”这一点上相同，但两者的形式与背景却是不同的。

公众宣传（Publicity）是作为媒体公关的一部分，通过发布新闻稿件、召开记者招待会、独家采访、进行产品介绍等活动进行运作，最后达到在媒体上以新闻、特别报道（节目）的形式将信息发布出去的目的。因此，关于是否能够成为新闻，或者何时作为新闻被报道，都由媒体编辑方决定。而广告则是广告投放者（企业等组织或个人）付费购买了平面空间或者播放时间，所以可以选择何时在什么媒体上刊登或播放。

当然，广告也被用作公关的交流沟通的一种手法。企业广告属于公关的一部分。而产品广告则属于市场营销交流沟通活动的一部分，不包含在公关范畴之内。

媒体公关针对的正是后者。正因为信息发送者没有决定权，所以报道信息的媒体的公众信任度就很重要。媒体的公众信任度越高，公众对报道的信赖度也越高，信息发送者与公众的交流效果就越大。媒体公关的目的不仅是要广而告之，而是要通过和媒体的不断交流，把信息发送者所期望发送的内容原原本本地、正确公平地，最好能积极正面地传达给不特定的大多数公众对象。为此，对媒体公关专家（实务专家）来说，最重要的是在平常就积极地接触媒体，使他们能更深刻地理解企业经营管理的模式、产品以及服务，并且与媒体保持和发展良好的关系。

可以说，好的媒体公关是信息发送者乃至媒体公关人员共同努力积累的结果。但是，要充分理解媒体的特点，了解媒体的报道态度及立场，以及与媒体构筑良好的信赖关系，都需要充分的时间。

媒体公关工作做得不够的话，会导致错误的信息被媒体报道，从而瞬间传遍整个社会。情况严重的时候，被报道的当事人会遭受相当大的损失和打击。媒体公关就是有如此大的影响力。

◆公关经理的职责

一般而言，不仅公关公司，企业、政府、社会团体等组织里也都设有专门负责媒体公关活动的负责人。这些负责人要应对的对象主要分为以下三类：

■此负责人所属的组织机构（企业、政府或社会团体、NPO/NGO）以及客户

■作为交流渠道的媒体

■公众，即利害关系者（特定的目标群体），即信息接收者

媒体公关负责人须要在进行公关工作的时候始终考虑着这些对象，不过他们的职责不是要代替对象做最终的决断，而是要通过恰当的咨询服务来满足以上三类对象的需求。

也就是说，企业等组织机构公关负责人要对自己所属的组织的社会环境非常熟悉，公共关系咨询师则要非常了解客户、了解媒体以及公众（信息接收者），这是对媒体公关这个职业最基本的要求。并且，对于媒体情况的熟知程度直接决定了媒体公关能否成功。因此，笔者想在此明确地说明一下公关经理在工作时的四点注意事项。

①必须从媒体的视角和立场来考虑问题

公关负责人要和媒体接触，首先要十分熟悉和精通新闻。这不

仅是指知道新闻报道的结果，还指必须了解从媒体视角来看的新闻价值，以及媒体的特点。

以结构调整举例而言，许多企业即使实施了结构调整也不足以成为一条新闻。想要让某个特定的企业的结构调整成为新闻材料的话，必须从媒体的角度考虑如何介绍此事才能让此事变得具有新闻价值。而且，还要谙熟怎样的新闻会让读者、听众、观众感兴趣，并对被报道的企业产生好感，或者让负面情绪降到最低。

此外，媒体会依照某种常识作为新闻报道时的依据，这些常识和企业所处行业的常识有时会不尽相同。谁的常识比较正确很难一概而论，而且随着社会的变化，常识也会改变，是非对错很难下结论。常识的不同有时会造成媒体对企业进行负面的报道。遭受负面报道的企业、组织要真诚地接受报道内容，并进行自我分析，如果有必要的话则进行自我修正。当今时代早已不是仅仅局限于自己所属行业的常识就万事大吉的时代了。

②和媒体人士、报道机构建立恰当的关系

大致上说，记者、编辑、自由撰稿人等媒体人士对不大熟悉媒体报道意义的人常常以严厉的态度相待。企业如果在应对媒体时表现得不尽如人意的话，就会给报道内容带来影响。被媒体误报后，即使反驳批评媒体的不正当报道也为时已晚，反而会给人留下只知道一味批评媒体、不懂得认识和反省自身不足之处的印象。当这种情况发生时，媒体公关也就等于以失败告终了。对于公关负责人来说，充分理解媒体并且与媒体构筑良好的关系可以避免不必要的麻烦，把失败的可能性降到最低。

③和媒体交往的要点

在媒体工作的记者，大部分都是很有进取心、喜欢竞争的人。

对于他们来说，如果消息可以做成独家新闻的话可能会组织采访；要是不能成为独家新闻，又被别的媒体抢先报道的话，很有可能在那之后记者会对企业方面变得冷淡。媒体对企业进行的采访常常是一对一的。在接触媒体之前，公关负责人对媒体的特质以及记者本人的人品、性格、行为模式等了解得越全面越好。

另外，对自己公司和客户的工作内容熟悉是最基本的条件，因为记者会要求公关负责人提供各种各样关于企业的信息，以及与报道内容相关的其他信息。这种时候，公关负责人必须具备让一般人（读者、听众）可以理解的介绍说明能力，这样才能通过介绍背景情况来协助记者写出好文章。

可是，公关负责人无论如何努力，如企业所愿的新闻报道也是很少的。事实上，除了重大新闻之外，媒体几乎不会主动来接触采访企业。公关负责人要以制订的公关计划为轴心，考虑向哪家媒体提供什么信息可以得到媒体的报道，进而掌握行动的主动权。

④提供信息时要注意最后期限

和媒体的交往中最容易被忽视的是提供信息时的最后期限问题，特别是需要印刷的平面媒体有严格的截稿时间。电视、广播、网络等电子媒体的新闻报道截止时间常常是开播前的 5 分钟至 10 分钟（互联网的截止时间往往是前一秒）。突发事件、事故、政局变动等重大事件会在正在播放的节目中临时插播。

是否能赶上截稿时间关系到这条新闻是否会存在，所以遵守媒体的时间期限是公关负责人必须牢记的。

◆媒体公关的流程

图 1–9 介绍了媒体公关的主要流程。媒体公关中包含了多种手法。想要有效地实施公关策略，媒体名单和提供给媒体记者的一系

列材料就必须事前准备好。

选择什么手法，要根据话题内容、新闻素材的特性来定。这些方法和活动有一个共同之处，那就是要记得发送出遵循市场营销公关（Marketing PR）和企业公关（Corporate PR）规律的关键信息。

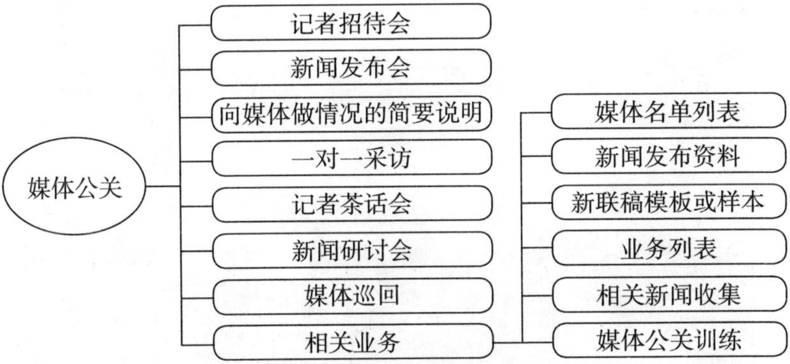

图 1–9　媒体公关的主要流程

①记者招待会与记者茶话会

记者招待会是邀请相关记者、编辑出席某个新闻价值较高的话题的现场发布活动。这种形式下的消息覆盖率自然会比较高。一次记者招待会通常为时 1 小时，前半小时由主办方作发布、演说，剩下的时间用作回答提问。记者招待会对企业、团体来说常常被用于发布经营和企业策略，公开新技术和新产品，需要有管理权的领导层出席。此外，由于记者有可能会从各个角度提问，因此企业还必须要组织一批有当场回答记者提问能力的员工到场。

与记者招待会相比，记者茶话会往往针对那些没有特别高新闻价值的话题举办。记者茶话会是企业最高管理者公布、阐释公司经营战略、全球或地区事业发展战略的良机。记者茶话会通常在友好愉快的气氛中边吃午餐或晚餐边进行。会场的座位安排也不同于记者招待会那种主办方和记者完全面对面分开坐的做法，而是列成U字或口字形，以营造出亲和的气氛。（见照片1）

②新闻稿（Press Release）

新闻稿是指为了把新闻素材（经营信息、市场营销信息等）传达给新闻媒体而以一定的格式制作的稿件，在日语里也称作报道资料。它是把信息提供给新闻媒体的常见方式，有通过传真、邮寄、电子邮件等方式提供的，也有直接把稿件送到记者俱乐部的。

有的新闻稿是为了把有话题性的事件公布出来，也有的是为了提供背景资料，还有的是为了提醒大众回忆起某个话题。如果是为了公布有话题性的事件的话，在发送新闻稿之前向目标媒体事先单独做一些简要介绍等提前接触的工作，有时会起到很好的效果。

③新闻发布会（Press Briefing）

是指针对特定的媒体（有时可以是多个），单独对其说明和介绍想要发布的信息及相关背景事项。新闻发布会的目的不仅在于要使信息在目标媒体转换成报道，也是为了保证对方正确理解一些容易被误解的信息，同时还可以通过直接与负责这条报道的记者进行沟通，探知媒体方面对信息的需求倾向。如果委托了公关公司，这些事常常由公关公司的 AE（Account Executive，客户经理）来完成。视内容不同，有时也会请企业的公关经理、营销或技术主管一同前往进行记者沟通。

④一对一采访（One on One Interview）

这是一种选择特定的媒体，创造一次由企业（团体）的高管或分管经理出面接受采访的机会，是一种向外界提供信息的形式。

和前述的向多个媒体同时提供包含同一信息的新闻稿的做法不同，一对一采访是选定某个媒体只向其提供信息，所以被报道的可能性就很大。为了把握好这样的机会，把报道的效果尽可能提高，需要留意以下几点：

■事前确认采访的目的、提问的要点以及报道的呈现方式

■尽可能了解负责采访的记者的职位、分管领域、报道的实际成绩以及是否怀有偏见等

■要向记者提供一些背景资料（企业概要、财务数据、事业部门概要、和特定话题相关的材料、接受采访者的个人经历等资料）。

◆记者俱乐部制度

在日本，企业或团体在接触媒体时主要有两种方法：单独与媒体记者进行联系；和通过记者俱乐部与媒体进行接触。现实工作中往往两者并用。记者俱乐部制度是日本独有的制度，对此舆论褒贬不一。在此，笔者想就记者俱乐部制度稍作评论（参照第二章第七节）。

如今，记者俱乐部广泛设立于中央政府的各省厅（相当于中国的各部委）、主要政党本部及地方自治政府、各产业及大规模经济团体中，并在上述组织和团体场所办公，全日本总数超过 200 家。记者俱乐部组织的排他性也很强，通常由大型报社、当地主要媒体、电视台、通讯社等加盟，几乎垄断性地直接从它所在的组织机构获取资讯用于新闻编辑工作。针对记者俱乐部的排他性，20 世纪 90 年代初外国记者进行了强烈抗议，之后记者俱乐部开始出现对外开放的倾向。

记者俱乐部是 1890 年（日本明治 23 年），在帝国议会召开时，会议举办方要求旁听的记者们结成了“进出议会记者团”（后来的同盟记者俱乐部）之后开始出现的（资料出自《日本新闻年鉴 2004—2005》）。战后，日本的新闻协会针对记者俱乐部发布了如下见解：“本协会是一个各公共机构的志同道合的记者的集会，一个仅以亲睦社交为目的而结成的组织，对采访上的问题不做任何干涉

和参与。”（1949年）其后，1978年又将其定位于“其目的是让成员记者通过日常采访报道活动，相互启发、亲睦交流”，在1997年又将记者俱乐部定位于“采访的根据地”。

2002年，日本新闻协会编辑委员会核对记者俱乐部提出了新的定义:“由长期持续采访报道公共机构的记者组成的‘以采访报道为目的的自主性组织’”。当今，互联网的普及带来了媒体的多样性发展，在日本,《信息公开法》也得以颁布实施，媒体的生存环境发生了巨大变化。在这样的大环境变化中，我们可以看到记者俱乐部出现了“开放性”的趋势。

以2009年9月鸠山由纪夫内阁的成立为契机，以外务省的记者招待会为代表，记者招待会渐渐向开放化发展。记者俱乐部之外的杂志、网络媒体、自由记者等也可以参加记者招待会，并且参与提问环节。2013年8月，自由记者只要办理一些手续，就可以参加一些记者招待会并且有提问权，如：内阁官房（相当于中国的国务院办公厅）、内阁府（相当于中国的国务院）、财务省、金融厅、公正交易委员会、消费者厅、总务省、法务省、外务省、文部科学省、经济产业省、厚生劳动省、农林水产省、国土交通省、复兴厅等。

但是，在记者俱乐部制度下，组织机构向所有俱乐部成员的媒体发送同样的信息和稿件，所以可以说独家性很低。这种环境对俱乐部成员看似有利，其实从信息发送者的视角来看，媒体是很容易被控制的。

◆媒体公关实例

在此笔者想将1984年1月苹果公司面向全世界同时发布“麦金塔电脑"（Macintosh，简称Mac）时的媒体公关战略作为案例向大家介绍。

麦金塔产品与常见的电脑走的完全是不同的路线。它的系统非常独特，拥有与其他公司完全不同的开发理念，可以说它是电脑中的“新品种”。当时苹果公司首次在电脑上将鼠标（一键式）作为标准配置销售，并通过添加强大的画面功能而对电脑的可操作性进行了飞跃性的改善。它的这种重视使用者感受的功能，受到了不太用得惯键盘的日本人的热烈欢迎。

当时，日本国内电脑制造商在本国的市场份额是一直处于扩大状态。苹果公司相比之下在日本国内市场的份额一直没有什么长进。而当时麦金塔电脑正是为苹果公司夺取日本市场份额的战略性商品而被推出的。在产品推出之际，苹果公司特别将以下3点设定为公共关系目标。

①依然保持宣传苹果公司在电脑市场的革新者形象。

②尽量迅速地让尽可能多的人知道麦金塔的存在，让他们理解麦金塔电脑出类拔萃的性能。

③让苹果公司“电脑是扩大个人能力和创造性的工具”这一理念渗透入社会。

所以，当时媒体公关的战略目标就被定为“尽量迅速地让尽可能多的人知道麦金塔的存在，让他们理解麦金塔电脑出类拔萃的性能”，并且要实现很高的战略实施性价比。

以麦金塔的新闻发布记者招待会为开端，苹果公司随后又安排了媒体对公司总部的最高管理层的一对一采访，同时还召开了以加深媒体对麦金塔电脑优秀的性能和可操作性的理解为目的的研讨会等。

记者招待会在大仓饭店（Hotel Okura）举行，邀请了超过180

名记者参加。苹果的新产品麦金塔在开发阶段就备受关注，成为了人们话题的中心。这次记者招待会由于时差问题，在日本市场的发布成为了该产品在全世界第一次公开亮相。

齐藤由多加详细采访了苹果公司进入日本市场的过程，在此想引用其著作《苹果树下》中的描述。读者可以由此体会到麦金塔公开发布这一事件在当时受到了何等的关注。

“1 月 24 日，声称全世界同时进行的苹果新产品发布会，由于时差等原因在日本首先拉开了帷幕。当天，在日本的发布会成为了该产品在全世界范围内的首次亮相。发布会在大仓饭店别馆的 2 层‘桃山之间’举行，共有一百几十名媒体工作者应邀参加，会场内座无虚席，与会者绝大多数是电脑行业的业内人士。当天的主持人是来自井之上公关公司的皆见先生，招待会的座席中可以看到福岛先生（苹果电脑日本分社的社长）、销售部长衣川先生和肖恩费尔德先生，还有代表了日本公关机构的井之上先生（来自井之上公关司）。

“记者招待会之后，我们立刻积极地安排了福岛正也社长和主要媒体的一对一采访，并按照媒体类型，邀请各个类型的媒体记者和编辑参加了相关研讨会。苹果日本分公司的第一代社长福岛先生是出生在海外的第三代日裔人士，他那有独特韵味的日语和出类拔萃的才能相辅相成，吸引了很多媒体的目光。

“要想把明白易懂的信息传达给最终的读者、听众和观众，就需要让作为中介人的媒体记者充分理解麦金塔的优秀性能和可操作性。因此我们还邀请记者参加了专门为他们所举办的研讨会，在研讨会上演示麦金塔的系统、操作软件，并让记者们使用键盘和鼠标等切身地体验了它的性能。

“与此同时，我们还把麦金塔的系统在一定期限内借给出版社的编辑部使用，以此加强了与媒体的接触。

“通过以上的媒体公关，我们得到了各类报纸、杂志在广泛领域的报道，并且出现在了电视新闻的画面中，总体上得到了比预想得还要好的公关效果。这个效果如果换算成广告费的话，需要上亿日元，换算为公关价值（广告的3到5倍）的话就更高了。”

（二）投资人公关（Investor Relations：IR）

◆投资人公关的目的和功能

Investor（投资人）决定对企业投资时，固然很重视企业过去和现在的业绩，但投资人最重要的判断基准，还是企业将来的成长发展空间。

投资人公关是为投资人提供有效的投资判断基准的公关活动。对于上市公司来说，IR的目的是和股东、投资人以及财经团体构筑起友好的关系并维持下去，是公司公关活动的一部分。投资人公关的目标对象可以分为下列几项：

■现在的股东和潜在的股东

■投资人（机构投资人/一般投资人）

■证券分析师

■基金管理人及投资顾问

■国家财政部、金融监管部门、证监会及证券交易所

经济全球化使国际间的企业竞争日益激化，企业所处的环境也发生了显著变化。比如，时价会计与现金流会计的引入和运用，M&A（企业的收购、兼并）的活跃、企业间相互持股的取消、国外投资人的增加等，再加上近年来使用互联网的个人投资者急速增加，在这样的时

代大潮中，投资人公关迅速成为备受瞩目的重要公关领域。

不过，投资人公关活动由于和其他公关相比专业性很高，有些人认为投资人公关在企业公关中处于特殊地位。为了增进大家对投资人公关的理解，特此介绍以下两个观点用于参考。

①凯特里普（Catlip）的观点

Effective Public Relations（1994）的作者之一司各特・凯特里普在书中将投资人关系定义为“股份公司所实行的广义公关中又一个专业化的领域”。关于投资人公关专家的职责，他指出：“使股东对企业更加信赖，使公司股票更加吸引个人投资者、经济分析师和机构投资者，由此促进股价上升，实现降低资本成本的效果。”他还定义道：“IR 是公司公共关系的一个专业领域，是致力于同股东和金融机构相关人员构筑、维持良好关系的活动。”

② JIRA 的观点

日本的投资人关系协议会（JIRA：1993 年设立）关于 IR 作出了如下定义：“企业向股东、投资人适时、公平、持续地提供投资判断时所必需的企业信息。”投资判断的必要信息除了有公开义务的有价证券报告书等政策规定需要公布的材料以外，还包括企业自主决定提供的各种信息。

另外，此协议会的官网上介绍 JIRA 是“向日本企业普及 IR 理论、促进 IR 活动，以使 IR 活动本身得到质的提高为目的的唯一一家民间非盈利会员制团体”。

■ IR 活动的体制（专职部门）	
1. 企划、管理企划部门	37.4%
2. 宣传部门	16.8%
3. 独立的 IR 部门	16.4%
■ IR 活动的效果测量	
1. 和分析师、投资者的谈话次数的增减	44.2%
2. 股票的涨跌	27.2%
3. 市值	27.4%
■ IR 活动的课题	
1. 对很难由财务状况来呈现企业价值的说明	55.6%
2. 充实针对个人投资者的 IR	49.1%
3. 充实网络公开内容	44.0%

出自：日本投资人公关协议会

图 1–10　IR 活动的指标

图 1–10 是从 JIRA 于 2014 年实施的 IR 活动实际现状调查结果中，抽取了“IR 活动的体制”“IR 活动的效果测量”以及“IR 活动的课题”几项指标所做的总结。

此调查针对全日本所有上市公司（共 3 543 家），从 2014 年 1 月 30 日起开始邮寄调查问卷，到同年 3 月 10 日为止共从 1 029 家公司回收到有效回答。此调查对这些有效回答进行了总结和分析（都是多项回答）。如图 1–10 所示，在“IR 活动的体制”一项中，公共关系部门和广告宣传部门的参与程度很低，这个现状是需要改善的。此外，在“IR 活动的效果测量”一项中，笔者认为应该考虑增加对报道内容的分析和评价。还有，在“IR 活动的课题”一项里，“1. 对很难由财务状况来呈现企业价值的说明”这一条的调查结果高达 55.6%，这正是包含了 CSR（Corporate Social Responsibility 企业的社会责任）的企业公共关系部门的职责。

◆ IR 对企业经营管理的影响

那么，IR 的导入会对企业经营管理层面产生什么样的影响呢？在此我们将通过具体事例进行说明。

例如，A 公司上市发行了 1000 万股股票。现在每股股价 2000 日元。A 公司的总市值（股价 × 发行股数）为 200 亿日元。假如投资人公关的信息进入到机构投资人或证券分析师、各类投资家等的耳中，使得他们判断认为 A 公司的经营团队、发展计划等十分有魅力，进而股价变成每股 2500 日元的话，总市值就增长成了 250 亿日元。

此时，假如 A 公司为了强化研究开发，计划建设 R&D 中心，需要通过增发股票筹措 20 亿日元资金。在这种情况下，如果市价每股 2500 日元，那就只需要发行 80 万股；而如果市价为每股 2000 日元，则需要发行 100 万股。

再拿备受关注的 M&A 企业并购举个例子。并购比例以双方当时股票总市值为根据来计算。这样，通过 IR 使企业价值增加的作用，不仅在于将使股东手里的股票更值钱，从企业角度来讲，可以用更少的股份实现并购和融资。这正是 IR 的效果。在这里需要注意的是，运用 IR 不是为了一时提高股价，促成商业投机，而是要长期持续地维持股价。

◆公共关系、IR 咨询顾问的职责

为了使企业价值增长，长期维持相对正常的股价，加深投资人对公司的理解，进行投资公关活动的 IR 负责人的责任非常重大。如果是个大公司，IR 负责人手段高明与否，直接可以决定企业价值

是增加还是减少数百亿、数千亿。

IR 专家的使命就是要把企业经营管理愿景、把为了实现愿景的各种项目具体地告知投资人、股东等。因此，作为专业 IR 人士，必须非常精通相关业务和公司财政状况、财会、国内外的主要证券交易所的股票交易情况以及国际商业交易的动向、证券交易的财务报告基准等。而且，由于国际化时代的到来，还需要 IR 负责人有足够的英语能力以及对国际经济、政治的洞察力、理解力。

另外，股价在内因、外因等多方面的影响下时时刻刻都在发生着变化，它对企业的动向及在不远的未来的企业方向性时常反应敏感，所以对于 IR 活动来说，看准发送信息的时间点就显得至关重要。

可是，在公共关系行业里，拥有可以应付新的金融系统的 IR 专业知识的专家很少；而反过来金融、证券行业的 IR 专家们又非常缺乏交流的经验和知识。

于是，为了应对急速扩大的 IR 需求，公共关系咨询公司与客户企业的 CFO（首席财务官）、IR 负责人、金融证券业界的 IR 顾问进行合作，共同实施 IR 活动算是眼下最聪明有效的办法了。而且，作为企业来说，应该积极主动地开展企业公关、危机公关（后面我们将会讲到）、面向投资人或证券分析师的学习研讨会等活动。再者，以下的各种 IR 工具也会产生充分的效用。

1. 年报

2. 事业报告

3. 情况说明书（Fact sheet）

4. 结算补充说明资料

5. 企业、事业活动和技术、产品的介绍资料

- 新闻通稿
- 影音文件、CD-ROM 光盘、存有数据的 USB
- 公司主页 / 电子邮件杂志 / 社交媒体

◆ **M&A 实例**

以下是 2008 年，井之上公关公司负责的一起位于德国美因茨市的国际知名科技企业 SAG，公开收购本部在东京并在东京证券交易所（TSE）一部上市（主板上市）的 M 公司一半以上股票的实例。

M 公司拥有大约 450 名员工，销售额超过 1 亿欧元（2008 年 3 月期：约合 161 亿日元），主要生产处理工业图像的光学系统，以及发光二极管（即 LED）和光缆等，是日本国内屈指可数的电灯照明行业的大企业。

SAG 是世界上最大的光缆传送带和图像传输光缆的生产商。该公司的“光缆光学业”部门在美国、墨西哥、捷克共和国和德国等地都拥有制造点，还在东京设有约有 730 名员工的销售点。该公司以光缆光学和 LED 技术为基础，为顾客定制高科技的解决方案，广泛应用于汽车、灯光、医疗、工业制品以及建筑市场等领域。

①调查并设定目标

光学图像处理系统和灯光照明系统领域的国际市场竞争日渐激烈，整体在从光纤系统向以 LED 为基础的新系统转型。在这个背景下，SAG 公司和 M 公司的联手无疑会提高国际竞争力，使企业获得更加坚实的成长基础。为了实现这个愿景，我们设定了以下 3 项目标：

（1）在日本有优势的 M 公司和在欧美有优势的 SAG 公司分别利用各自的销售网，互相销售对方的主力产品。

（2）确认彼此可以互相提供的产品，降低彼此的销售成本。

（3）融合彼此的开发资源，共同开发新产品。

②计划

SAG 公司在此次的公开收购案中计划友好地收购 M 公司的半数以上（超过 50%）的股票。为此，SAG 公司首先选择了独立的财政咨询机构 S 证券公司，要求 S 公司为其计算 M 公司的股票价值。依照计算结果，SAG 公司将 M 公司的股价设定为 740 日元一股。

③实际执行（Implementation）

SAG 向证券行业相关机构组织和媒体等发布了《关于开始公开收购 M 公司股票的通知》，将收购时间设定为 2008 年 9 月 25 日至 10 月 23 日（20 个营业日）之间，结算日为 10 月 30 日。

④评价

公开收购的结果超过最初的预想，SAG 公司获得了 M 公司 70.8% 的股份。而且 M 公司还维持了在东京证券交易所一部的上市。

成功的 IR 公关使强化两家公司的业务合作关系的目标顺利达成，让市场和顾客都充分了解到两公司的合作关系是多么成功。IR 负责人在收购期间与 M 公司员工进行的细致而周到的沟通所起的作用就更不用说了。

（三）政府公关（Government Relations:　GR）

◆政府公关的目的和功能

中央政府、地方自治政府的行动和决断对企业经营管理和国民生活的影响之大无须赘述。特别是在 21 世纪这个经济全球化和以速度制胜的经营管理时代，政治动向很容易对企业经营管理产生巨大影响。

纽约市立大学研究生院的霍见芳浩教授在著作《日本的复兴》

（1999 年）中提到了“日本企业经营管理者必须意识到，在政经不可分的信息战略和公关工作中，游说活动的必要性”。在如今这个时代，企业为了使政府继续废止不利于企业发展的管制政策，为了让政府修正法律使其更有利于企业，就必须在激烈的竞争中不遗余力地去向政府争取自己的权益。

政府公关是指企业等机构为了达成某项事业或达到某个目的，从政府获取信息，对政府进行游说，举办政府座谈讨论会等活动，是一项包括媒体公关在内的广泛的活动。在政府公关工作中，信息发送者需要对政府及相关行政人员、相关的同行业协会等公众目标对象进行有说服力的交流和沟通。

在美国，经常会有把“政府公关”和“政府事务”混淆为一回事的时候。

◆日本的政府公关

在后文我们将会说到，在美国的政府公关常常是通过议员游说等方式积极地开展的。可是在日本，企业和行政机关之间的关系长期以来都保持在所谓的“互惠互利”的形式中：政府给企业定出各种规定条文，给企业补助资金，企业向政府汇报情况，协助政府的选举活动。有的地方就像 MOF（日本大藏省，现改制为财务省和金融厅）对应负责人那样，凭着和政府的关系“后门”来完成每天的工作。

也就是说，在日本，也只有外国企业和团体为了向保守的日本市场寻求开放所进行的活动，还算得上公开透明的政府公关活动。不过可以预见，在经济全球化的浪潮中，在 TPP（Trans-Pacific Strategic Economic Partnership Agreement: 跨太平洋伙伴关系协定）和 EPA（Economic Partnership Agreement: 经济伙伴协议）等各项国际经济协议纷纷达成的今天，结构的改革、管制的放宽以及竞争市场的扩大都是不可避免的趋势。今后政府公关也会在公关活动中占据越来越重要的地位。

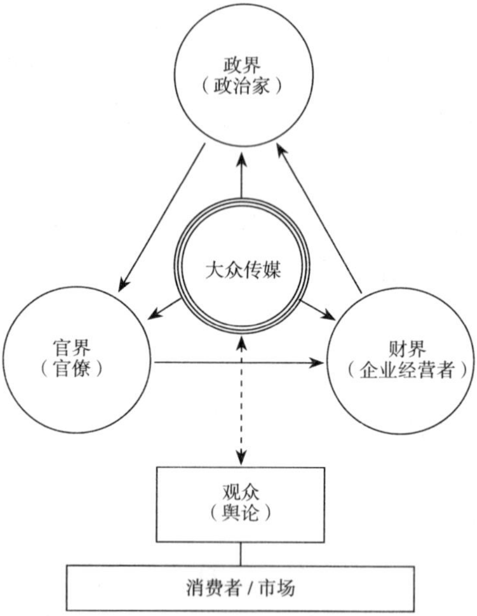

图 1–11 “政 · 财 · 官”和大众传媒的相互关系

因此，要想实践政府公关，就必须要理解清楚日本的政策是在什么样的背景下被讨论和制定出来的。如图 1–11 所示，日本的权力结构虽然从 20 世纪 90 年代以来渐渐地发生变化，但战后很长一段时间一直是在政界（政治家）、官界（官僚）、财界（企业经营管理者）三大集团互相影响制约中保持平衡。

在田中角荣受贿丑闻后，大众媒体成了这个构造中参与角力的第四集团。1993 年，自民党长达 55 年的统治体制崩溃，细川政权诞生。媒体对细川政权诞生所施加的影响，我至今仍记忆犹新。媒体作为第四股力量发展壮大起来的原因正在于，它能代表社会舆论，并且对社会舆论的形成施加巨大的影响力。

◆明确的目标设定与战略构想

企业为了有效地展开政府公关，有哪些要点要注意呢？

首先，要设定政府公关的目标。必须对“以什么为目的”“花多长的时间”“要以何种形式达成”“预计可能产生什么样的结果”等问题进行具体分析。

其次，要在设定目标的时候加上对市场的分析，事先把握好可能会阻挠企业的法律或规定。具体来说，比如以使政府放宽政策为目的的话，通常这样预想比较妥当：从准备阶段开始到得出结果最少也要花 2 年到 5 年。

那么，哪个行政机构才是公关对象呢？举例来说，在日本，电脑等电子产品要找经济产业省，而通信设备则要找总务省和经济产业省，制药业的话就要找厚生劳动省了。只是以放宽政策为目的的话，相关事项还关系到很多其他省厅，通常公关对象总有多个存在。

设定了目标和对象，接下来需要做的就是制定能确实达成目标的重要战略。政府公关不同于一般活动，常常要在远远超出自己控制范围的地方进行工作。于是，政府公关负责人就要具备以双向性为基础的较高的信息分析能力，和对信息敏锐的处理应对能力，有必要的话还要进行自我修正以灵活地应对变化。

此外，自己想要达成的目的，能给消费者、受益者带来什么好处呢？从这样的视角出发来审视问题常常也很重要。很多情况下，视项目的内容而定，把利益尽量分散到自己企业以外的社会上去（整个行业、顾客、使用者等）而达到双赢（Win-Win）的局面是取得成功的关键。

总而言之，在谨慎地进行调查和分析的基础上进行战略制定，才是整个项目流程设计的关键。

◆发挥着重要作用的游说活动

游说活动在政府公关中发挥着巨大的作用。在美国这样的多元化社会中，有可能受到政府正在拟订的法案和政策影响的人们，可以通过游说活动把自己的声音反映出来。游说活动发挥出了民主体制的机能。

游说的目的是为了对政府的立法和政策施加影响，是通过向政府机关诉说情况和与政府面谈直接对政府施加作用的行为。比如企业在国会列席旁听，借助直接面对议会议员的机会来获取信息并向其陈述请求等。

正是因为如此，游说活动从事者要求对政府立法的程序、政策、社会舆论的形成过程等知识非常精通。而且实际上这些活动与政府以外的公众也有联系，政府公关与其他公关活动必须紧密结合统筹实施。这正是关系管理的真正意义所在。

通常情况下，游说活动工作由具备特殊才能的人来担任，这类人被称为政府说客。在美国，政府说客常常由公关专家、同议员及政府相关人员关系深厚的律师或职业说客（前任议员或政党内部人士）来担任。这些职业说客根据美国1946年制定的《游说法》实行注册制，有义务公开他们所有的活动内容以及收支报告等。

“洛克希德事件”发生于1976年。美国参议院外交委员会跨国公司小组委员会主席邱比奇在听证会上，揭露了洛克希德公司为向国外推销飞机而以各种名义行贿外国政要的不正当竞争事实。听证会上该公司副董事长证实曾通过日本的代理公司丸红公司就全日空公司进口该公司生产的三星式客机向日本政界有关人物赠送了巨款。同年7月27日，东京地方检察厅正式逮捕田中角荣，宣布他涉嫌在1973年8月至1974年2月任首相期间，通过丸红公司4次收受洛克希德公司的贿赂款共5亿日元，决定以违反外汇法嫌疑予以逮捕。1983年10月12日，历经7年审判和数百次的开庭后，法院认定田中角荣违反外汇法、受托受贿，判处其四年徒刑，罚金5亿日元，田中角荣当场表示上诉。由于日本实行的是四级三审制，在田中角荣上诉后，经过二审，1987年，东京高等法院宣判驳回其上诉，维持原判。其后，田中角荣又提起二审上诉。1995年，经过三审，日本最高法院做出终审判决，依法驳回田中角荣二审上诉，维持原判。而此时，田中角荣已病逝将近两年。由此事件而出名的以儿玉誉士夫[儿玉誉士夫（1911年2月18日— 1984年1月17日），日本右翼运动家，第二次世界大战时在上海担任“儿玉机关”特务头子、海军军官，战后于朝鲜战争时期在美国CIA掩护下致富（一说为麦克阿瑟协寻日军埋藏在各国金银财宝，颇有斩获），捐资成立自民党，为日本战后到20世纪70年代黑社会领袖，在洛克希德政治献金事件中与首相田中角荣皆被求刑。]为代表的那一群人的行为，使得人们对游说人士多少还带有“黑幕”“幕后黑手”那样令人不快的印象。不过在美国社会，各种企业团体乃至州政府、外国政府等大大小小的组织都在华盛顿进行着各自的游说活动。

据2015年2月美国上议院议员室（the Senate Office of Public Relations）就公共关系公开的数据，2014年的注册政府说客为11 782名，比之前一年的12128名有所减少。其总开销被推算为3 230亿美元。

不过据专家称，政府说客的活动规模并没有缩小。从事对美国的政府游说活动研究30余年的美国大学的吉姆斯A·萨博（James

A · Thurber）教授指出："在华盛顿进行游说活动的说客几乎都没有被计算进去。"他还对美国法律协会的政府游说活动改革特别委员会提出了"事实上正在活动中的说客有将近 10 万人"的意见。

政府游说主要以对立法、政策动向施加影响为目的，是与政府构筑、维持关系的一个公关专门领域。尽管有时在说客身上会发生滥用职权和被市民责难的事情，但政府游说仍是市民团体、工会、企业、公共团体以及特殊团体等各类组织对政府决策施加影响的一种合法的、被社会所接受的手段。

如果想更深入地理解政府公关，请参照本书第五章第二节的案例——"日美汽车贸易谈判的公关战略实例——帮助天纳克汽车促进放宽政策管制的案例"。

（四）员工公关（Employee Relations ER）

◆员工公关的目的和意义

以上所述的各种关系都是作为信息发送者的企业、组织或团体与其外部的信息接收者之间的关系，而这里要讲的员工公关是以企业、组织内部的交流为焦点的关系管理。员工就是在职场工作的从业者、组织的构成成员，如果是企业的话就指的是企业的职员。

在日本，通常情况下，企业的信息或指令都是从上级向下级单向传播的。而从交流的观点来看，组织里不分上下，所有人都是构成组织的一员。由于员工公关活动的这个特性，公共关系负责人必须重视与企业高层管理者乃至人事、后勤等部门之间的协同合作。员工公关的最终的目的，是构筑起组织与其成员之间的相互信赖关系，以及必不可少的双向沟通渠道。

也就是说，成员对其所属的组织将会从“我能做什么”“我能获得什么”的视角出发，去提升自己的能动性和积极性。舒适的职场环境可以促进成员和组织间的双向沟通。而且，这样的环境能催生新的想法和创新的点子，对组织的成长也很有好处。

例如，某个企业如果被形容成“独裁管理”或者“总经理作为独裁者统治整个公司”的话，那就是说企业里不存在员工公关，或者说员工公关几乎没有发挥任何作用。这样的企业一旦面临 M&A 合并收购问题或者企业丑闻，将无法得到员工的理解和支持，从而受到严重的打击。

◆变化着的员工

最近，员工公关在日本也开始受到关注。这是由于随着社会的变化，员工的特质也发生了改变，出现了旧的组织理论无法解决的问题，因此组织内部的交流不畅也频繁发生。特别是这几年来，随着政策放宽，在日本，IT 业的发展和经济全球化的推进也很显著。由组织改革而带来的机构变化，使得同一个职场中存在很多临时雇员和正规长期雇员混杂在一起完成工作的情况。与此同时，养老金问题和少子、老龄化问题的加剧，外资企业的本土化以及外国人就业者的增加不仅使日本企业文化大大改变，还在就业劳动环境、人事考评、薪资结构等方面产生了很大影响。

另外，产业构造的转换和经济低迷、不景气造成企业不得不实施结构重组、并购，由此引发的职员解雇和人员调整使得员工与管理者关系变得紧张起来。在这种情况下，员工公关的重要性就更加凸显出来了。

日本能率协会在 2014 年对新进公司的职员们实施了“对公司

和社会的意识调查”（1039 人回答）。从这个调查中我们可以看出日本员工的特质。

①回答说“想要工作到退休”的人数初次过半（50.7%）。决定选择进公司的主要原因是“公司氛围很好”

②理想中的上司是“认真仔细地指导工作的上司”

③回答说虽然认为全球化的发展是“好的商业机会”，但是“不想出国工作”的人连续 2 年增加

④ 9 成的女性回答“生完孩子也要继续工作”（历史最高）

⑤约 6 成的人回答说“10 年后的日本会更好”“很期待东京奥运会”

⑥“东日本大地震”给人生带来的影响是对“人与人之间的牵挂”和“生命”的重要性的理解

把整个日本社会（公众）当作一个组织团体来看的话，以上这些特质也符合整个日本社会的现状。组织、团体以外的大众的变化，与组织、团体内大众的变化是紧密联系着的。

“真不知道现在的年轻人儿是怎么想的。”这样的感叹在任何时代都能听见。另外，“没有干劲儿的员工变多了”“员工一不高兴就想换工作”这些抱怨，还有“性骚扰”等问题在企业中也屡见不鲜。这些问题容易见怪不怪，但是如果想要解决这些问题，员工公关能发挥很大作用。

如果以企业为例来说明员工公关的话，它是员工与企业之间“系统化的”、“横向对称的”、以双向交流为中心的企业内部公关。接下来我们将逐一介绍员工公关的要点。

◆系统化的沟通交流

首先，系统化的沟通交流，是指使用各种工具、技术手段实现

有效的员工公关。随着IT技术的进步，各种员工公关工具正在发生着日新月异的变化，而其中具有代表性的有企业内报纸、小册子等印刷品以及影视视频资料等。在当今社会，传真、手机等工具，以及最近常见的公司内部局域网、电子邮件以及互联网的公告栏、聊天室，还有Twitter和Facebook等社交媒体等新的IT手段正在被企业有效地使用着。

可是，仅仅工具凑齐还不足以成事，我们需要通过交流过程中的探讨去了解如何更有效地使用这些手段。比如，设置企业内表彰制度、企业内留学制度、企业内感谢日，以及发布员工个人简介等方式，这些手段不仅可以提高员工的满意度，实现系统的沟通交流，更可以称得上企业内部关系的润滑剂。

最近互联网上的信息量激增，信息的往来变得非常迅速。因此，商业上也相应地要求人们迅速做出决策，组织内部的交流也面临着必须提高效率的局面。在很多情况下，比起只用单一的手段或工具，运用多种手段工具的效果要好得多。

生活在互联网时代的我们今后会需要更多更丰富的、更具时效性的信息。在这种情况下，充分使用“大数据（Big Data）”会满足我们的要求。

◆横向对称的双向交流

其次，我们在这里所说的对称的双向交流是指信息横向流通，如同格鲁尼格所说的（本书第二章图2-1）对象性双向交流。与指示、命令等自上而下的，纵向、单向的交流方式不同，交谈，交换文件这样的横向交流的方式正是双向交流的特点。

比如，创造一些企业高层和普通员工在同一张桌子上共进午餐，面对面交换意见的机会就是很有效的交流方式。有一些欧美企业和日本的大型企业还常采用组成“焦点小组”的方法，把其作为了解情况的工具。“焦点小组”会设定一个议题，招募参加者，以自由讨论的形式收集各种意见，而在会议中参加者、发言者的名字都会被隐去。“焦点小组”收集到的意见将会被报送企业高层，在重新修正调整战略时当作参考资料。这个方法创造了一个员工可以自由发表意见的场所，效果很好。采用这种做法的企业以欧美为主正，现在在不断增加。

◆员工的不满与有效的交流

许多员工都会对企业有一个不满的地方：多数情况下，员工获得关于公司的消息不是通过公司内部渠道，而是通过报纸等大众媒体。为了了解公司的实际情况，员工常常借助于外界媒体，而且经常是外界渠道传来的消息比公司内部渠道传来的消息详细具体多了。特别是日本企业，有时会通过新闻发布会向外部进行重要信息的发布，这样一来员工就成了最后得知消息的人。这常常会导致员工对公司的不信任。

这种公司内外部信息的不对称与对信息获得的时间差都不是我们希望看到的。在企业外部被详细报道的信息在企业内部却无法确认——这种信息的不对称是绝不应该存在的。

在以美国为代表的西方，越来越多的公司不仅有向股东发行的年报，还有面向员工发行的年报，旨在让员工了解企业在财务面上的状况。日本企业在这一点上应该向欧美企业学习。

员工公关中向员工发布的信息要重视“价值”“一贯性”“质量”三点。如果不能定期地、充分地向员工发布信息以满足员工的需求的话，是很难实现有效的员工公关的。此外，企业在发生丑闻的时候，要保证做到及时透明地公开信息，这点是不言而喻的。

◆有效的信息发布及其注意要点

提高员工对企业的信任度的最好方法，就是把事实原原本本地、没有偏颇地告诉员工。只有这样才能减少员工对企业的不信任。

大部分员工对自己所在的企业是怀有一定程度的信任的，对于通过内部渠道获得的信息也能够比较冷静地理解和接受。作为企业来讲，尽可能多地提供对员工来说很重要的信息——这种姿态，正是员工和公司之间达成沟通交流的基础。公司负面的消息有时不可避免地会使员工感到不安、心理上发生动摇，但有时正是这样的消息可以帮助企业和与员工构筑起信赖关系。这种情况下，在预测员工将如何理解接受信息的基础上直接地向员工传达信息，对企业显得尤为重要。

在此基础上还要注意的是，在如今这个网络时代，企业内部的信息很有可能被轻易地泄露到外部。有些是因为不小心，有些则是出于恶意的故意泄露，原因很多。特别是发生丑闻的企业和即将实施裁员的企业，相关员工及他们的同事可能会以内部告发、信息外泄的方式企图改变事态。但是，即使有这样的风险，我们也不能限制企业内部的消息流通，因为限制企业内部的消息流通就是破坏了员工公关的基础。最好的办法就是预先准备好与员工沟通用的公司内部文件，这些文件要注意措辞，内容要做到即使被企业外部的人看到也没有关系的程度。这样才是最好的防范措施。

◆企业并购时的内部交流和新的企业文化的构筑

如前文所述，员工公关的终极目的是要构筑起公司和员工之间的相互信赖关系。最容易出现员工信任危机的一个典型情况就是发生企业并购的时候。某家银行在完成合并之后，还要花将近10年的时间进行人事部门的整合。特别是当与原来是竞争对手的企业合并成一家公司时，企业内部很容易出现各种各样的问题。

不过，通过有效的员工公关把企业合并时的不利因素降到最低，并迅速使合并的好处显现出来的成功案例也是有的。美国航空公司波音和麦道的合并案就是一个这样的案例。

几乎在并购公告发布的同时，上述两家公司就开始调查研究合并时可能会发生的问题，并在不到一星期的时间之内就察觉到最大的挑战是“两个公司员工之间交流不足将成为合并的瓶颈”。因此，两家公司做出了“最重要的是使两个公司的员工拥有统一的愿景”这一结论，并由此开始了真正的员工公关。

他们把关键词设定为：“One Company，One Vision”，并运用各种手段，制定了使每个职员都能迅速共享企业最新信息的体制。两个公司的员工合计总数约22万人，员工公关活动一直深入到了他们的家属之中。

并购案生效后新的公司在开始起步时就向每个职员的家庭发放资料包，与此同时，两个CEO还直接访问了分布在全世界14个城市的相关部门，积极地开展员工公关工作。

对于这次合并，在员工问卷调查中大半数的回答是“合并是个好主意”，可以看到系统的对称的双向沟通获得了成功。

我们在这里再具体介绍一下波音和麦道的大型合并案中的员工公关案例。

◆员工管理公关的实例

1997年8月，美国排名第一的大型民营飞机制造商波音公司和排名第二的麦道公司进行了合并，一个预测年销量高达480亿美元、占世界市场70%的巨无霸企业诞生了。两公司于1996年12月公告了合并一事，花了约7个月具体实施合并。其间，就大企业合并时会发生的问题做了大量的相关调查，针对很可能发生的诸多问题制订了目标计划。

①调查并设定目标

波音公司和麦道公司在召开关于合并意向的记者招待会之前，把从普通员工到财会监察管理层都列入考虑范围，为了改善沟通的现状、聚合相关各方的认识，以及为了了解各方对合并案的理解程度，两公司对由21名员工组成的“焦点小组”实施了深度调查。结果发现了三个可能影响合并顺利推进的问题点。

第一，沟通的重要性。不仅要传达已经了解的事实和需要联络的事项，对于那些悬而未决的问题，如果拿不出解决方案，通告大家“这个问题暂时没有找到解决方案”也是十分必要的。

第二，有必要明确地让大家知道合并仪式不是两个公司的葬礼，而是新公司诞生的庆典。

第三，两公司都还没有准备好作为一个团队来工作，还没有形成积极迎接合并的阵容和局面。

此外，两公司还对近年来发生过大规模合并的公司中站在相同立场的人物进行了面对面的调查，并发现通常在合并的各阶段中，公司方面给予员工问题的关注都很少。

这样，在操作的初期阶段，两家公司就已经对合并中最大的障碍心里有数了。事实上，两公司决策者达成合并协议是在记者招待会之前5天，在对外公布之前已经设定好了目标并开始了调查工作，1996年12月15日消息一公布，就立刻启动了推进合并的各个项目。

两公司所设定的目标是：

（1）公司成功合并

（2）为了从合并第一天开始就为同一公司工作而做好准备

（3）巩固新的波音公司的经营基础

各项目主要以员工为着眼点，着重开展“培育作为同一个公司的文化”的战略。

此外，由于两公司也认识到了为了使公司合并成功，维持对公司内外、国内国外一些重要对象群体的支持也是很重要的。因此，波音公司对欧美国家政策详细加以了解，并针对、股东、顾客和金融、媒体等方面的利害相关者实施了各种应对计划。但这个案例最特别之处还是在于其目标中明确地指出了需要重视员工公共关系。

②计划

波音公司制订了以员工沟通为最优先课题的战略计划。首先，始终保持向全体员工传达最新消息，在合并的整个过程中都保持各层员工可以共享所有信息，以提升员工对合并的理解，始终坚持把从员工那里获得对新公司的热心支持作为最基本的目标。沟通的对象是将成为新波音公司的重心的、超过 22 万人的员工及其家属。范围涉及美国、加拿大、澳大利亚等世界各国。并主要以顾客服务和营销服务部门为中心开展沟通的活动。

因此，在计划实施过程中，确保沟通渠道显得十分必要。计划涉及管理层使用的大规模信息群、公司内部报纸刊物、网站、电话服务、公司内部的电视节目以及 11 个领域的员工定期集会等。与此同时，新公司还向媒体积极地进行了背景说明，策划了邀请记者们参加的生产据点的采访旅行，因为一般情况下员工们还是很重视从媒体那里获得的关于公司的信息的。在整个计划中，两公司的高层都对这些沟通活动给予了热心的支持。

③实施(Implementation)

整个计划可以划分为两段，从1997年1月到7月为交接期，8月1日以后合并正式开始。

在举办记者招待会的第二天(12月16日)，他们设立了11个不同领域的沟通小组。在管理层每个人的办公桌上都分发了便于和全体员工共享信息的资料。每周发行的公司内部刊物都会发送到两家公司的每个部门，其中大篇幅地介绍了合并的相关情况，录像和企业内部电视也反复持续播放这些内容。两公司的网页上每天及时更新最新信息，并把全球媒体的相关报道收集整理，将要旨转达给主要员工。为了把口号“One Company，One Vision”表现得更有象征意味，在交接过程中，波音公司的标志里加入了一些麦道公司的内容。此外，公司还通过媒体将公司内部的反响宣传了出去。

在合并的第一天，公司举行了关系到全体职员的有建设性的活动。合并正式生效的8月1日，全部22万职员的家庭都收到了一套包含了充分信息的礼包，里面有经营决策层对合并后的展望等重要谈话的录像，解说新波音公司的产品、项目、竞争力的图册，以及印有新公司标志的纪念品等，连海外职员的家属也不例外。

同日，美国及加拿大的所有工厂的176000多名员工聚集在工厂观看从华盛顿市传来的波音公司CEO菲尔·肯迪特和麦道公司CEO哈里·斯顿塞弗的声明讲话。也就是说，员工们在重要信息公之于众之前就已经被告知了。

而且，工厂内设置的巨大的屏幕通过卫星连线，参与观看了公司的全球新闻会议。同时，从美国和加拿大选出了部分员工被邀请到华盛顿，参加和经营高层的直接对话。这个会谈是为数不多的不属于原计划的活动之一，是在公布合并的3星期之前被公布举行的。

两公司的经营决策人总能保持行动步调的一致也有很积极的意义。两个人不仅是同时出席发言，还在合并后的5天内一起访问了14个城市，参观生产线，和职员握手、合影、签名、回答提问等。他们的这次视察被称为是“菲尔和哈里的美妙冒险”，成功且戏剧性地让员工体会到了“同一个公司”的感觉。

④评价

之前一直是竞争对手的两家公司，从开始一直到最终确定合并几乎没有发生什么问题。涉及22万职员的活动在时间非常紧张的情况下也按照预定日程顺利地安排好了。而且以两个经营决策者参观工厂为高潮的一系列活动都获得了非常积极的响应。

其中有一个例子很值得我们关注，在两位CEO访问工厂时，虽然使流水线暂停了1小时，但当日产量却创下了历史最高成绩。几乎全体员工都在问卷调查中回答说：“合并本身是个好主意。”把员工放在主要位置的合并获得了成功。可是，公关项目并没有就此结束，公司继续通过电子邮件的问卷调查，以及合并后增至18个地区的观察小组，持续着对沟通项目的效果评价。

（五）社区公关（Community Relations: CR）

使企业意识到地区社会重要性的主要原因是20世纪70年代公害问题诱发的大量居民运动。

在日本，60年代左右兴起的许多产业产生了公害等社会问题。70年代初，各项环境保护法令渐渐完善起来。到了80年代，对环境问题的关注从地区扩展到了全球。全球气候变暖、臭氧层破坏等都已经威胁到了人类的生存。从政策方面看，经济产业省制定了一系列扶植绿色产业发展的政策，支持地方自治政府“创造一个环境和谐的城市”，帮助并促进工业界进行自主治理。

在这样的大背景下，企业为了更好地提升自我价值，就不能仅依靠业绩了。企业开始意识到作为一个企业公民同地方和全社会建立良好关系的重要性。在这种情况下，社区公关作为公关的一部分开始被认真对待。下面将介绍制定社区公关方案时的注意事项和一些案例。

◆社区公关的注意事项

①信息公开

前文提及日本曾经因污染等公害问题引起地方民众对企业的极度不信任，社区公关以此为契机越来越体现出其重要性。企业认识到积极地公开信息的重要性，秘而不宣的隐瞒体制只会增加市民对企业的不信任。

②设置市民投诉意见窗口

公关本来就是具有自我修正机能的双向交流活动。所以即使进行“信息公开”也只是企业向当地居民的单向信息发送，仅此还是不够的。为了实现双向交流，还需要在企业内部的公关部门设置一个能倾听居民抱怨、投诉、发表意见的部门。企业有必要要开设电子信箱等。

◆融洽社区关系的项目

在此也必须以双向沟通为基础来考虑问题。其一是通过邀请社区及周边居民参加一些开放参观活动（参观工厂、研发中心等企业设施的活动），使他们能够更深入地了解企业的经营管理活动以及产品和服务。这样一来就形成了企业接待民众的单向交流。还有另一种交流是与此相反的交流，具体表现为企业投身到社区中去的形式。企业可以参加社区活动（比如节庆活动、传统舞蹈大会等）、支援社区教育机构、参与地方组织团体（工商联合会、商铺会、国际舞狮大会等）的运营。

依企业的社区公关项目的不同，社区的概念可以小到当地商业区，大到乡镇，乃至省市。

（六）处理关系管理问题所需要的能力

至此，我们介绍了各种各样的公关工作。作为本章的小结，我们再简单介绍一下要对各类利害关系者成功实施上述各类公关，需要公关专家具备什么样的能力。

在第三章第四节将详细介绍公关专家必备的10种资质、能力和5种基本条件。社团法人日本公关协会（PRSJ）在2007年度开始了公共关系从业者的资格认定制度。在此笔者想要探讨一下，职业公共关系专家必须具备什么样的能力，并尝试了把这些公共关系专家需要具备的能力用图表表现出来。

媒体公关能力包括了发掘新闻素材的能力、选择合适的媒体和促使信息成为新闻的能力、新闻发布会的撰稿能力、和难对付的媒体记者搞好关系的能力等。如前文所述，媒体公关是所有公关的核心，对公关人员来说，媒体公关能力对其他所有公关的有效实施十分重要。

对公关专家要求的5项基本条件（伦理道德观、正面思考、纲要创作能力、IT能力、英语能力）也是一样。不过国内的公关活动

		5个基本条件	危机管理	调查·分析	市场	法律知识	财务	游说	编辑企划	PR预算管理
媒体公关										
投资者公关	媒体公关能力									
政府公关										
裙带公关										
社区公关										
顾主公关										
企业公关										
协会公关										

图 1–12　各种各样的公关和公关所要求的能力

对外语能力的要求可能就不是那么高，同理，其他项目中的每一项的重要性也因公关对象的不同而有所增减。要理解这一点可以参照图 1–12。

第二章

公共关系的历史背景

一、公共关系的历史沿革与定义

◆在美国出现并发展起来的公关

对于公共关系（Public Relations）一词是从何时开始使用的这一问题，目前尚无定论。

美国某历史学会认为，是美国第三代总统托马斯·杰斐逊（Thomas Jefferson）在1807年总统竞选中初次把“公共（Public）”和“关系（Relations）”这两个词结合在一起使用，由此创造了“公共关系（Public Relations）”一词。

另外，还有其他学派认为，1882年法学家多曼·伊顿（Dohrmann Eton）在耶鲁大学法学院进行题为《法律专家的责任与义务以及公共关系》的演讲时，曾提出“公共关系的机能在于促进公众的福利和繁荣”这一观点，因此有人认为他才是使用这一词汇的第一人。

尽管如此，公共关系这一词汇在被1897年的《美国铁道年鉴》收录之前，未曾在任何正式场合被使用过。

1908年，AT & T社长迪道·威尔（Theodor Weill）将该社同年

发表的年鉴报告题目定为《公共关系》，这里对于此词的意思与内涵的理解与伊顿相同。

但是当时，公共关系还没有形成一个统一的定义，它和时代一同变迁，在近现代史的进程中发展起来，成为推动美国走上超级大国之路的原动力之一。

◆格鲁尼格（Grunig）的四个模型

1850 年 ~	
特征 目的 交流形态 历史上具有代表性的实业家 应用领域	媒体造势 宣传 单向，没有基于事实。信息发送者⇔信息接收者 P.T.Barrtm 体育、电影、戏剧、产品促销等等
1900 年 ~	
特征 目的 交流形态 历史上具有代表性的实业家 应用领域	公共信息 发布信息 单向，没有基于事实。信息发送者⇔信息接收者 Ivy.Lee 政府、NPO、商务
1920 年 ~	
特征 日的 交流形态 历史上具有代表性的实业家 应用领域	非对称性双向沟通 用科学道理说服 双方向，但不协调。信息发送者⇔信息接收者 爱德华·伯纳斯 竞　激烈的商务
1960 年 ~	
特征 目的 交流形态 历史上具有代表性的实业家 应用领域	对称性双向流 相互理解 双向型具有协调性集团⇔集团 伯纳斯（Bemays），教育家专家，业界领导人 公关咨询，业务量稳定

图 2-1　格鲁尼格（Grunig）主张的公共关系的四大特征

詹姆斯·格鲁尼格（James Grunig）把在美国取得了历史性发展的公共关系划分为四种模式（图 2–1）。

①媒体造势公关时代（始于 1850 年左右）

这一模式展示了公共关系最原始的历史性特征。当时，公关的目的是为了充分宣传企业等组织机构以及其产品和服务。它是一种单向型沟通方式，是一种帮助企业等组织对目标公众进行控制的宣传手段。这个时期，企业等组织还不能持续地对外发布完全真实的信息。

在当时的韦伯斯特（Webster）《新共同词典》第 2 版里，并没有对公共关系（Public Relations）进行介绍，反之介绍了公关宣传（Publicity）。书中关于公关宣传活动是这样描述的：“是基于宣传手段的与一般社会公众的关系。目标是创造对企业等组织有利的舆论环境。”

②公共信息时代（1900 年左右开始）

公共信息时代是公共关系的第二个历史阶段。代表人物是活跃在 20 世纪初，后来被称为“公关之父”的艾比·李（Ivy Lee）（参考 267 页，资料 2）。这个时期的公关是单向沟通型、公共信息型公关，是政府以及非营利组织或团体所使用的公关手法。这个时期存在一群被称为“Journalist in Residence”的人，他们不属于媒体，而是属于企业。他们代表着企业等组织和公众两方面的利益，尽可能地把真实准确的信息传达给公众。李（Lee）在 1906 年公布了“行为规范宣言＝Declaration of Principles”，在这个行为规范宣言里写有“提供的新闻要及时、准确、公开，并具有高度透明性”的原则。

③非对称性双向型沟通时代（1920 年左右开始）

这一模式是站在企业的角度被创造出来的，因此是一种从企业等组织的立场及观点出发，力图说服公众，取得公众认可的沟通方式。爱德华·伯纳斯（Edward Bernays）（参照 264 页，资料 2）是其代表人物。

这个时期的公关的目的在于让企业等组织掌握公众对其的看法，然后改变与企业等组织站在不同立场上的公众的观点。在这个模式下，公众的反馈信息被作为控制操作公众的工具来使用。所以这个模式所提倡的交流形态是缺乏左右对称性的，但当时处于激烈的市场竞争中的企业在实践中应用了这一模式。

第二次世界大战后，公共关系的定义也以双向型为主轴，1949 年出版的《新共同词典》第 6 版韦伯斯特（Webster）第一次记载了“公共关系”这一词汇，解释为“公共关系是指企业、行业协会、政府和其他组织机构与顾客、从业人员、股份持有者等特定的公众构筑健全的具有生产性的关系，以及向一般社会进行说明的活动。”

④对称性双向型沟通时代（1960 年开始）

这个时代的企业等组织的公共关系活动的特征是开始适用于所有公众对象，其目的是增进企业等组织及其管理者与受其影响的公众之间的相互理解。这个模式下的公共关系不拘于企业组织发送信息、公众接收信息这一单向模式，而是要让双方进行互相沟通，成为一体。

韦伯斯特（Webster）的《新共同词典》第 7 版（1963 年）中也提到“公共关系是为了增进相互理解和好感的艺术或科学”，我们可以看出，这个概念里已经吸收并反映着双向沟通的概念。

◆雷克斯·哈罗（Rex F、Harlow）的定义

作为美国公共关系研究者兼专家，雷克斯·哈罗（Rex F、Harlow）从 20 世纪初开始搜集和总结各种关于公共关系的定义，并于1976年将其定义为：

“公共关系是帮助企业和公众（一般社会）相互进行沟通和理解，使之意见一致，确立和维持合作关系的活动。它可以让经营管理者参与到课题的讨论过程中，并使经营管理者了解舆论动向，帮助经营管理者以此为根据寻找对策，使经营管理者明确地认识到自己的维护公众利益的责任。公共关系作为预知社会趋势的警报系统与经营管理者成为一体，可以让经营管理者有效利用变化。同时公共关系可以作为更重要的工具，被充分运用于调查工作以及健全的且具备伦理性的交流活动中，帮助管理者充分发挥管理作用。”

这个概念中最为重要的一点是引入了之前一直没有被重视的“伦理”概念。这说明，在水门事件（Watergate Scandal）（1972年）后的经济高速增长的环境下，公关行业意识到了自身对企业社会责任问题的影响力。

◆国际公关协会等的定义

国际公关协会（IPRA）在1978年制定的规定中强调道：“公共关系必须基于由双向沟通带来的相互理解，必须能为企业提供有助于其调整经营管理理念的咨询，并能够对政策调整起到辅助作用。”

这个规定不仅承认了单向沟通的局限性，还指出了它的害处。与此同时，规定中还明确地指出了双向沟通的作用。可以看出，公关行业不仅注意到了信息发送者和发送信息的行为，还有意识地注意到了信息发送的影响及其效果。

此外，1982年美国公关协会（PRSA）在正式声明中谈道：“公共关系为各种团体、机关的相互理解做着贡献，进而为多元化社会的决策的执行做出贡献，使其能够发挥更大的效果。与此同时，它也为政府和公众之间的政策调整做着贡献。公共关系为我们整个社会的各种团体与组织服务着。各种团体、组织为了达到自己的目标，必须与从业人员、会员、顾客、地方企业、股东等不同领域的公众，也就是社会全体建立有效的联系。”

2012 年，PRSA 又将上述定义进行调整，并发布了新的定义。新定义可以简单地总结为：“公共关系是组织和公众为了构筑能实现彼此利益关系的一系列战略性活动流程。”

二、现代公共关系的定义与作用

◆公共关系的现代定义

在信息革命爆发的全球化时代里，对于信息发送者来讲，公众已经超越国界，其数量也在不断膨胀。可以说，公众在全球范围内已经变得成熟了起来，进入了脱胎换骨的阶段。

在这个信息一瞬间就可以传遍全世界的时代，一方面，曾经很难接触到的相距甚远的地方和企业组织的信息变得可以轻易入手；另一方面，包围着信息发送者及接收者的这个世界，随着其密度的增大而变得越来越狭窄。这也意味着，信息发布后的人们的反应速度变快，从接收信息到信息反馈的周期变得更短了。

随着信息循环周期的加快，信息发送者要更加注意由自己发布的信息而引起的、自己应承受的影响和结果。

此外，由于在网络空间里可以直接进行沟通与交流，20 世纪 90 年代后期出现的电子商务市场以惊人的速度扩大，并由此出现了前所未有的高信息敏感度领域。还处于发展阶段的电子数据化社会虽然复杂奇异、混沌不清，但其影响力之大是不容置疑的。如果不紧跟 IT 时代前进的脚步，不仅地区和地区间的信息“贫富”差距（Digital Divide）会拉得更大，几代人之间的信息“贫富”差距也会变成难以逾越的鸿沟。

当战争爆发或者出现民族纷争，公关本身也会发生变质。因为在这种情况下作为公共关系发展条件的“自由主义”被侵犯的可能性会变高。这样看来，作为公共关系从业人员，即使仅仅是为了维持自由主义的秩序，也应当持续不断地向外界发布信息。

在此书开篇，笔者提出了一个对于普通读者来说相对简单易懂的公共关系的定义。“公共关系（PR）就是个人或者组织以最短距离达到目的和达本目标的活动，是由‘伦理观’支撑的，以‘双向沟通’和‘自我修正’为基础的构筑关系的活动。”接下来我想把公共关系的定义更为现代化地进行进一步的补充。

“公共关系是指，在可以进行自由竞争的民主国家或地域内，以双向交流为基础，具有道德伦理观念和哲学修养且具备自我修正能力的个人或组织（信息发送者）所进行的，为了达到目标，以有利于公共利益并且对社会有意义的行动来培养公众的信赖（Good Will）的，并发挥充分管理机能进行统筹调整的可持续性的关系活动。”

也就是说，公共关系是指，在言论自由有保证的环境下，有能力分析并吸收对自己有用的信息，有能力进行自我修正的信息发送者为了达到目标，设定确定的目标群体，通过发布信息来对公众施加影响，对公众的变化进行分析和消化，并且及时反馈时刻变化的公众的动向使其成为企业发送新的信息的参考材料，不错过时机地准时发布新信息，“为了建立可信赖且良好的关系而进行的具有持续性的，与管理层的决策相关的活动”。在激烈的国际竞争环境下，对需要快速做出反应和决策的企业来说，公共关系与其说是增加了“战略性”，不如说是使企业有更多机会在市场和同行业占据有利地位。

◆公关的现状

在政治、经济活动越来越向着国际化发展、国际竞争越来越激烈的今天，公共关系的作用也变得更为重要。例如，在解决由企业间的竞争和利害冲突而产生的纷争的过程中，具有双向型沟通功能的公共关系的作用是不可忽视的。在致力于解决环境、人口、粮食等问题的NGO组织积极开展相关活动的同时，大部分企业也开始敏感地关注起包括舆论动向等来自公众的信息。尤其是那些开始探索应对社会变化的方法论的企业负责人们，对公共关系的兴趣更是非常之高。

这一倾向不仅表明，公共关系从业人员的重要性和责任变得更重，也表明大众对于作为向社会发布信息者的公关从业人员的期待也在不断增高。

◆公共关系从业人员数和市场规模

2015年，据一直致力于公关业界分析的投资顾问公司Veronis Suhler Stevenson称，2009年美国公共关系市场的规模为37亿美元（按收费制度）。同样，CNN指出2012年美国企业在公共关系上共花费了50亿美元。不管哪个数字，和美国一年花费在广告上的1500亿美元（按订单制度）相比都不算是个大的数字。

制作世界250强公共关系企业榜单的The Holmes Report称，2012年全世界的公共关系业界市场规模为100亿美元。另一家调查公司还推算说，这其中有30亿美元是随着欧盟的扩大，由欧洲市场以及俄罗斯、乌克兰、捷克以及波罗的海诸国等新兴国家的市场贡献出来的。

与此同时，拥有16万人的会员，由40多个国家和地区的公共关系相关组织组成的The GlobalAlliance推测，全世界有300万人以公共关系为主要职业，这其中包括美国的32万人和英国的5万人。美国被认为有7千至1万家公关公司存在，而Hollis Europe报道称，欧洲40多个国家共有3000家公关公司。Hollis Europe还指出，中国的公关公司总数为1万家。

此外，全世界共有200个国家和地区存在着公共关系组织。

现已名列全球经济规模第二 名的中国的公共关系行业正在以每年20%的速度增长（PR Week），被认为是亚洲诸国中成长最快的国家。中国PR协会（CIPRA）认为中国的公共关系人口大约有50万人，而全球主要公关公司也都在中国各地设立了办公室。Economist杂志推算中国的公共关系市场规模为一年20亿美元。

马里兰大学的Elizabeth Toth教授等人对英语网站进行调查后发现，除美国外，在世界的39个国家里有设有218个颁发学位和毕业证的公共关系相关课程。根据中国浙江大学的调查显示，中国国内有300家以上的大学教授公共关系课程。

PR Week称，在美国也有类似数量的大学可以授予学生公共关系的学士和研究生学位。与此同时，在大学的交流和工商管理等学院里也经常设有关于公共关系的课程，而设置这类课程的大部分都是新闻专业。根据美国佐治亚大学2012年的调查称，学习新闻专业的学生有三分之一的人选修了公共关系和广告的课程。

专题四：广报、宣传与公共关系的区别

公共关系（Public Relations）这一词汇，在日本经常和“广报（直译为Public information）”或者“公众宣传（Publicity）”两词被当作同义词误用。而且，从信息接收者的角度看是属于宣传（Propaganda）的东西，从信息发布者角度看去，有时却会认为它是公共关系的一部分。与“广听（广泛倾听意见）”作为一组词汇而存在的“公众宣传”和“广报”，虽然是公关关系的一部分，但并不等于是公共关系本身。

某些日本企业会在公关宣传部门设置涉外负责人、消费者负责人或者最近盛行的IR（投资者关系）负责人等，积极地进行着沟通交流活动。但这种企业还属于少数，而且宣传（Propaganda）活动是指信息发布者单方向地向外发送信息的行为，是发送者“把自己认为正确的想法表达出来并将其合理化”的行为，所以不一定与个人或公共利益有关系。有时会出现和自己的利益相混淆的现象，所以很难称其为公共关系。这些现象与公关被引进日本后的发展方式密切相关，其发展在很大程度上受到了日本经济成长过程的影响。

以企业为例，在信息发布方面单向性的倾向还是很强。特别是对于容易产生负面影响的信息，多会采取保守的态度。政府和行政机关也多有此类倾向，他们一方面会通过记者俱乐部发布信息，另一方面对于负面信息的公开总是犹豫不决，有时甚至有意地隐匿信息。

在欧洲可以学到公共关系的大学约有100所。和美国不同的是，这些大学的公共关系课程大都被设置在经济学和工商管理专业中。

在日美本市场的对比过程中，日本在公共关系产业上的劣势尤为明显。二战后，通过GHQ流传到日本的公共关系被狭义地理解为公开宣传活动，这是日本的公共关系市场一直没有怎么发展的原因之一。不过，毋庸置疑的是，日本的潜在市场规模其实是十分巨大的。

三、为什么说日本的公关（公共关系）落后了？
——日本的公共关系发展史

在本节中，我们将一起来了解一下日本公共关系的发展过程和现状，并从日本的历史、社会和文化的角度分析日本的公关为何会落后于其他国家。寻找其落后原因，对明确今后应采取何种措施和方法具有很大的参考价值。

从江户时代开始的长达260年之久的锁国政策一直延续到明治维新，急速西化的日本近代化之路也并非一帆风顺。而且，恰恰因为近代化的步伐过快，日本在此过程中一直跌跌撞撞连续犯错，国家的野心不仅给日本人民带来了痛苦，还极大地危害到了邻国。第二次世界大战结束后，民主主义取代了军国主义，在自由民主党的一党统治支配下，日本人原有的勤劳品质支持了“政・官・财”体制的协调发展，使日本在20世纪80年代初发展成为可以从事高品质大规模生产的近代工业社会，并矗立在世界经济的顶峰。1985年在纽约举行的G7财政部长会议中出台的“广场协议（Plaza Accord）”促使日元增值，日本企业的国际化势头也开始变得更加迅猛。这一势头表明，在日本国内独有的文化和制度下形成的“终身雇用制度”“以集团想法做决断的流程”等经营方式必须向“开放”“公平”“迅速”等日本企业未曾使用过的经营管理方式过渡。

作为岛国，日本建国以来，由于单一的民族构成和儒家思想的深远的影响，与欧美诸国等处于大陆内部、经常与不同民族接触而形成的低语境的沟通方式不同，日本形成了其特有的高语境沟通形态（具体参照本章第 6 节）。公共关系（公关）是国际化时代广泛适用的沟通活动，但在某种程度上，却也是日本一直以来最不擅长的领域。日本的宗教以神道、佛教为中心，其思想体系起源于 6 世纪儒家思想的系统性传播，一直到第二次世界大战期间深深地渗透于整个日本社会。这种要求严明上下级关系、沉默寡言的儒家思维方式，在很多方面与西欧基督教的思维方式不同，也与公关活动形成了对立。

企业和官界、政界中反复出现的丑闻说明日本没有通过公关活动进行沟通的良好根基。现在日本经济处在大转变期，为了使其经济持续增长，时代在呼吁日本重新审视和改变旧的社会体系，进行根本性的结构改革。

（一）对日本公共关系发展至关重要的社会、历史因素

日本位于亚洲的东北部，是一个四面环海的岛国，其面积仅相当于美国加利福尼亚州，但人口却达到了 1 亿 2730 万（2013 年度总务省《人口推算》）之多。日本自古以农业和渔业为支柱产业，江户时代开始实行闭关锁国政策和封建主时代自给自足的经济政

策。在相对稳定的统治下，当时的日本在经济、社会、文化等领域获得了相对独立的发展。在产业方面，针织品、陶器等手工业和货币经济也取得了很大的进步。

19 世纪后半期由于美国·马休培里提督率领黑船（译者注：黑船指欧美列强驶往日本的军舰，因船体多为黑色而得名，此词起源于日本幕府时代末期）抵港，日本被迫开放门户。后经过明治维新的改革，日本加快了引进西方科学技术体系的步伐。以建立近代强国为目标的日本，踏入了以振兴产业、富国强兵为核心的新帝国主义路线。

新帝国主义路线导致日本发动了第二次世界大战并在战争中大受挫折。但是战后作为司法、行政、立法三权分立的国家逐渐复苏的日本，沿袭自战前（1937 年）以来的官僚政治经济体系，建立了政·官·财相协调的独一无二的国家结构，孕育出了起源于 1920 年左右、完成于二战结束时的、以“年功序列”“终身雇用制”为代表的日本体系。战后的日本以勤奋为品质，紧随美国，跃居成为 GDP 世界第二的国家。

从政治体系角度来看，从 1982 年的中曾根康弘首相到 2012 年的安倍晋三首相（第 2 次内阁），在这 30 年间一共有 18 位首相就任。也就是说，每届首相的平均任期不到 2 年，这个事实反过来恰恰证明了日本确实建立了一个坚固的、几乎不依赖某人个人能力的社会体系。行政弥补了政局的不稳定性，坚固的官僚主导型社会体系曾经使日本在 20 世纪 80 年代初一度站在了近代工业社会的顶峰，但是进入 90 年代后，日本却经历了泡沫经济崩溃的困窘。这时的日本，一方面面临国际化进程的加快，另一方面又面临着官僚体系跟不上时代步伐的问题，这就让日本结构制度本身的陈旧被暴露出来，同时，结构改革的迟缓又造成了国家的闭塞和发展的缓慢。

（二）日本的公共关系的历史

日本公共关系的历史很短，它起源于1945年战败后的GHQ占领政策，是在未曾打好民主主义和自由思想文化基础的情况下被引入的，这一点成了阻碍日本正确理解公共关系的主要因素。不过，公共关系的萌芽应该可以说在二战前就出现了。

虽然还没有发现任何可以证明公共关系在二战前就已被企业系统地引进的资料，但是柴崎菊雄（1993年）指出，有记载证明在1923年（大正12年）的南满州铁道株式会社，设置有社长室直辖的“广报科”。值得关注的是，满铁广报的理念不是传达上级的指令，它归社长直辖，形式独立。还有，据公关研究会的代表池田喜作称，1903年钟纺面向工厂女性员工出版的公司内刊深受好评。这本1904年正式面向全体公司员工发行的公司内部刊物，开了日本国内公司内部刊物的先河。另外，对最初发行公关杂志的公司到底是哪一家这个问题虽然众说纷纭，不过最普遍的看法是，丸善于1987年、三井吴服店（现在的三越）于1899年最初发行了公关杂志。三井吴服店的公关杂志是350页的大手笔，内有业务介绍、新花纹和流行花纹的介绍，还连载了当时很著名的尾崎红叶的小说。当时这两家公司的经营管理团队都是去过美国的人，所以不难想象，上述的公关杂志是从19世纪80年代后期出现在美国的公共关系杂志中获得灵感并在日本创刊的。

日本政府和军队统治层被普遍认为是从第一次世界大战结束后开始认识到国家宣传的重要性的。此外，使其开始意识到战争宣传重要性的是侵华战争的导火索“满洲事变”（即九一八事变）。当时，日本军队的军事行动受到国际舆论的批判，被日本国内指责为政府政要和军部相关人士“宣传战上的惨重失利”，与此同时构建操控国际舆论的系统成为了当时日本的焦点。以此为背景，1932年，外务省内设置了“信息委员会”，并遵循国家政策设置了制定内外宣传方针的组织。此后，经过几次变迁，原来在各省厅（部委）内进行的信息·宣传业务被统一，1940年起设置了直接归内阁统辖的“情报局”，对民间舆论、文化、思想相关的主要机关和团体以“指导”为幌子，开始了干涉和控制。这与第一次、第二次世界大战中美国对公共关系机关的强化很相似，但是两者的决定性区别在于当时的日本还不是民主国家，它所做的公共关系活动只是以富国强兵为目标对大众进行控制的行为而已。当时的政府一味地想要达到将国民卷入到战争中的目的，才实施了以公共关系为名的政治宣传。

20世纪初在美国出现并发展起来的公关，战后首次被作为在麦克阿瑟（MacArthur）司令的率领下的，联合国总司令部（GHQ）对日本实施的民主主义化政策的一个环节被引进日本。20世纪30年代初，日本有几种广告相关书刊对公共关系非常简单地进行了介绍。1942年出版的户泽铁彦的《宣传概论》中，爱德华·伯纳斯（Edward.Bernays）的《舆论的觉悟》（Crystallizing Public Opinion）和《宣传》（Propaganda）作为二部参考文献被列举出来。

1947年5月3日，以民主主义为支柱之一的日本国宪法被颁布，同年GHQ向中央和地方政府提议，在各地的军政部门设立“公共关系办公室（Public Relations Office）”。因为实行占领政策的GHQ的权限当时比天皇还高，所以这一建议实际上并不能算作是建议或者提案，而是命令（樋上亮一 1952）。

GHQ 为了促进民主化政策的推行，在日本实行了两种形式的交流沟通；第一，公共关系＝Public Relations；第二，广报活动＝Public Information。樋上亮一（1952）认为："广报活动是为了促进理解而进行的活动……"［译者注：关于"广报"一词，请参考第一章的第一节"'公众'（Public）的概念"］

1949 年，GHQ 在全国行政机关内设置公关部门的活动差不多完成了，此时 GHQ 民间情报教育局又开始针对中央政府的职员们开办了公共关系学习会。其中虽然提到了公关，但主要是围绕"为了使舆论更健全，政府应怎样向国民实施政策"等以广报（Public Information）为主的内容进行的。各地军政部门的公共关系办公室（Public Relations Office）和广报办公室（Public Information Office）的工作不仅在名称上很相似，在具体事务上更难进行区分。在民主主义仅仅作为一个概念被引入，而实际还根本没有在日本扎根的情况下，"广报"与"公共关系"开始被混为一谈。

公共关系真正被引进到日本的过程，可以从 4 个组织的 4 条线索进行总结（① GHQ 线索；②电通线索；③证券民主化线索；④经济团体线索）。不过，我们很自然地就会发现，1947 年拥有大量专家的 GHQ 引进的公共关系概念极大地影响着其他 3 个组织。

就这样公共关系首先被导入到日本的各个地方政府（公共部门，Public Sector），其后是民间的广告行业，随后是证券界。与战前的用来侍奉统治阶级、便于其统治人民思想的宣传活动（Propaganda）不同，近代的"PR"是以对舆论的尊重和社会责任感的觉悟为基础，在自由主义的土壤里生根发芽，在美国激烈的社会经济变革的浪潮中急速发展起来的想法和活动。

在日本电报通讯社（现在的电通）1947 年 7 月举办的夏季广

告学习会中，有一个名为《关于公关》的讲座，这是最早的面向民间公众开办的公关讲座。在这次讲座中，公关被定位为经营管理功能、经营管理政策问题以及经营管理哲学之一，强调了“通告”的重要性，讲座将公关描述得几乎就等同于经营管理。

可是，在那之后，公关却被解释成为了宣传的同义词。公关被误解为销售商品的广告活动与手段，主要可以归咎于1950年电通新设立的公共关系部门。电通虽然在战后积极地向日本介绍了公关的理论，但是作为广告公司，电通还是最重视提高广告业界的形象。为了扩大广告业务量，他们尽量让广告业接近各个企业的中枢。但是很遗憾，电通所作的努力使公共关系和宣传的概念相混，在大众中产生了“公共关系 = 广告、宣传”的误解，而原本公共关系的业务范围可比广告和宣传大得多。

1951 年日本的公关迎来了划时代的一年。那年“日经联”（译者注：日本经营者团体联盟的简称）往美国派遣了“ 经营管理视察团”，视察了人际关系论（ Human Relations ）和公共关系论（Public Relations）（以此次视察为契机，1953 年 5 月日经联发起了公共关系研究会）。同年，与公共关系相关的 9 本启蒙书籍在日本出版，公关的普及活动达到了顶点。可是 1952 年年末，此次风潮骤然转入低迷。据《政府广报 30 年史》解释，“1952 年《旧金山和约》缔结生效，GHQ 撤出日本，对于占领政策的再次审视和财政的困窘，使得广报活动被迫从简，其预算也被缩减”。

遗憾的是 GHQ 虽然把公共关系的种子播种在了日本，但是没有引进可供实践的技术。笔者认为，技术未被引进的最大原因在于，随着《旧金山和约》和《日美安保条约》的生效，GHQ 从历史舞台上消失了。GHQ 专家们的启蒙运动和具体技术引进的缺失所带来的影响，在高度经济成长期毫无保留地显现了出来。

《电通广告年鉴》(1956 年版) 关于公共关系有这样的记载：“……只是花费大量金钱做一份漂亮的营业报告书，或者只是在新闻杂志上刊登数篇所谓的公关广告，就标榜‘我们的公关做成功了’，持有这种想法的公司很多……”由此记载可以推断，当时公共关系没有被正确引进和运用。

◆ 20 世纪 30 年代到 60 年代的企业公关和报道

乘着民主化的浪潮，与行政相关的公关活动渗透到了日本地方政府。现在在日本，估计已经找不到没有设立广报部门或者类似部门的地方政府了。只是此类部门只停留在了设置上，其内容实质却停滞不前，与政府不同的是，企业的公共关系活动有了长足的进展。报纸、杂志、广播电视媒体的高度发展是上述现象出现的背景之一。

1951 年报刊统治被撤销，日本开设了民间广播局。1952 年至 1959 年期间，以女性周刊杂志为首的众多周刊杂志纷纷创刊，宣告着周刊时代的到来。1953 年民间电视台开设，并开始进行节目播放。这些大众媒体的兴起，可以说给日本公关的普及提供了土壤。这与美国的发展情况类似。在美国，媒体于 19 世纪 90 年代兴起，促进了 20 世纪初的公关行业的发展。

1950 年左右，日本开始推行股份民主化，证券公司利用报纸公共关系广告的形式募集股东，企业的公关在这时变得具体化了。《企业的发展和广报战略》里写道，证券公关的中心人物是野村证券的奥村纲雄会长，他在接受当时的报纸采访时，做了如下的发言：

“……虽然说是证券民主化时代，但说到底股票的投机性很高，投资的人对于企业的财务状况、资产内容以及经营管理内容都不够关心，这与本来应有的顺序是相反的。买股票的人本来应该先了解企业，对企业产生亲近感，然后再启发自身作为股东的意识和理解能力。股东公关的目的是培养公司和股东之间的连带责任感。”

步入20世纪50年代后，壳牌石油、日本航空、松下电器、东京GAS、三菱电机等公司纷纷设立广报部门，60年代到70年代又有更多大企业加入到了这一行列。

20世纪50年代依靠广告公司来做公关广告成了主流现象。宣告家电时代来临的1957年11月，松下电器以“地球14亿女性中您迎娶的唯一一位就是您的夫人”这一页纸的广告，成为了当时被关注的焦点。1959年4月，索尼在周刊杂志上刊登了“晶体管物语”，1960年，朝日啤酒以在同一家公司上班的祖父、父亲、孩子为主题，做了一则“酿制啤酒的三代”的广告、另外，朝日啤酒还推出了以送啤酒的小伙子为主题的“辛苦了，加藤君”等广告，吸引了公众的眼球，同时也提升了公关广告本身在人们心中的地位。在市场技术正被积极开发和研究的时代，这些主要由广告公司制作的公关广告，证明了培养企业形象的重要性正在逐渐提高。

就这样，虽然还显得肤浅，但公关在日本渐渐得以普及，并带动了企业社会责任感的增强。在经济同友会1956年通过的决议《经营管理者对于社会责任的自我察觉与实践》中，明确倡导了企业和经营管理者的社会责任：

①企业作为社会制度的一个环节，企业的经营管理不仅是受资本提供者的委托，更是受到了全社会的委托；

②明确地提倡道：经营管理者的责任不仅仅局限在追求自己企业的利益，更在于重视企业与经济、社会的协调。另外，经济同友会1964年实行的关于经营管理理念和企业活动的调查显示，9成

以上的企业经营管理者认为，各个企业必须要自觉地发现自己的社会责任，并且积极采取行动，有意识地为全社会的和谐与幸福做出贡献。

可是，本质上的问题在于如何定义社会责任的内容，与此同时，此内容与公共关系活动要如何联系起来也还不明确。经济同友会的调查中还写道，要实现社会责任，对利润的追求是不可或缺的，实现社会责任的前提就是要确保企业利润。

◆经济的高度增长和企业报道

1950 年爆发的朝鲜战争给日本营造出了战争必备品市场，日本经济急速发展，经济实力迅速恢复到了二战前的水平。这是日本经济高度成长的开始，在自由民主党长期一党统治下的政·官·财金三角引领日本走上了高度经济增长的道路。

1956 年日本《经济白书》宣言“我们已经不是战后时期了”，强调了复兴的成功和新生的日本经济的强大力量。50 年代后期开始的高度经济增长迎来了大量生产、大量消费的时代。为了让需求追得上大量供应的商品和产品，公关广告、促销和宣传等营销手段被引进。本来市场营销是与公共关系相关，而且应该作为其中一个环节被引进的，但是当时“宣传”被认为就是公关，“公关 = 市场营销”这种错误观念竟然扩散开来。特别是在实际工作中，宣传被认为是广告的补充手段，定位为广告的免费赠品，这对公关正确含义的推广形成了很大的阻碍。笔者认为，正因为日本的公关经历了经济高度增长期，所以其原本的含义才变了味儿。

20 世纪 60 年代是日本的经济极速增长的时代，这时的经济增长率每年超过 10%。1964 年东京举办了奥运会，这是日本经济进入大量生产、大量消费，人和物大量流通时代的象征。在这时的日本，公关广告的规模不断扩大，公关活动也在大众媒体亮相，吸引了大众的目光，这也宣告了企业向媒体提供新闻素材的“宣传时代”的到来。由于宣传和广告不同，消息能否当作新闻被媒体报道以及决定如何报道等的主动权和决定权都在媒体那边。因此，有很多可以产生市场效果的战略和各种各样的新点子都横空出世了。不过，犹如引进了最新医学技术之后还必须引进具体处方一样，在这一时期，公共关系的具体技术也急需被引进。但是，由于当时的日本没有这么做，就引发了无穷无尽的后遗症，这点我们在后面会详细讲到。

20 世纪 60 年代后期，发展迅速的汽车产业成为了公关活动的主角。1966 年 1 月，日产汽车在报纸和电视上做了大量广告，公开募集新车名称。新车发布会场人山人海，电视、报纸都进行了报道。“Sunny”这个汽车品牌就这样诞生了。在汽车大众化的潮流中，汽车行业的广报成为了社会性新闻，1967 年 10 月举行的东京汽车展销会在两周时间内就有 140 万人到场。

讽刺的是，这种宣传活动的绚烂成果扩大了“公关就是宣传”的误解。

◆向人性化的转变

与高度经济增长同步发展的公关广告、宣传活动虽然被大量开展，但在 1969 年迎来了一次大转折，造成这次转折的就是“次品汽车事件”。

这一事件最先由《朝日新闻》1969 年 6 月 1 日早报所报道，是因为一条刊登在《纽约时代》中的批判日本车的新闻而引发的。根据《纽约时代》5 月 12 日的新闻报道，按照美国人的习惯，如果汽车在安全性能方面出现结构性缺陷，制造商就必须主动向媒体公开事实并回收、修理汽车，但是在美国的一些外国车没有遵守这一被默认的条款，其中就有日本汽车制造商。此后，因为日本运输省和制造商表示“两国的安全指标不同”“没有生命危险”“想得太多使消费者杞人忧天”等，带给公众一种想要否认事实的感觉，这引起了社会对日本汽车行业的不信任，并招来大量的批判，当时日本确实没有法律规定说厂商有公开汽车缺陷的义务。可是，虽然习惯上的差异有时候是无法避免的，但是这次是“与生命相关的汽车安全性能”问题，日本方面的说辞根本站不住脚，这就导致了斥责“日本汽车行业缺乏社会责任感”的呼声愈演愈烈。

媒体的批判性报道和行政与汽车行业的消极对应，正说明了宣传和公共关系活动之间是有本质性差别的。

此外，在 20 世纪 60 年代后半期的日本，一直以来依赖“大量生产→大量消费”模式追求利润的企业活动产生的“旧账”，开始作为社会问题浮出水面。其中之一就是公害问题。单从废气排放量角度来看，60 年代还主要是以一氧化碳问题为主，70 年代则升级为更为严重的光化学烟雾问题。与此同时，经济的急速增长以通货膨胀的形式给社会带来了极大不安。

这一时期，日本在行政方面针对环境问题做了明显的应对——1967 年制定《公害对策基本法》，1971 年增设环境厅。在经济界，1969 年的经济同友会在年初的公开发布会上主张“创造尊重人性的社会”。“回归人性”作为社会的共识，在日本一直被提倡到 70 年代初。1969 年 2 月，内阁会议通过了与亚硫酸气体排放量的相关环境基准，在此环境基准正式成为法律条文之前，东京瓦斯公司和东京都自主签订了《公害防止协定》，这一行为所反映出的社会责任感被公众广为称颂。同时，在这一时期，整个日本社会都在深刻反省，是“生产第一”主义、“产品优先”的社会造成了丧失人性的危机状况，与企业对立的反公害市民运动开始登场。

20 世纪 60 年代，日产汽车，日本东丽、三得利等公司都新增设了广报部门。其中，日本乐器（现在的雅马哈）更是把公关作为企业成长和发展的关键，在相当早的时候就已经设置了公关部门。迈入 70 年代，东京电力、味之素、新日铁、普利司通、第一劝业银行、全日空等日本企业陆续设置了广报部门（广报部或广报室）。可是这种举动的背后大多都隐藏着高度增长引起的“旧账”——公害等问题。企业大多是为了应付来自社会的指责企业为公害元凶的舆论压力，才将广报部门作为免罪符和药方予以设立的。在 20 世纪 30 年代处于经济状况低迷状态的美国，大企业和其经营管理者受到社会各界的指责，通用、福特等大企业也曾因此设置公关部门，日本和美国在这一点上是类似的。

◆稳定增长和企业意识的变化

1973 年，公害和通货膨胀引起了社会不安，日本经济开始下滑，新的经济秩序亟待摸索，在种种棘手问题接踵而来的时候，石油危机波及日本。被称为“疯狂物价”的价格异常上涨，以卫生纸为代表的物品紧缺等问题使日本的家庭主妇们不停地买东西储存起来。严重的通货膨胀的责任不仅归咎于政府，也在于企业，因此当时日本的新闻和电视中经常可以看到企业首脑被质问的报道。在这种情况下，1974 年春天，有些人甚至认为，如果企业不能正确认识自己的社会责任和作用的话，自由的企业制度就不能继续存在下去。

在这种情况下，企业的公关活动不仅仅停留在公关广告和企业报道，还扩大到了教育事业、文化事业等不能直接地在短期内创造利润的领域中。

专题五：媒体造势与公众宣传的区别

媒体造势（Press-agentry）是指“制造具有新闻性的故事或者活动，吸引媒体关注，提高公众认知度”的活动，也具有夸大宣传和制造虚假信息的性质。公众宣传是指“信息发布者通过努力使具有新闻价值的信息被媒体采纳”的活动。与广告不同，公众宣传是不支付费用的，所以是否被报道和其报道内容的决定权都在于媒体。

◆泡沫经济的崩溃

二战后，日本国民团结一致，以“复兴与发展”为目标，从战后的废墟上站了起来，以欧美先进国家为榜样实现了社会的近代工业化，并于20世纪80年代初站在了世界的顶点。

1985年《广场协议》之后，当时的中曾根首相试图扩大内需，将之前的财政紧缩政策变换为扩大公共事业的政策。为了调整日元升值所带来的经济不景气等情况，他解除了低利息政策，但结果还是引发了日元升值。

20世纪80年代后期，政府实施的金融放宽政策使得房地产市场狂飙，经济陷入过热状态。当时地价飙升到了东京都电车环形线路的山手线内的土地价格算下来可以购买整个美国土地的程度。日经平均股价1989年12月29日收盘时，创下了史上最高纪录的38,957.44日元。资产价格产生了泡沫化现象，也就是世人所说的“泡沫经济”。

针对这个情况，日银实施了大幅度的金融紧缩措施，结果招致了泡沫经济开始崩溃，导致了一些金融机构和企业的破产。1990 年年初，不仅股价下跌，债券和日元也一起下跌，被称为“三跌”。另外，国内政局不稳和日美组织协议的打击，再加上利率上升以及海湾战争的爆发，泡沫经济彻底崩溃了。

在泡沫经济从扩大到崩溃的过程中，对交流手段产生着决定性影响的互联网社会的发展也在同时进行。互联网在美国的商业上的使用是从 1988 年开始的，最初的浏览器在 1990 年问世。1995 年之后，因 Windows95 的出现使得互联网被全世界所认知。关于互联网普及率的最早的记载是在 1995 年 12 月，此时互联网在全世界的普及率仅有 0.4%。2007 年前后普及率突升，到 2010 年年末已经升至 20%，这对世界的经济、政治、文化等方面都给予了很大的影响。日本总务省的通信使用动向调查表明，从 20 世纪末到 21 世纪初，日本互联网的使用率急速提高，到 2005 年时已经突破 70%。在那之后，互联网使用率的增长势头虽然有所减弱，但也始终保持着上升趋势。到 2013 年 12 月末，互联网人口的普及率为 82.8%，使用人口突破 1 亿大关，达到了 1 亿零 44 万人。

◆东日本大地震和福岛第一核电站事故的教训

2011 年 3 月 11 日，前所未有的巨大地震和海啸突然袭来，东日本大震灾发生了，同时也带来了意想不到的二次灾害。世界最大级别的福岛第一核电站陷于覆灭状态，站在安全神话背后的核电先进国家日本的形象瞬间坍塌，沦为无法管理危机的核污染国家。

东日本大地震发生 1 个月后的 4 月 12 号，核安全·保安院（保安院）和核安全委员会（安全委）一同召开记者招待会，将福岛第一核电站事故的严重程度按照国际核现象评价尺度（INES）的评价标准来进行评级，评为“水平 7”，以“切尔诺贝利级”为大标题向社会公布。特别是报纸，把焦点集中在了和“切尔诺贝利一样的水平 7”上，使得并没有出现直接因核辐射而死亡的“福岛事故”，却在人们的印象如同“切尔诺贝利事件”一样导致了多数人的死亡。这使得整个世界瞬间就陷入了混乱状态。

地震发生后，媒体发布的信息不仅带来了外国人出逃和由于不切实的流言所造的损失，更是把经济活动引入了严重的事态之中。福岛核电站的主要信息源有 4 个：首相官邸、安全委（内阁府）、保安院（经济产业省）、东京电力局。4 个不同的信息源，完全不同的消息发布机制，公众时而资讯缺失，时而不同信息交织。这就是造成信息混乱状况扩大的主要原因。

野村综合研究所于 2011 年 3 月 29 日以新闻稿的形式公布了《地震灾害后的媒体接触倾向调查》的结果。据此调查显示，地震灾害的信息源头为：第 1 名是 NHK 电视台播放的电视节目（80.5%），第 2 名是民间电视台的节目（36.3%），第 3 名是大型综合网站（43.2%），第 4 名是报纸的消息（36.3%）。这显示出人们最重视的是影像效果和信息的传播速度。另外，关于对媒体的信任程度变化的调查（从“上升了”“下降了”“不变”和“不清楚”4 个选项中选一项）结果显示，“信任程度上升最多”的是 NHK（28.8%），“信任程度下降最多”的是来自政府和地方政府的信息（28.9%）。虽然政府费尽心血刚刚成立了勾画东日本大地震灾后复兴蓝图的“复兴构想会议”，但是由于对信息管理的松懈，群众对中央政府以及地方政府所公布的信息的信任程度反而越来越低。

在处于这种紧急事态的时候，统一信息源头是非常必要的。公共关系所讲的危机管理，就是以避免信息源发生混乱为大前提的。

虽说此次震灾中发生了超出预想范围的事态，但是日本的危机管理体制和公共关系欠缺的印象还是深深刻在了人们的脑海中。

在东日本大震灾中，不仅是电视和报纸等传统大众媒体，Twitter、Mixi、Facebook 等社交媒体也在各种场面被积极地使用。来自个人的信息不仅会使个人与个人产生联系，还会扩展到整个社会。从前只是作为信息接收者的个人，现在也开始发挥着媒体的功能，从而造就了网络社会的进一步扩大。

通过这次大震灾我们还明白了另外一件事——世界经济是一体的。日本东北的汽车零部件制造商的工厂在地震中损坏坍塌，给美国的汽车制造商带来了很大的影响。之后 2011 年秋天在泰国又发生了大洪水，因此众多的汽车和电力工厂被迫停止作业，这也给日本以及世界各国的工业生产带来了影响。

人们更加明白了全球化的意义，整个世界是联系在一起的。2012 年 4 月在日本，国际商业协会正式成立，这件事情也极具象征性意义。

四、经济摩擦与海外公关

战败后“贸易立国”成了日本经济复兴的支柱之一，日本的海外公关活动也从 1950 年开始开展。1958 年日本贸易振兴会（JETRO）成立，同年欧洲经济共同体（EEC）起步，国际竞争越来越激烈。因此，日本企业为了振兴出口产业，在积极设立海外销售网点，面向海外树立公司品牌形象，进行市场营销的同时，也对海外公关活动表现出了极大的关心。20 世纪 60 年代后期至 70 年代，日本的出口总量急速攀升，甚至被负面地形容为“集中暴雨型”出口。在此期间，日本的国际收支呈现了黑字状态。这件事情被国际社会指责为“没有努力促进进口”，从而产生了所谓的经济摩擦。

20 世纪 70 年代以后，以美国为首的欧美诸国开始对日本产品采取进口限制。70 年代出现了日美纤维摩擦，80 年代出现了日美通信摩擦、汽车摩擦、半导体摩擦，90 年代又出现了日本农业产品进口问题。

此时的日本政府和日本企业开始努力进行面向海外的公关活动。考虑到文化、习惯等方面的差异，日本采取了大量公开统计数据等积极举动。为了赢得海外舆论的好感，日本不仅积极接近海外媒体，还雇用了外国本地公关专家进行政府游说。但是，除了一小部分的管理者之外，大部分的企业高层管理者都没有亲自露面演说。

进入 20 世纪 80 年代，随着由强大的贸易黑字带来的日本经济增长，JETRO 开始把重心转向支援外国企业进入日本市场。

◆公关公司的诞生

在日本处于经济高度增长期的 50 年代后期至 70 年代，犹如在预示公共关系时代的来临，公关公司如雨后春笋般接二连三地成立了起来。20 世纪 50 年代后期出现了知性点子中心、国际公关、COSMO·公关，60 年代以后出现了电通公关中心、阳光创意公关（Sun Creative Publicity）、奥兹玛（OZMA）公关、共同公关、PRAP 日本、井之上公关等。可是直到 80 年代，除了一部分公关公司，大多数公司所提供的主要服务都是以依靠媒体进行企业报道为中心的市场营销和公关策略。

更有意思的是，现在的公关公司呈现出两极分化的趋势。一方以国内企业为服务对象，在有限的领域内提供服务；另一方以外国企业为服务对象，采用双语职员，覆盖广阔的领域进行咨询为主体的业务。从数字上看，前者所占比率确实很高，不过在全球化的进程中，后者的比率也是一直在增长。

从70年代后期开始，国际竞争开始激化。在这种环境下，要求日本开放市场的外国企业，带领国际公关公司向日本展开了猛烈的攻势。这些公司大部分是美国公关公司，有博雅（Burson-Marsteller）、伟达（Hill & Knowlton）、凯旋（Ketchum Public Relations）、爱德曼（Edelman Public Relations）等公关公司。这些企业在日本当地设立法人，并与日本公关公司携手，为开拓世界第二大市场而积极进行着商务活动。他们实践的公关手段给日本公关公司传授了很多有用的理论和技术，为提高日本公共关系水平做出了很大的贡献。现在在日本发展的外资公关公司约有10家，此外也有差不多与此相同数目的外企公关公司与日企携手经营。

政府对政策的放宽，以及相继出现的企业丑闻和日本企业会计基准的变更，使得日本企业对投资者公关（IR）、品牌管理和CSR（企业的社会责任）等从前不曾重视的领域的需求急速增长。从这个角度来看，公关的前景非常明朗。前面已经提到，在这个纷繁复杂的全球化社会，公关在任何领域都越来越发挥着地基的作用，因此非常重要。

◆企业等组织的高层管理者对公关的关注之提高

1979年美国社会学家傅高义（Ezra Feivel Vogel）出版的名为*Japan as NO.1*的书创下了畅销书纪录。1980年日本的汽车生产量超过1 104万台，粗钢生产量在资本主义国家中排名第一。日本迎来了繁荣的时代。

以解决经济摩擦为目的的公关活动难度很大。造成困难的主要原因在于政治交涉与企业的努力是分别进行的。此外，各个国家的报道都在升温，出现流于情绪的倾向。当我们要扩散符合事实的信息的时候，信息接收者们往往正处于情绪化状态而变得看不清真相。此时公关活动就常常无法有效发挥其作用。在预料到这些问题存在的情况下，借助公关专家们的帮助，往往可以成功地进行冷静的谈判【参考第五章第二节，天纳克（Tenneco）公司的案例分析】。

经营管理首脑开始意识到公关的重要性是从 20 世纪 80 年代后期中曾根内阁时代（1983 年 12 月—1987 年 11 月）开始的。其起因为 1987 年东芝机械违反了“对共产圈出口统治委员会（COCOM，Coordinating Committee for Export Controls）”的出口规章一事。当时，海外批判日本为“看不见脸的日本”，此次事件发生后，经团联派以会长斋藤英四郎氏为团长的代表团前往美国，提出了“日本的经济人士应积极发言”的建议。笔者认为，日本的企业高层管理者真正认识到公关的重要性正是从这一事件过后开始的。此后，就任为经团联新团长的平岩外四氏做了“高层经营管理者必须做好交流沟通工作”的发言。不过这一阶段的交流还只局限于单向型交流。

1986 年的日美半导体协定的缔结，以及同时期丰田和 GM 在加利福尼亚州费利蒙市设立的合并企业（NUMMI：1984 年）出现以后，日美经济摩擦还是继续激化。就加利福尼亚的企业合并来说，也是因为 GM 想要吸收丰田独特的生产销售方式，才致使丰田在美国的压力下被迫参与合并的。就这样，美国的反日情绪在 20 世纪 80 年代后期达到了顶点。

可是，1991 年泡沫经济一崩溃，日本经济立刻陷于丧失信心的状态。在经济低迷状态长期持续的情况下，1995 年日本广报学会竟然出现了。日本广报学会的活动内容的中心是企业公关。

特别是从 2000 年 3 月开始，“日本企业新联结决算”被导入，这和之后的由“新会计基准”的实施引发的向“股价时价评价制度”的过渡，促使高层经营管理者们开始采取重视股价的种种政策。其结果：公关部门的强化带来了企业对法律法规的遵守意识的提高。不过近年来还是出现过一些完全漠视伦理道德观念的、徒有其名的“遵守法律法规”的企业。

图 2-2 日本的公共关系的发展和问题

①1925—1945年 昭和初期—第二次世界大战结束（公关萌芽期）	特长 目的 问题点	宣传型（富国强兵为目的） 大众操作 抑制言论自由，操作舆论
②1947—1952年 （GHQ将公关导入到行政中的导入期）	特长 目的 问题点	公共信息型（单向型交流） GHP（联合国军总司令部）为推行占领政策 这种行政宣传只是一边倒的“告知”，误解了企业公关的概念和功能，与当时一同引入的公共信息相混淆也是原因之一，1952年开始生效的《旧金山和约》是GHQ在日本的影响力开始减弱，公关迅速失去了向心力，其本质理念和概念相背离
③1950年— （美国型公关启发期）	特长 目的 问题点	公关广告、企业报道型（单向型交流） 企业为了得到社会认同 GHQ许可证券交易所重新开放（1949年）和日经联二战后初派遣“经营视察团”去美国视察（1951年）等事件引发企业内部设置公关部门的浪潮，可是公关原本的理念和概念未能渗透，还有，因为广告代理店内部设置了公关部门，广告宣传和公关相混淆，公关成为销售商品的手段，结果招来了公关、广告或企业报道的误解

（续表）

④20世纪50年代后期—1990年（高度经济增长时代的公关低述期）	特长 目的 问题点	企业报道型（具有国际水平的单向型交流） 为了创造大量生产和大量浪费周期的销售 过于市场营销化的公关，进行大范围的公关实践的技术未能导入，其不好的影响浮出水面。例如，在国内相继出现的企业丑闻、公害问题、海外贸易摩擦（半导体和汽车）
⑤20世纪50年代后期—1990年（高度经济增长时代的公关低迷期）	特长 目的 问题点	企业交流型（双向型交流） 着眼于企业员工 在国际化的进程中，使日本的行政和经营体系制度疲劳和自我修正功能的具有双向型交流的功能还未成熟
⑥2011年—（在经历了东日本大地震的日本，在从两极化到一极化最终到现在的多极化世界，新的PR模型正在被需求着）	特长 目的 问题点	全球化交流型（双向型交流） 试图以全球化的视角实现价值的共享 在全球化的进程中，作为基础的PR还不够成熟而且没有形成容纳多样性的地基

（出处）井之上乔:《为日本的公关关系的发展所做的考察》，发表于《日本广报学会广报研究》第 9 号，2005 年 3 月，第 30~44 页。2015 年 1 月又为上述文章添加了部分内容

◆日本的企业等组织所面临的问题

纵观现实社会，近年来因公共关系的欠缺为原因之一的企业丑闻一直不绝于耳。不可否认，伦理道德观念和双向型沟通能力的欠缺、自修正机能的缺乏，使不断出现的企业丑闻伤口不断扩大。

就 2000 年第一次发生丑闻的雪印乳业来说，在 2 年的时间里，由于 2 起丑闻的发生（制造上的问题和子公司雪印食品与 BSE 有关的牛肉伪装问题）使得消费者开始抵制产品，雪印食品公司被毫不

留情地逼上了关门停产的道路，曾经营业额达到近一兆日元的集团企业最后不幸破产。

当然，现在已经有很多日本人认识到了自己在沟通方面并不擅长，企业经营管理者也反省并认识到强化此能力的必要性。当前的现状是，当日本企业发生危机的时候，会向拥有客观视角的外部公关公司进行咨询，积极运用公关活动。但是，日常活动相关的业务大部分却交给公司内部的公关部门来处理。不过最近将专业性强的业务委托于公关公司的企业开始增加。

日本的问题在于，经营管理者虽然认识到了公关的必要性并带头发挥着发言人的作用，但是到现在还是没有理解公关本质所在。再加上企业机构中受过专业教育且经验丰富的从业人员数量较少，所以大部分情况是，受到2—4年就要调动到其他部门等日本特有的人事习惯的影响，在日本企业内部没法实行长期人才培养，也没办法向经营管理者提出高明的建议。伦理道德问题也是一样，企业机构的高层管理者如果不能严谨地重视起伦理道德问题，此思想是无法渗透到企业底层的。反复出现的丑闻，正是在向公关人们质问这个伦理道德的问题。

对这些问题，2002年9月，作为日本经团联（同年5月经团联和日经联整合为一个机构）新会长、丰田汽车的奥田硕会长（当时）呼吁，企业经营管理者要重视企业统治能力和企业伦理。

就这样，到目前为止，虽然日本社会对公关和广报的关心程度达到了前所未有的高度，但是还是非常缺少以公共关系为专业的从业人员。尽管在东京证券交易所上市的过半的企业都设有宣传公关部门，但是据推算，就算再加上未上市企业和外资企业，从事这一行业的人数只有约1.2万—1.4万名，而且大多都是缺乏实际公关经验的人。

图2–2显示的是日本公共关系（公关）的发展和问题。

五、在日本普遍存在的市民（社会）运动

19 世纪末，在日本的煤矿、纺织工厂，由于对女性员工的过度剥削而引发的劳动纷争频频发生，企业中也出现了工会。但真正意义上的工会是从 1920 年左右开始出现的，日本劳动总同盟、日本农民组织、全国水平社（被歧视群体解放运动）等组织在这时纷纷结成，成功地团结了劳动者和农民。这些组织或多或少受到了 1917 年苏联十月革命的影响。这些运动，在战前和战争进行时期被镇压，但战后在麦克阿瑟（MacArthur）的民主化政策引导下，又得以恢复，并结成了新的工会。在东西方冷战的影响下，工会运动渐渐具有了一些思想性，这时的工会也会不时地进行全国范围内的罢工运动。在 20 世纪 60 年代和 70 年代的高度增长期，工会每年春天都会进行以加薪为目的的激烈斗争。可是，以日本人均薪金达到世界第一水平的 1990 年为界，在泡沫经济崩溃、经济不景气和结构重组的时代潮流中，劳资双方的谈判迅速变得和谐起来。二战后，工会一直会支持某个政党，对政治也有很大影响力，但是近年来，工会成员不再被强制参加选举了。

另一方面，从 1950 年开始，美国的消费主义思想影响到了日本，在日本反抗现有权威的呼声越来越高。50 年代后期开始频频出现针对公害问题、药物问题、次品汽车等产品问题的消费者运动和市民运动。这些运动在进入 90 年代以后渐渐转变为以解决环境污染、支援发展中国家、国际贡献、解决高龄化社会问题等为目的的运动，NPO、NGO 的势力开始增强。1998 年 NGO 法案在日本国会通过，现在作为特定非营利活动法人的 NPO 注册团体共有成员

4.9173 万人（内阁府数据，2014 年 7 月），其中与国际组织联合进行活动的组织也很多。所有机关都在关注他们，有越来越多的企业与这些团体合作，联手进行服务社会的活动。他们与从前的活动家相比，沟通能力更强，会热衷于把活动内容和其成果告诉组织内外的人。我们很期待企业和政府与这些组织进行合作，期待他们运用公关展开更有效的项目活动。

六、日本文化与公共关系

美国的文化人类学者爱德华·哈尔（Edward Hall）曾经说过，在以日本社会作为典型的“高语境”社会里，人们心照不宣地共享很多文化符号，因此在交流时产生的“信息量”很少。在像以美国这样的多民族社会为典型的“低语境”社会里，因为共有的文化符号很少，所以在进行交流的时候，如果不大量传达明确的符号化信息，就无法使交流顺利进行。日本尤其在过去超过 2 000 年的历史中，单一民族的人们在岛国共同生活，非常重视以“和”为贵。这一点与依靠个人能力在竞争中达到目的的做法相反，日本人特别擅长依靠集体的合作来达到目的。再加上儒家思想传入到日本后，形成了一种犯下错误之后不分辩不找借口的习惯，个人所承担的对事情的“说明的责任”很少，这就形成了日本人不擅长向他人明确表达自己的主张和态度的习惯。由此，很容易使外国人或者不同文化的人们误解，产生摩擦。

以第二次世界大战中的“袭击珍珠港事件”为例，由于驻华盛顿日本大使馆的失误，本来应当事前亲手交给对方的宣战书延迟了。但正是前面讲到的“和”，再加上对失败的“耻”起作用，战败后，当时与此事有关的两名官员后来竟然高升到了官僚体系的最高级别，得到了事务次官的职位。这可以说就是日本组织内部不严谨的构造所导致的结果。关于日本外务省犯下的失误，笔者 1988 年在墨尔本举办的国际公关协会（IPRA）的第 11 届世界大会上做了演讲，在演讲中对日本文化的特殊之处加以说明，也对外务省的失误做了说明。

当发觉日本政府向美国政府下的战书延迟是内部出现的失误这个事实之后，应该立即向国际社会公开宣告。可是，事实是真相并没有公之于众，使得事件成为了美国的绝好借口。战争结束已经 50 多年，日本的形象被固定为“卑怯而狡猾的日本（Sneaky Jap）”，对日本的不信任这个形象一直存在于美国人民的情感深处。

关于美国投下原子弹的背景虽然有很多种说法，但是也许正是因为珍珠港被偷袭，才导致了美国国民舆论沸腾，进而给日本贴上了“Sneaky Jap”的标签，并把日本划入与自己的价值观和文化完全不同的领域，进而最后做了投放原子弹的决定。如果当时“珍珠港袭击事件”的真相向国际社会进行了公开，向广岛和长崎投下原子弹的事件也许就不会发生。还有，不仅原子弹投放，向东京等 66 座城市进行的无差别大空袭也许也不会发生，这应该不只是笔者一人的想法而已。

七、媒体与公共关系

媒体公关与其他商务咨询公司的活动相比是一种特殊的活动，

是公共关系核心能力的体现，因此对企业和公关从业人员来说，他们和媒体之间的关系是非常重要的。在日本这个面积狭窄，又以高GDP为自豪的岛国，各种各样的媒体高密度地覆盖着全国，因此深入理解媒体、与媒体建立良好关系对日本来说是一项重要课题。第六章将介绍CARMA的“媒体分析”案例，此案例所展现的使双向交流和自我修正机能成为可能的手段，在错综复杂的21世纪对于解决公共关系问题是很重要的。

◆日本的媒体

日本的广播电视的历史是从1925年政府经营的广播电视局网NHK（日本放送协会）的广播开始的。1951年民办广播局成立，1953年NHK开始播放电视节目，同年民办电视也成立了。现在NHK拥有4391个电视局（综合：2209，教育：2184）、377个广播局、530个FM广播局（出自2013年度NHK业务报告书），覆盖全国。民办电视局包括东京5家核心电视局在内，也已超过130家（其中BS为7家）。另外，日本民间放送联盟（民放联）的加盟会员在2014年达到了205家。

再说说报纸方面。在日本自1871年日报《横滨每日新闻》发行以来，现在5家全国性报纸的发行数量仅早报已达到约2530万份，再加上晚报就已经超过了3500万份（日本ABC协会数据，2013年）。全国性的报纸以美国远远不及的巨大数量发行，第一名《读卖新闻》的早报发行数量在最多的时候超过了1000万份，之后虽然有所减少，但还是保持在950万份以上。排名第二的《朝日新闻》的发行量也超过740万份。还有，《产业经济报》《区域报·地方报》《体育报》《行业专业报》等报纸的总发行数量，扣除晚报也大约有7000万份。据推算，杂志年间销售量约为30亿部（总务省统计局，

2012 年调查）。书籍的年销售量为约 10 亿部（同上调查）。平面媒体、电波媒体等信息网络严密地覆盖了全国 5200 万户家庭。报纸发行量的国际对比数据请参考图 2–3。

图 2–3　日、美、英、中的媒体对比（2015 年 2 月）

	主要日报	发行数量
日　本（朝刊）	朝日新闻	7433577
	每日新闻	3326979
	读卖新闻	9561503
	产经新闻	1610822
	日本经济新闻	2789732
美　国	USA Today	1083200
	Wall Street Journal	1359745
	The New York Times	839837
英　国	The Guardian	202000
	Financial Times	235000
中　国	人民日报	2810000

出自：日本 ABC 协会、The Stadista Pcrtal、电子大辞泉

民办电视和广播电台的经营管理基础和美国媒体一样主要依赖广告收入，但是 NHK 不播放广告，其收入来源于从全国各家各户收取的视听费。NHK 原本是国营的，但是 1950 年根据《放送法》变为特殊法人。由于在政府管辖以内，所以无法完全排除来自政权政党的影响，但基本上保持着言论自由。

另外，由于国家禁止像战前实行的《军事机密保护法》那样，对言论进行统治和宗教干涉政治（政教分离），所以除了一部分靠广告收入营生的行业和专业杂志外，媒体的言论在对企业、政府、

宗教团体等方面都是自由的，媒体所有者的编辑权也是如此。另外，报纸、杂志、书籍的一部分是由政党和宗教团体运营的（例：日本共产党的报纸《赤旗》和公明党的《公明新闻》、创价学会的《圣教新闻》）。

可以说除了播放时的伦理道德方面之外，日本政府对媒体其他方面几乎是不加任何限制的。日本宪法是保护言论、出版和表达的自由的。虽然媒体为了守护公共利益，制订了限制自身的伦理道德纲领，但其实日本新闻界在法律上的自由度是非常高的。

从20世纪50年代后期开始，带着战后民主主义理念而崛起的大众媒体，经过20世纪80年代的信息通信的发展，20世纪90年代成为继政界、官界、财界之后的第四大权力象征，这颠覆了自民党长期以来的一党独裁局面，对1993年细川政权的成立产生了很大影响。此外，虽然2012年政权又回到自民党手中，但是大众传媒在2009年民主党政权的诞生中起到的作用还是很大的。

如上所述，日本全国各个角落都被媒体覆盖得很严密，而且互联网的使用人口高达1.44亿人以上（总务省通信使用动向调查，2013年），全日本移动电话共有1.4亿部以上（电气通信事业者协会，2014年）。日本拥有高密度的电力通信基础设施，包括网络媒体在内的各类媒体所发出的信息是强有力的。此外，由于日本的义务教育普及率高达100%，所以文盲率为零。我们通过覆盖全国的发达的媒体，向持有知情权的信息接收者也就是全体国民发布信息，国民可以自由甄别信息的环境也可以说是很完备的。

◆接近媒体

大多数大企业设立了公关宣传部门，根据需要与媒体进行接触。而且他们签约的公关公司也与媒体保持着关系。虽然这种关系在渐渐向双向型沟通的形态转变，但是还是会见到只透露对企业机构有利的信息，出现不利的信息的时候就不与媒体积极接触的单向沟通的形态。

从媒体的历史来看，一直以来日本媒体为了得到采访对象的真实的回答，总是希望能直接访问到组织内部首脑。有时候甚至由于企业机构的首脑与记者关系太好，就跳过公关负责人直接与媒体进行接触，这样一来，当企业机构出现危机事件的时候，与媒体的关系就会变得非常尴尬。在全球化发展、环境问题、企业最新会计基准的实施等大背景下，关注和应对 IR 以及 CSR（企业的社会责任）的必要性越来越高，因此企业的公关宣传部门正渐渐得到强化。特别是频频出现丑闻时，公关部门和公关公司发挥着企业与外界的沟通窗口的作用。媒体也发现，当发生紧急情况时，通过公关部门和公关公司会得到更好的应对，能更快地得到更准确的消息。媒体不仅感到没有他们就很难实施采访，还体会到了他们所带来的方便。不过，因为企业机构的负责人中缺少经验丰富的专家，所以丑闻发生后，往往由于没有尽快采取适当对策，经常会把问题搞得更大。与此同时，由于日本报社等媒体的记者大多都是 2–3 年就会调换部门，所以要与媒体建立持续的关系也是非常之难的。虽然难，但这对于公关人来说则是非常重要的。

上一章也讲到了，在日本从 1890 年第一届帝国会议召开时就出现了记者俱乐部。屯驻于中央政府的各省厅、主要政党本部和地方政府（都道府县）、各个产业、大规模经济团体等设施中的记者俱乐部超过了 200 处。其组织是具有排他性的，大型报社、当地主要媒体、电视台、通讯社等几乎是垄断性地从自己所屯驻的组织获取独家消息，然后把消息变成新闻。屯驻于官厅和地方政府内部的记者俱乐部虽然可以垄断性地、迅速地获取信息，但是反过来看，同时也存在着被信息提供者所控制的危险（参考第一章第二节）。

不过，对媒体来说，记者俱乐部也不过就是设置在特定采访对象内部的一个窗口。对于想接近媒体的众多企业等组织来说，日本的媒体还是相当开放的。日本对于那些社会活动家和压力集团来说，是一个只要他们需要，就可以随时接近媒体的社会。

第三章

公共关系与组织体

一、日本的世界竞争力

据世界经济论坛（World Economic Forum）于2014年9月公布的，以144国为对象进行调查的结果《2014年版世界竞争力报告》称："日本的综合排名从前一年的第9名上升到了第6名，提高了3名。"

世界经济论坛是与工商界、政治界、学术界以及其他社会领域的领袖们联手将有关世界、地域、各个行业的问题设定为课题并致力于改善世界局势的独立的国际机构。总部设在瑞士的日内瓦。

该论坛每年在瑞士达沃斯举办的年会是很有名的。在年会上，约有2500名被挑选出来的知识分子和记者，以及各国的企业管理者和国际上的政治指导者等高层领袖们聚在一起，探讨包括健康和环境等问题在内的世界所面临的重大问题。

◆日本排名上升的主要原因

上文提到的《2014年版世界竞争力报告》的排名是针对世界上144个国家和地区进行的。它将社会基础设施、教育水平、宏观经济环境、市场的效率等项目数字化，并进行比较后排名。

日本这次排名能够上升，不仅是因为企业活跃的研发投资、铁路网络的发达、重视顾客的文化得到了高评价，还因为日本对知识产权的保护和财会监察的能力也得到了好评。

日本曾经因为常年频繁地更换首相而带给人一种政策不稳定的印象，而且调查项目中的“政府债务”一项的排名，日本在有数据可查的 143 个国家中处于最后一名，这成了新的被担忧的原因。所谓“政府债务”是指国家背负的债务的总额，是国债、政府短期债券的发行结余和国家贷款的总和，通过与 GDP 以及国家的收入进行比较可以成为判断国家财政状况的参考数据。据财务省公布，2013 年 12 月，日本的政府债务为 1018 兆日元，相当于名义 GDP 的 2.13 倍。如果不改善这个“政府债务”问题，恐怕是很难再将排名向上提升的。

◆ 1991 年和 1992 年曾是世界第 1 的日本

上述的世界竞争力报告显示，第 1 名是瑞士，第 2 名是新加坡，第 3 名是美国。随后的第 4 名是芬兰，第 5 名是德国，日本是第 6 名。

近邻的国家韩国第 26 名（2013 年 25 名），中国第 28 名（2013 年 29 名）。俄罗斯第 53 名，南非第 56 名，巴西第 57 名，印度第 71 名。

日本在 1991 年和 1992 年是第 1 名，随后就一直下降。2002 年打破了最低纪录，为第 27 名，不过那之后又渐渐上升，终于回到了第 6 名。今后要想进一步提高国际竞争力，那么最大限度地使用公关机能和进行国际水准的关系管理就成为了不可或缺的条件。

世界经济论坛把国际竞争力定义为“国家的生产力水平”，并指出：国家的科学技术开发能力是促进生产力提高的必要条件。而显示科学技术开发能力水准的指标之一，就是政府以及民间企业投入的研究开发费用的支出总额和研究员的人数。

◆世界主要国家的研究开发费用的比较

据文部科学省公布的《科学技术要览》（2013 年版）中刊登的《世界主要国家的研究开发费用的比较（按 2011 年 IMF 外汇汇率换算）》一文显示，日本的研究开发费用达到了 17.4 兆日元，继美国的 33.1 兆日元之后，名列第 2，之后的排名按顺序为中国、德国、法国。

有很多被称为世界第一的产品都在使用着日本企业提供的零部件，比如苹果公司的 iPhone，此产品虽然在中国组装，但是包括液晶屏幕在内的主要部件的 50% 以上都是产自日本（来自 Fomalhaut Techno Solutions 的调查）。另外，移动电话所必配的零部件，陶瓷电容器的 80% 的市场份额，都被村田制作所、TDK、太阳诱电等日本企业占领。

作为汽车零部件之一的电动可折叠式遥控车门镜的内部的小型马达的 90% 是 Mabuchi Motor 生产的。强度是铁的 10 倍，重量是铁的四分之一的碳纤维在世界上的 70% 的产量来自东丽、帝人、三菱 Rayon 三家企业。

如上所述，日本的各个产业各个行业虽然拥有非常高度的技术能力，但是在国际上还是会被贴上“就算技术上战胜了，商业上也会战败”的标签。

在世界竞争力和研究开发领域都处于优势的日本，要想以“技术立国”来站在世界的顶峰，不仅需要使技术实力得到充分发挥的管理，还需要可以被称为“全球商业的基础设施”的公共关系为核心的企业公关战略。

二、企业的公共关系战略

◆企业所实践的公共关系战略

“Marketing Public Relations（市场营销公共关系）”与“Corporate Public Relations（企业公共关系）”是两个很容易混淆的概念。两者都是为了达到目的和达成目标，针对利害关系者（Stakeholder）开展的关系管理活动。不过依对象公众不同，其推行方法也不同。

再者，与上述两者相关联的还有“Reputation Management（声誉管理）”和“Brand Management（品牌管理）”等战略。这几个概念之间也都有着各种联系，但由于其目的、手法不同，在实际运用的时候需要将它们明确区分，分别管理。

如同投资者公关和政府公关，各种各样的公共关系本身多以“目标对象”的不同来分类，而公共关系的战略，则主要以“目的”的不同来分类。接下来，笔者将以美国的视点为基础，对“Marketing Public Relations（市场营销公共关系）”与“Corporate Public Relations（企业公共关系）”的差异，以及其他的交流沟通战略进行介绍。

◆市场营销公共关系与企业公共关系的差异

在企业实施的交流沟通战略中，市场营销公共关系与企业公共关系是比较能够得到显著成效的。在此我们先明确这两者有何差异。

①市场营销公共关系

市场营销，广义定义为“从资财（产品或服务）的诞生到消亡全过程的所有相关活动”，但一般多被狭义地理解为产品或服务的“促销活动”。因此可以说，市场营销公共关系是以支持产品或服务的“促销活动”为目的的公共关系活动。

市场营销的主要手法为，向各种媒体发布的产品宣传，以及对产品展览会、讲座、座谈会等活动的支援和赞助活动，或对客户发行的出版物进行支持，等等。市场营销公共关系的作用在于广泛传达商品信息，有时还在于通过提高商品品牌力量与产品形象而扩大销售额。目标主要为顾客或消费者、潜在顾客。在这些人群中又以性别或年龄层次等将目标细化，以提高交流沟通的效果和效率。

②企业公共关系

与前者相比，企业公共关系（Corporate PR）的目的在于，通过将企业自身的哲学和理念作为信息传达出去，树立企业的良好形象。与企业沟通交流（Corporate Communication）基本是同义词。

企业公共关系活动通常是指以CEO（首席执行官）为首，COO（首席运营官）、CFO（首席财务官）、CTO（首席技术官）等企业中枢的相关管理者在公司内外进行的交流沟通活动。企业公共关系活动常常优先于其他活动。

企业公共关系的主要手法有，媒体公关被认为属于企业公共关系范畴的主张陈述性广告等的企业、团体广告，各种公开演讲会，大型活动中的演讲以及访问活动。其形式有两种：一种是将企业的经营管理理念、经营管理计划和战略，以及企业为投资者关系和CSR（环境和社会福利、教育事业等，参照本章第109页）所作出的努力等明确地传达给大众；另一种做法则不会露骨地把企业想要传达的信息直接传达给大众，而是含蓄地酝酿企业在大众心目中的形象。

企业公共关系的目标所涵盖的范围很广，因企业公共关系的内容以及实施时期的不同而不同。企业公共关系中还包括了社区公关、政府公关、投资者公关、行业团体公关等（参照第1章第2节）。结构重组或者合并的时候，以企业员工为对象的员工公关也很重要（参照第一章第二节，43页的波音公司案例）。另外当大学生等学生们还没有正式开始找工作的时候，要把即将毕业的学生锁定为公关对象，而如果只是想树立积极支持教育事业的形象的话，小学生和十几岁的孩子的家庭就变成了企业公关的对象。

③对企业战略的有效应用

市场营销公共关系与企业公共关系虽然有各自不同的战略目标，但是看似独立的两者并非没有关联。以促销为目的的产品宣传（publicity），有助于产品形象形成的活动等市场营销公共关系常常在提高了产品形象的同时，也达到了提高企业形象的目的。另外，企业公共关系活动在塑造良好企业形象的同时也会促使消费者购买企业产品。

也就是说，两个战略是相辅相成的关系，从结果上来看两者之间有着相互促进的效果。但是，如果以提升企业形象为目的来进行市场营销公共关系，或者以扩大销售量为目的来进行企业公共关系活动的话，在公共关系的目的和手段之间就会产生很多不一致、不和谐的地方。市场营销公共关系和企业公共关系只是因为互相会产生派生效果而产生了一些密不可分的重叠部分而已。

但是，并不是说由于存在重叠部分，就总是会出现相互的促进效果。有时企业形象与产品形象并不一致，或者有时两者中某一方的战略失败会影响到另一方。所以从这个层面上来看，企业管理者也必须要把两者作为密切相关的两个战略来对待。

虽然此处提到了派生效果将使企业或产品的形象提升，但是通过之前的那些说明应该能理解，无论市场营销公共关系与企业公共关系中的任何一方，都不能独自对重复部分进行一揽子管理。而且，企业和产品形象所产生的效果不仅会影响销售，还会对股东和投资家等公众的构成人员产生正面或负面的影响。

因此，对于企业和产品形象等关系到企业名声的各种信息的管理是非常有必要的。实际上，这些正属于 Reputation Management（声誉管理）和 Brand Management（品牌管理）的范畴。

◆ **Reputation Management（声誉管理）**

对于企业声誉的管理来说最理想的是，以市场营销公共关系与企业公共关系等沟通战略活动的效果为依据，由企业或组织的高层管理者进行中央集权式的高级别管理。其原因是，企业声誉（Corporate Reputation）不仅是由企业形象和产品形象构成，更是由包括企业收益、股东分红、CSR（企业社会责任）与企业的未来等各种互相关联的因素共同构成的。将所有这些必要因素进行综合把握和管理的正是 Reputation Management（声誉管理）。

换言之，Reputation Management（声誉管理）是被其他的诸多战略性活动支撑起来的一项工作。

《财富》杂志于自 1997 年开始，与合益集团共同进行着“世界最受赞扬的企业（World's Most Admired Companies）”排名的统计和发布。此排名以在世界各国活跃着的商界领袖、企业管理者共计 1.5 万人为调查对象，询问他们最赞赏和尊敬的企业，总结答案并发布名列前 50 的企业名单。图 3-1 显示了作为“赞扬”排行榜的判断标准的 9 项属性。

图 3–1　作为“赞扬”排行榜的判断标准的 9 项属性

1. 招聘优秀人才以及保持人才不流失的能力
2. 管理的质量
3. 对于区域社会以及环境所承担的社会责任
4. 是否有创新精神
5. 产品以及服务的品质
6. 对企业资产灵活运用的能力
7. 财务的健全
8. 有长期投资的价值
9. 有开展全球业务的能力

图 3–2　世界最受赞扬企业 50 强（《财富》，2014 年）

排名	企业名	国家名	排名	企业名	国家名
1	Apple	美　国	26	Boeing	美　国
2	Amazon.com	美　国	27	Exxon Mobil	美　国
3	Google	美　国	28	Wal–Mart Stores	美　国
4	Berkshire Hathaway	美　国	29	Target	美　国
5	Starbucks	美　国	30	J.P.Morgan Chase	美　国
6	Coca–Cola	美　国	31	Nestle	瑞　士
7	Walt Disney	美　国	32	UPS	美　国
8	FedEx	美　国	33	Caterpillar	美　国
9	Southwest Airlines	美　国	34	Goldman Sachs Group	美　国
10	General Electric	美　国	35	Wells Fargo	美　国
11	American Express	美　国	36	Volkswagen	德　国
12	Costco Wholesale	美　国	37	Unilever	德国·荷兰
13	Nike	美　国	38	Facebook	美　国
14	BMW	德　国	39	Marriott International	美　国
15	Procter & Gamble	美　国	40	Home Depot	美　国
16	IBM	美　国	41	BlackRock	美　国
17	Nordstrom	美　国	42	PepsiCo	美　国
18	Singapore Airlines	新加坡	43	DuPont	美　国
19	Johnson & Johnson	美　国	44	eBay	美　国
20	Whole Foods Market	美　国	45	Accenture	爱尔兰
21	Samsung Electronics	韩　国	46	Deere	美　国

（续表）

22	McDonald's	美　国	47	Intel	美　国
23	3M	美　国	48	Delta Air Lines	美　国
24	Microsoft	美　国	49	Cisco Systems	美　国
25	丰田汽车	日　本	50	AT&T	美　国

图 3–2 是《财富》杂志刊登的“世界最受赞扬企业（2014 年）”中排名前 50 的企业名单。

在以往所有行业为对象的排名中，苹果自 2007 年起连续 7 年名列榜首。第 2 名为亚马逊，第 3 名为谷歌。前三名的登场企业这几年一直都没有变。丰田是进入此前 50 名排行榜的唯一一家日本企业，2014 年为第 25 名，相比于 2013 年的第 29 名有所上升，不过前 50 名里只有一家日本企业上榜这个事实确实比较可怜。顺便说一句，这个调查开始的第一年即 1997 年的所有行业排行榜中有丰田、本田、索尼三家日本企业上榜。这个结果正说明，日本企业在激烈的全球化竞争中一直没有在公共问题上做什么努力。

Reputation Management（声誉管理）可以说是企业战略的核心，必须由企业等组织机构的最高层来掌管。据说欧美国际企业 CEO 个人活动时间的 50%~80% 花费在提高其企业声誉上，CEO 所获得的评价，往往直接与企业所获得的评价相关联。在这个媒体社会，即使说企业的评价由 CEO 的表现来决定也不为过，估计今后企业高管主动参加各种交流活动的现象会越来越常见。

◆ Brand Management（品牌管理）

“品牌”概念的复杂，难以一言以蔽之，“品牌”既包括产品的名称，还包括用来区分产品的 Logo 以及形象。品牌既是整体又是局部，具有有形和无形两种价值让利害关系者（Stakeholder）得到满足的功能。用户的购买行为受品牌价值的影响，同样的商品因为品牌价值不同，价格也会变高或变低。所以，品牌价值并不由信息发送者（企业）决定，而是由作为信息接受者的消费者或企业的其他各类利害关系者来决定的。要想提高品牌价值，就必须站在顾客、投资者、员工等利害关系者的角度或CSR（企业的社会责任）的角度对企业品牌进行分析与评价，这样才能促进企业品牌的增值。

近年来，企业品牌构筑非常引人注目。其原因之一是，现今国际规模的企业合并与收购变得非常频繁。前段时间还存在着的大型企业，今天就因企业合并或收购而瞬间消失，新的企业随之而诞生。品牌被评价为对股价具有影响能力、从企业管理层面上讲可以产生现金流动的重要经营管理资源。企业价值的重要性，具有着前所未有的巨大意义。

M&A（收购与合并）中对于品牌价值（Brand Equity）的认识出于这样两个方面：其一，按照常理，收购方支付的收购额高于被收购对象的物理性资产值。收购的资产除设备、人才、know-how（技术机密）外，也包含看不见的，企业通过长年努力所培养出的品牌价值。其二是购买时间，收购方为发展某项事业，相较从零开始开发商品进行培育来说，收购已获得消费者信任的品牌，可以说是购买了通向成功的捷径。

让我们来看看2005年花王收购佳丽宝（原名嘉娜宝）的例子。花王发起该收购的第一目的是为获得佳丽宝所拥有的化妆品品牌。实际上，花王虽然本身也拥有化妆品品牌，但无法与佳丽宝相提并论。花王该做法的目的就是购买时间，考虑到培育一个品牌并获得消费者的认同之辛苦，这样的选择是合情合理的。

可是，2013年花王决定把原本的子公司佳丽宝的生产、研究、销售部门统合至花王内部。因为在此前出现了使用该公司化妆品后皮肤的部分变白的“白斑”问题，估计是花王认为“佳丽宝”品牌失足一次后想要恢复声誉是比较难的。这个实例充分佐证了品牌形象对于化妆品业界的重要性。

另一方面，也有像“雪印”那样，因为2次丑闻使得品牌形象瞬间崩溃，商场超市里雪印的产品没过多久就消失的例子。品牌的构筑需要很长时间，但是崩塌起来却很快。因此，不间断的公共关系是非常有必要的。

如上所述，品牌价值（Brand Equity）具有（流动的）资产价值，它使得企业价值的创造成为可能。正因为认识到了这一点，所以人们对品牌管理的关注程度也在急速增强。

对自己公司品牌的“品牌管理”是指对以下问题进行的统合管理：在市场上的自我定位以及收集分析为了进行市场定位的相关信息，如何在与对手公司的竞争中建立自己公司与顾客的关系，如何向顾客传达本公司的品牌战略，如何有效利用有限的经营管理资源在市场中树立品牌概念、确保优势地位等。

法国HEC商学院的J.Kapferer教授指出，品牌管理可以大致分为“品牌细分模式”与“商标特色模式”。前者在欧美企业中较多见，拥有“MaxFactor”“Joy”等品牌的P&G（宝洁）和拥有“Lipton”“LUX”等品牌的联合利华正属此类，他们所采取的正是品牌细分的方式，而相比之下，后者则在日本企业中比较多见。除去汽车、化妆品、服装等一些产业，大多日本公司采取在一个公司名、一个品牌名下构筑信赖和信誉的做法。

近年来，一方面西方企业在重新发掘企业品牌，而另一方面，东方企业也在推进品牌和品牌项目（用同一领域的产品多样化来满足不同的用户层次的需要的产品群）的细分。

反过来从对企业经营管理有重大影响力的危机管理的视点来看，虽然企业名称可以算作是“将企业的能力、持续性、地位等具体化后得出最恰当的品牌名称”，但是品牌名与企业名相同的情况下，风险也相对升高。

美国品牌塑造第一人，UCLA 大学的名誉教授 David A. Aaker，将品牌战略分为以下 4 类：① Branded House（母品牌）；② Sub Brand under a Master Brand（子品牌）；③ Endorsed Brands（也叫有保证的品牌，使用母品牌使子品牌具有可信感和本质性）；④ House of Brands（个别品牌）。

因企业或产品的成长、发展的程度不同，企业会采取上述的 4 个不同战略。处于两极的① Branded House 和④ House of Brands，虽然表达方式有不同，但从 Kapferer 教授的模型分类及其内容中可以看出两者的相通性。

关于品牌管理的具体计划与实施，Kevin Keller（Dartmouth 大学教授）在其所著的《凯勒的战略性品牌管理》（2005）中，介绍了品牌管理过程中的 4 个主要阶段。

（一）品牌定位以及品牌价值的明确化与确立

从品牌的意义以及相对于对手品牌的定位开始，企业以在消费者和目标顾客群中间树立品牌的优越性为目的，设计产品与形象。

（二）品牌营销项目的设计与执行

以构筑品牌资产价值（Brand Equity）为目的，培养对消费者而言印象深刻、有好感、独特的品牌形象。

（三）品牌效果（Brand Performance）的测定与解释

包括两个方面：对品牌营销项目的性价比进行市场调查，并将结果进行分析；品牌资产价值管理系统。

（四）品牌资产价值的增大与持续

虽然凭借设计和实施优秀的营销项目，就能够确立和巩固品牌地位，并得到强大的品牌领导力，但是作为企业经营者，还须要放长眼光看待市场营销环境的外部变化和企业的市场营销项目的内部变化。

在实施以上 4 个步骤的时候，从公共关系的视点看来重要的是：如果是以提高品牌价值为目标，那么就必须构筑该目标所必需的公共关系流程。正如 Keller 所说，超越地理环境、文化、市场限制的、全球化的品牌资产价值管理将越来越重要。

品牌可说是流动性很高的资产。无论是如何脚踏实地一步一步树立起来的品牌，都无法保证能一直经受得住外部变化和内部变化的冲击。因此企业应当不间断地努力去经营它，而能帮助企业做到这一点的正是公共关系。

企业与品牌两者的区别即使企业的管理者们很清楚，但一般大众却无法将其区分开来。因此对于大众而言，品牌是他们感受到的各种印象的总和，所以若企业受到负面评价的话，品牌的整体形象也会随之受到影响。因此，企业需要进行长期的战略性努力，把品牌管理与危机管理配套看待，同时进行。

因为日本企业一向将品牌塑造视为市场营销的手法之一，所以高层管理人员对于品牌曾有轻视的倾向。但近年来，企业品牌的重要性被大声呼吁，人们渐渐意识到正是高层管理者才更应该直接参与企业品牌的构筑和管理。

虽然企业品牌的构筑主要依靠的是公共关系，但是以产品为焦点的品牌宣传沟通也离不开广告和公共关系（主要是宣传方面）两者的协作。然而，近年来相对更加重视公共关系的倾向正在加强。

Al Ries 与 Laura Ries 所著的《品牌不是广告做出来的》（2003年）一书中写道："广告的时代已宣告结束。如今的企业已不再把重要战略的筹划交给广告代理商了。广告代理店从以前的市场营销合作伙伴，降至一般的供应商"。书中还介绍，企业的市场营销的上级管理层说道，"将品牌构筑托付给广告代理店的只有 3%"。并且该书还记载，据当时对美国广告联盟（AAF）的 1800 位企业干部所做的调查显示，得出"相比广告，企业更加重视公共关系""顾客们将来会去公关公司进行咨询，以寻求确定品牌战略方向的帮助"的回答。这些回答表现出了美国经营管理者们对公关公司的强烈期待。以下就是当时的 AAF 的调查中，关于"对于企业成功来说最重要的部门"这一问题的回答。

· 产品开发部门	29%
· 管理战略部门	27%
· 公共关系（PR）部门	16%
· 研究开发部门	14%
· 财务战略部门	14%
· 广告部门	10%
· 法律部门	3%

公共关系（PR）部门位列产品开发部门与管理战略部门之后的

第 3 名，广告部门则排名倒数第 2。

对于这样的倾向，美国市场营销界的权威，Philip Kotler 教授在《凯勒的战略性品牌管理》（2004）中，对于“在混合型市场营销中，什么工具手段的重要性正在升高”这一问题，做出了非常有意思的回答：“广告在泛滥，而对公共关系的运用还不充分。”这个回答不仅指出了公共关系的重要性，还指出了，就算是公共关系已经很发达的国家——美国在将来对公共关系的需求也还会进一步扩大。

品牌是由大众传媒（从第三方的立场）发布的信息构筑而成的。在美国的品牌咨询的知名公司 Interbrand 的 2014 年的世界品牌“100 强”的排行榜上，日本企业有丰田汽车上榜为第 8 名，日产汽车为第 56 名。这两家公司分别与前一年的第 10 名和第 65 名相比排名有所上升。本田则保持和前一年一样的名次，第 20 名。三大汽车厂商都彰显了自己的存在感。

汽车行业以外的日本企业上榜的有，佳能第 37 名（2013 年第 35 名），佳能虽然下降 2 名，但是品牌价值却提高了 6%；业绩不好的索尼第 53 名（2013 年第 46 名）；任天堂第 100 名（2013 年第 67 名），比 2013 年有所下降。第 64 名的松下比 2013 年的 68 名上升了 4 名。日本企业共有 7 家企业进入了 100 强的榜单。

“100 强”的第 1 名连续两年为美国的苹果。从第 2 名到第 6 名按顺序为：谷歌、可口可乐、IBM、微软、通用，和 2013 年一样。美国企业的前 6 名大概是传统企业和新兴企业各占一半，而日本的 7 家企业都是创业 70 年以上的企业，看不到新兴企业的崛起。

中国的知名通信设备公司华为技术排名第 94 位，是中国企业首次登上“100 强”的榜单。这么看来，从日本的丰田起，苹果、谷歌、可口可乐、IBM、微软等企业都实施了 102 页讲到的 Endorsed Brands（母品牌下的有保证的子品牌）的战略。

Interbrand 的调查积极评价了财务分析和品牌对于消费者的购买动向所产生的影响，并把品牌价值换算为具体金额，将这些条件运用在排名中。在日本，这个调查的数据每年都会被《商业周刊》介绍，人们对其非常熟悉。

从公共关系的观点看待品牌管理时，以企业为基点和以产品为基点，采取的措施是不同的，但无论哪个都会对股价产生影响。可以说企业品牌管理，处在和“信誉管理”非常接近的位置。

品牌给予我们亲切感。不可忘记，不仅是全世界被注册的几百万个商标，包括我们每个人的名字在内的所有的固有名词也都是品牌。

◆企业高层管理者的演说能力促成企业品牌的形成

在当前的全球化竞争环境中，企业的领袖有时候需要亲自向世界展示企业的形象和愿景。全球一体化的商业社会的基础是公共关系。在这个信息瞬间就可以传遍世界的全球化社会，要想和各种利害关系者都有效地构筑关系，就需要企业管理者具有迅速读取外部环境的变化，并瞬间进行综合信息分析的能力。

对于业务扩展到海外的企业来说，要想提高企业在当地的知名度和信任度，并构筑品牌的话，就要首先通过媒体向当地社会、消费者、行政机关、生意合作伙伴等利害关系者们打招呼，并做如此的自我介绍：“我们是这样这样的一个企业，接下来将在这里做这样这样的事业，请多多关照。”要通过说明“为什么来到了这个国家或地区”（加入自己的想法），“自己公司的产品或服务的优势”（味道、品质、价格、服务、售后等等，与其他公司的不同之处），还有“未来的奋斗目标是什么”（有可能有机会雇用当地的优秀人才成为员工）等问题，来进行演说和展示。高层管理者亲自不间断地发布信息，会更有可能使企业的品牌构筑的质量提高。但是，高层管理者的演说需要后续工作的配合，作为企业，不能单单只是止于演说而不出示具体的方案。因此对于企业来说，努力实施市场营销和公共关系活动、使用可以给商品带来高附加价值的销售手段，积极参加各类展销会，积极地与当地的利害关系者们进行交流等，就变得十分必要。

在电视、网络上人们是如何评价企业高层管理者的呢？图 3–3 是将过去的一年间主要媒体的所有报道全部统计之后制作出来的表格（《社长的信息发布能力 2013》，《日经商报》2013 年 4 月 29 日与 5 月 6 日两期的合并发行刊）。

图 3–3 社长的信息发布能力排行榜 2013

	上次的名次	公司名	最高管理者	综合得分	媒体得分（报纸、杂志、电视）	名次	生活中的得分（博客）	名次
1	1	Softbank	孙正义	4 万 645	4549	2	3 万 6095	1
2	3	日本银行	白川方明	1 万 1424	1 万 1000	1	423	27
3	2	FAST RETAILING	柳井正	1 万 624	2286	9	8338	2
4	4	丰田汽车	丰田章男	9088	4380	3	4708	5
5	5	乐天	三木谷浩史	7766	2201	11	5565	4
6	20	日本麦当劳 HD	原田泳幸	7372	1064	25	6307	3
7	6	日产汽车	Carlos Ghosn	6307	3433	6	2874	7
8	15	任天堂	岩田聪	4807	599	51	4008	6
9	45	索尼	平井一夫	3561	2513	7	1048	17
10	8	关西电力	八木诚	3500	3977	4	▲ 477	100
11	100	东京电力	广濑直己	3429	3882	5	▲ 453	99
12	36	夏普	奥田隆司	3030	2502	8	528	25
13	28	7 & I 控股	铃木敏文	2966	697	42	2268	8
14	27	日本航空	植木义晴	2937	2205	10	732	20
15	17	武田药品工业	长谷川闲史	2877	1606	15	1270	13

（续表）

16	14	Lowson	新浪刚志	2792	1722	14	1069	16
17	21	松下	津贺一宏	2862	1940	13	722	21
18	18	KDDI	田中孝司	2469	746	37	1723	9
19	9	本田	伊藤孝绅	2427	1433	17	994	18
20	7	铃木	铃木修	2354	1186	23	1168	14
21	37	三菱化学	小林喜光	2241	2019	12	221	49
22		Lifenet 生命保险	出口治明	1950	291	83	1659	10
23	16	三菱汽车	益子修	1940	1361	19	579	23
24	38	GREE	田中良和	1925	510	62	1415	12
25	13	日本电产	永守重信	1910	483	64	1427	11

出自:《日经商报》2013 年 4 月 29 日 /5 月 6 日合并号

经常把美国的热点消息面向日本观众报道的人气很高的 Dave Spector，在《日经商报》上，对因拥有绝对实力而排名第一的 Softbank 的社长孙正义做了如下评价：

“不愧是孙社长，真厉害啊。去美国留过学，所以发布信息的方法也是美式的，说话方式也是友好的、直接的，因此更受瞩目了……在欧美，企业高层管理者的周围都会有一个专家团队。公关部门的员工也都是在大学好好地学过公共关系、新闻学以及关于政府游说的相关知识的。他们都深入研究电视和媒体的历史，了解其特性。社长和他们一起经常进行应付媒体的训练……一定会进行发声训练，并且让服装师检查服装是否合适。出席活动时稍微发个言就会被录下来传到网上，而且别人用手机拍下来的照片会一直被储存。所以说在现在这个时代，从危机管理的角度来讲，社长的外在形象也不得不加以重视。”

世界正在向多极化发展，局势也发生着剧烈的变化。现在日本的经营者需要的是，有能力在企业所在区域发布强有力的信息，准确认识企业所面临的课题，并有能力通过解决此课题进而把企业引导向成功。社长信息发布能力排行榜上，榜上有名的 Softbank 的孙正义，柳井正（First Retailing）（译者注：运营优衣库的公司），三木谷浩史（乐天），新浪刚史（当时的罗森）等，正是这样的经营者的代表。时代需要他们有这样的交流能力，并以与企业所在地公众沟通并相互理解为生意基础，有演说和表达技术的，有人情味的企业领导。

◆ CSR（企业的社会责任）

进入21世纪后，整个社会对CSR（Corporate Social Responsibility：企业的社会责任）的关注前所未有地高涨。一般来讲，CSR指的是，企业以经济、社会、环境三者为基础，积极承担社会责任，在追求企业的利益的同时，对于地球环境保护、社会全体的可持续发展等所做出的努力。

在20世纪，企业曾经追求利益至上主义，这导致了贫富差距的扩大与地球环境的恶化，其负面影响已经暴露无遗，利益至上主义可以说已经走到了尽头。全球化过程中出现的大企业集团，在全球范围影响着环境和社会。再者，网络时代的市民意识高涨使得不关心利害关系者的商业活动变得极为困难，人们对企业是否在社会和环境方面积极实现CSR的问题必然越来越关心。

据说CSR起源于1920年的欧美教会。当时在欧美以教会为中心，人们展开了针对与烟草、酒精、武器、赌博等领域的相关企业的抵制购买与限制投资的运动。

在美国，20世纪50年代，限制企业社会活动的法律被撤销，公司内开始设立负责社会贡献活动的部门。60年代，公民权利运动和公害问题促使市民运动高涨，企业的社会责任开始被审视、追究。人们要求企业不单要追求利益，更要作为扎根于社会的组织团体而存在。在这种情况下，很多公关从业人员开始制订并实施各种各样的 CSR 战略计划。

20 世纪七八十年代，梅塞那活动（企业对文化活动的支援和捐助）和菲朗索罗比活动（英语 philanthropy，指慈善活动）等慈善事业有了很大发展。但是，在 1989 年阿拉斯加海岸发生的艾克森油轮海上漏油事件中，公司对慈善事业的投资没有对事件的解决做出贡献。以此事件为教训，在那之后的慈善事业主要用来从事与自己行业相关的慈善活动。进入 90 年代，AT&T（美国无线运营商）开展了企业基金、市场营销与技术支援、员工参与型志愿者活动等符合经营管理战略的慈善活动。同时，还积极倡导了利用经营管理资源，使公司各部门协同开展的慈善事业新模型。

2000 年以后，安然公司事件与 WorldCom 公司危机等事件的频频发生，以及大企业的纷纷倒闭促使社会不得不重新审视企业伦理问题。加上 2001 年 9 月 11 日发生的美国恐怖袭击事件，人们对于社会问题的关心也越来越强，对于企业的社会贡献活动的期待也随之提高。

根据 2002 年的 Cone Corporation Citizenship 的调查结果显示，美国消费者的 84%，在几种价格与品质相同的商品中会选择为社会问题做出努力的企业的产品。美国会越来越重视强化 CSR。

另一方面，日本在 20 世纪 70 年代遭受了公害问题和企业危机，市民意识开始觉醒（参照第二章第五节）。之后的 80 年代泡沫经济时代，作为企业把利益回报社会的方法之一，被称作“梅塞那”的艺术文化支援活动蓬勃发展，然而这些活动也随着经济泡沫的破灭而衰退了。从 20 世纪 90 年代后半期起，由于企业丑闻危机接连不断地发生，作为对于企业管理与企业伦理的审视，CSR 的关注度在日本也不断高涨。

在此，笔者想要介绍 CSR 的几个定义。如果读者将这些定义与 20 世纪进行的“梅塞那”和菲朗索罗比等纯粹的慈善活动做一下比较的话，就可发现两者其实大不相同。

图 3-4　Philip Kotler 对 CSR 活动手法的 6 大分类

	CSR 活动手法的 6 个范畴
①	提高社会问题认知度的活动（Cause Promotions） 对提高社会问题认识度活动进行的支援
②	与社会问题有关的市场营销活动（Cause-related Marketing） 将销售产品所得的收益的一部分以捐献或赞助的形式回报社会
③	企业的社会性市场营销活动（Corporate Social Marketing） 对促进个人的意识及行动变化的活动所进行的支援
④	企业慈善活动（Corporate Philanthropy） 支援组织募捐活动，最为传统的慈善活动
⑤	在社区组织的志愿者活动（Community Volunteering） 公司的职员向社区的各团体提供志愿者服务
⑥	实现社会责任的事业活动（Socially Responsible Business Practices） 对完善社区和保护环境的事业进行投资

市场营销学的世界权威学者 Philip Kotler 与 Nancy Lee 在《企业的社会责任》（2005）一书中，对于 CSR 做了如下定义。

“企业的社会责任是指，通过自主努力与贡献经营管理资源，为地域社会的发展做出努力的责任与义务。”即，发展主业的同时在主业的框架中进行社会贡献。

另一方面，本部位于旧金山的 NPO 组织 Business for Social Responsibility，将 CSR 定义为：“不仅满足社会对于企业的基本要求——遵守道德伦理观念、遵守法令、进行商业活动等，还要超越社会的期待，为社会做出更多贡献。”

这些定义的相通之处在于“自主性”，里面都提到了 CSR 是不限于短期的对于伦理观与法规制度的遵守的，而是要求企业树立长期性的、全球规模的目标，并自主地采取行动。

前面我们提到的 Philip Kotler 将 CSR 的活动方式分为 6 个范畴（表 3-4）。

企业要在进行自己主要活动的同时实现社会贡献的目的，而实现这个目的的方法可以被分为 6 种。这个分类使得范围大、概念笼统的 CSR 变得具体，企业为 CSR 该做的事情也变得明确起来。

图 3-5　CSR 的 3 个领域

①	经济范畴	收益性与成长性
②	社会范畴	企业的统治，法令遵守伦理观同利害关系者的关系（人权保护、劳动环境与顾客和交易方的关系等）
③	环境范畴	对保护地球环境所做的努力等

跨越 190 个国家，员工逾 4 万的美国戴尔公司，设置了可持续发展事务部门，以电脑设备的回收、提高产品环保性能为主题，在上述 6 个方面取得了成果。公司在负担电脑回收费用、推行生产过程对环境影响较小的产品的同时，还积极考虑与惠普、IBM 等竞争对手公司统一产品规格以降低成本，从而实现了企业、社会（利害关系者）、环境的共赢。

在此，笔者也想对和 CSR 同时出现的 SRI（Socially Responsible Investing：社会责任投资）稍作介绍。SRI 原本是指对承担社会责任的企业进行投资的意愿与行为。现在的 SRI，则指的是在考虑到企业的财务状况以及其对于社会与环境的积极贡献的基础上进行的投资。在美国，SRI 随着 401K（美国退休金计划）的发展而普及。谈到其市场规模，据说在2011年年末其运营资产结余额加上个人型固定年金的IRA（个人退休年金制度）已超过600兆日元，对个人金融资产的比率已达到16.2%（日本政权经济研究所，2012年）。虽然日本最近也出现"SRI基金"，但是市场规模还很小，只有约100亿美元（大和综研，2013年）。

CSR方面要做的努力如图3–5所示，可以分为3个领域。每个领域的涉及范围都相当广。这些努力可期待的成果有：销售额增加与市场份额增大、品牌强化、企业形象提升与影响力扩大、人才活跃化、成本降低、与投资者和金融相关人士建立起良好的关系等。要实现这些，企业必须保持与利害关系者进行双向沟通的视角，坚持进行与经营管理直接相连的CSR的实践。时代希望公共关系人员和CSR负责人起到企业等机构与利害关系者之间的桥梁作用。即，促进双方对话，在将利害关系者的声音反馈至企业的同时，也让利害关系者们了解到公司为之所做的努力。然后，企业必须对于利害关系者的反馈进行分析，对CSR活动进行必要的修正，为战略的进一步的发展与改进做出贡献。

正如公共关系研究者格鲁尼格所言："公共关系的从业人员是对受企业影响的公众负责的活动家。"；如Edward Bernays 1980年在波士顿大学所言："公共关系是对社会责任的实践。"CSR活动在某种意义上来说，本身就可以称为公共关系。

20世纪20年代诞生于欧美的社会贡献活动，经过几多变迁，在90年代作为CSR登场，在时代的潮流中，今后也一定将继续变化下去。我相信日本企业一定做得到将CSR作为经营管理的中心，按照经营战略进行社会贡献，以此提高企业价值、提升业绩。

20世纪80年代日本曾流行的"梅塞那"已是昙花一现。若要不停留于表面性的活动，而使 CSR 的概念与活动在日本社会和企业长期扎根并发挥作用的话，关键在于如何在公共关系的框架中进行战略性的活动。

《东洋经济新报》为了总结整理“可信赖的公司”名单，每年都公布“CSR（企业的社会责任）企业排名榜”。

图 3–6　CSR 企业排行榜（《东洋经济新报》，2014）

名次	公司名	综合得分
1	NTT docomo	571.3
2	富士胶卷	570.5
3	日产汽车	557.8
4	佳能	556.5
5	丰田汽车	554.9
6	普利司通	553.7
7	JT	552.1
8	富士施乐	550.2
9	爱信精机	549.0
10	东芝	547.1

图 3–6 为 2014 年 3 月公布的第 8 次调查的排行。第 1 名是 NTT docomo。NTT docomo 在 2012 年是第 9 名，2013 年顺利上升至第 3 名，此次在调查中，作为非制造业的企业首次登上了榜首。该企业作为一家移动电话公司，明确了自己应该承担的社会责任，积极地进行了 CSR 活动。他们就“银行汇款诈骗”“低头族”等与手机有关的社会问题进行积极的解决，这种积极参与与自身业务有关的社会问题的姿态，获得了高度评价。富士胶卷两年连续蝉联第 2 名，该企业积极支援 NPO 和 NGO 团体，挑战了以“开发低价格数码相机在

发展中国家销售”为代表的 BOP（Base of Pyramid）式业务，遵守了高度的企业道德规范，所以持续受到了好评。第 3 名为日产汽车，第 4 名为佳能，第 5 名为丰田汽车。

曾经常居榜内前 10 名的索尼、夏普、松下等企业退到了 10 名以外，人们从这个排行榜中感受到了时代的变迁。

◆从 CSR 到 CSV

CSV（Creating Shared Value：企业共通价值的创造），是以因企业竞争战略论而广为人知的哈佛大学商学院教授迈克尔·波特（Michael E. Porter）为代表的学者在 2011 年，作为代替 CSR 的新概念而提出来的。这个概念可以说是在 Philip Kotler 提倡的“本身业务的延长线上”的 CSR 的基础上，又具有了管理方面的具体性和理论性。Michael E. Porter 指出，CSV 出现后，会让“营利和非营利的界限变得越来越模糊”。企业在向着社会化的方向发展，而非营利组织则向着营利的方向发展。据称，CSV 的价值在于“对于竞争是不可缺少的，与花费相匹配的经济上的好处和社会性的好处”。

2001 年 7 月，为了表彰在产品、生产、管理手段上进行创新，以创新为基础实施有独创性的战略，并由此在行业内获得和维持着高收益的企业，日本一桥大学创建了“波特奖”。

“波特奖”的名字是来自迈克尔·波特教授。波特教授是竞争战略论和国际竞争力研究的大师，在美国等多个国家的多个企业和政府机关任顾问。日本的钻石出版社也翻译出版了《国家的竞争优势》（*The Competitive Advantage of Nations*，1990）和《日本的竞争战略》（*Can Japan Compete？*，2000）等著作。

2013 年的第 13 届波特奖和 2014 年的第 14 届波特奖的获奖企业各有 4 家，分别如下：

2013 年为株式会社伊藤园（茶叶、饮料制造销售业）、株式会社价格网（经营价格比较网站“价格.com”）、三菱商事·UBS·Realty 株式会社 Industrial 本部（行业基金投资运营）、株式会社 United Arrows（服装零售业）4 家。

2014 年为株式会社 Istyle（化妆品信息网站的运营·化妆品的销售）、株式会社 StartToday（时尚购物网站的运营）、星野 Resort（度假村设施的运营）、YKK 株式会社拉链事业（拉链的制造和销售业）4 家。

在这里，笔者想介绍其中 2 家企业的获奖理由。伊藤园是因为其构筑了以“丰富绿茶饮料种类”“重视老客户”“开展培育茶叶产地”等独具特色的商业价值链而获奖；YKK 则是因为它在世界 71 个国家设立据点，实行扎根于当地的生产销售一体化体制，从而树立了在拉链界的全球领袖地位而榜上有名。

获奖企业充分实践了波特教授所提倡的“同时实现企业的社会价值和经济价值”的理念。就这一点来讲，日本本来就有近江商人的“三方好”（“买家好”“卖家好”“社会好”）的想法和经营环境，这和波特教授提倡的理念有异曲同工之妙。今后，这种重视社会利益的企业活动必定会成为社会的主流。

三、中央·地方政府的公共关系

“即使政府受着大众的支持，然而若是对大众一无所知，或是没有了解大众的途径，最终将招致闹剧或悲剧的发生，或招致两者的发生。”——美国第四任总理 James Madison

◆政府・公共机关所承担的公关角色

政府・公共机关（Public Sector）本来就与 Public（一般社会）在各种场合有着广泛的接触。中央政府、地方政府等政府机关都与公共关系有着紧密的关联，并且依存于它。政府的公共关系负责人与大多数企业的不同之处在于：不允许只将大众的一部分作为目标对象而忽视其他部分。比如若是汽车制造商，只需将可能购买汽车的成年人作为公共关系对象即可，然而政府却不得不将所有的纳税人作为目标对象来看待。

再者，政府的公关部门不仅作为公仆向居民（纳税人）提供服务，也对纳税人存在公示信息的责任。有很多信息需要通报，例如纳税者的税金是如何被有效地使用，政府是如何提高居民的生活水平并使其感到生活意义的。

从前面提到的 James Madison 的话中也可看出，从最本质的意义上来看，民主政治的目的与公共关系的目的有着很多相同的地方。政府如果想要在民主政治上取得成功，就必须维持与国民和有投票权的大众之间的相互理解的双向交流。然而，对于公共关系来说最大的敌人，就是社会的漠然与无知。

若国民或市民得不到充足信息并且很少参与政治活动的话，被选出和任命的公务员就很有可能无法把握有投票权的国民真正的需求与利益。其结果，就有可能导致对于某个民众需求过高地评估，并为其解决投入上亿、上百亿日元的公共经费，而致使其他更加紧迫的需求被忽视。另外还有可能使政府的决策权被某些利益团体所利用摆布。并且，当原本隐于水面之下的国民的不满突然爆发时，夸张而简单的信息会更加刺激到民众心理，把他们想要深入了解问题的心情吹到九霄云外。

在社会各种各样的问题与压力下，国民对于政府机关的期待与施压也在进一步加大。政府与自治体提供的服务，与个人提供的服务不同，包括交通、运输机关、金融、财政、社会保障、环境、防灾、防卫、治安维持、司法、美术馆、博物馆等文化设施的运营以及野生动物保护等方方面面。虽然这些服务是由公务员管理的，但是其本身是为满足一般市民的需求而存在的。随着社会需求的多样化、复杂化，政府机关也在所有的层面上扩大，结果使得各种各样的局、室、部、课，和委员会、审议会、理事会等机构林立，政府复杂得如同巨大的迷宫，并产生了大量的文件与报告。这些文件大多使用专门用语与政府用词，普通民众难以理解，所以在民众与政府交涉中发生混乱的情况屡见不鲜。

如前文所述，Public Sector（政府公共机关）进行公关时的困难在于，如何向关心度不高但又持有不同价值观的国民传达自己的政策方针，并使其理解。不广泛听取民众的意见，不了解大众，只知道写写通知的公关，是无法应对今后的时代需求的，通过这样的公关来提高日本在国际社会中的地位就更不可能了。

长期以来，日本的 Public Sector（政府公共机关）主要以报纸、杂志广告以及电视广告为媒介与外界进行交流沟通活动。但随着近年对于公共关系关注的高涨，我们可看出政府公关业务在从广告公司向公关公司转移。开始于 2005 年的静冈县“观光品牌再塑造计划”，就从原来偏重广告的策略转向了以公共关系为轴心，政府为此在积极地开展着公共关系活动。现在此项目虽然名称改变了，但依然在实施着。在地方分权化被推进的当今，此种倾向也被其他的地方政府所认同。还有，最近使用地方政府吉祥物的公共关系活动也变得很常见了。

当今日本的地方政府开始追求财政方面与中央政府保持独立，不依靠中央的庇护（规章限制）的自主独立意识急速高涨。1995年，提出“以生活者为起点”的口号，并就任三重县知事的北川正恭，就进行了将民间的经营手法引进到行政管理中的改革。其他地方政府也响应这种做法，引进了在结算时使用注册会计师的民间企业的财务管理方法，并且积极尝试开展和产业界、学术界的合作，为强化与利害关系者（纳税者、消费者、地域组织和与行政有关的组织团体）的关系而重视公共关系的态度也越来越明显。从某种意义上讲，可以说受财政困难之苦的日本地方政府为了生存下来，正在努力从原本的“通知型公关”转型到以市场导向为本的双向沟通型公关。再者，三重县的北川知事在“以生活者为起点”的理念下采用的“广听民意、政策立案、开展公关”的方法，正与公共关系的手法不谋而合。

在第二章的开头我们提到了美国第三任总统托马斯·杰弗逊在选举活动中首次使用了“公共关系”一词。在美国，政府的公共关系活动被划分为“Public Affairs（公共事务）”“Public Information（公共信息）”“Public Communication（公共交流）”。这些公关活动是在政治行政机构应付各种各样的目标集团的过程中发展起来的。公共关系是构成行政系统的一个重要因素，以填补国民与政府间的沟壑为目的。虽然受美国政府雇用的公共关系专家的确切人数比较难以统计，但根据NAGC（美国全国政府传播者协会：National Association Government Communicators）的推算，若包括行政机关的各个层面，美国现在约有4万名的政府交流者在工作。

与此同时，虽然关于日本的中央和地方政府公关部门从业人员人数也没有确切数字，但是根据笔者的独立调查，以内阁广报室为首，1 府 10 省 19 厅，全国 47 都道府县以及超过 1 700 个（2015 年 3 月）市町村，几乎全部都有公关部门或公关负责人，合计约 7 000 名。但是由于多是省内岗位轮换制，所以没有公关经历的人占大多数，这些人只是把公关工作也只看作职业生涯的一个小站。从这里可看出日本与美国在公关上的差距大得难以想象。

Scott Cutlip 的《有效的公关关系》（Cutlip，et.al.，*Effective Public Relations*，2013）一书指出，在美国，不管是什么级别，什么类型的政府，Public Sector（政府公共机关）所进行的公共关系活动的具体目的一般可以归类为以下 7 种：

①向有投票权的国民汇报政府机关的工作。

②确保公民积极协助国家项目（投票、修桥补路）和遵守规定（系安全带的义务、禁烟条例）

③教育市民积极配合政府制定的政策和项目。比如，协助国情调查或者积极参与邻里的防盗治安活动、个人的健康管理活动、救灾抗灾的支援活动等

④向政府官员传达舆论信息。比如，将舆论信息传达给有决定权的人，管理组织内的公共问题，鼓励普通人去与政府相关人士会面。

⑤进行面向内部的信息管理。比如，编写给职员阅览的以组织为焦点的简报、电子公告板、组织内的网站等工具

⑥使媒体公关更加顺畅。具体指，维系与地方报道机关的良好关系，在组织内设立对媒体咨询予以回应的窗口，使媒体了解组织本身的活动及方针

⑦构筑社区或国家。在这种情况下，利用政府支援的国民健康活动或其他的国民安全保障项目，促进各种社会工程和开发项目的进行

◆**媒体对于政府的报道**

虽然有着记者人手不够的烦恼，新闻媒体还是在为报导政府活动这样困难的工作而努力。随着国民对于知情权意识的提高，以及全球化的推进、网络的普及，关于政府的报道在广度与深度上都有所扩展。如今需要报道的政府已经不像从前那么简单了，包括国家财政、国际问题、环境问题、能源问题、少子化问题、老人福利医疗等问题，需要报道的专题前所未有的复杂。本来，只有那些受过训练的媒体专家才能够理解政府这些复杂的工作，但现在这类人才的数量完全不够。

◆**从 USIA 美国新闻署来看全球公关项目**

美国政府的公共关系专家的主要工作职能是提供信息，然而美国政府的信息提供已超越其国境，很自然地演变为了塑造本国形象的全球化活动。

在此，笔者想以美国新闻署（1953—1999 年）的活动为例，分析一下美国政府是如何展开全球化公共关系活动的。

美国新闻署（United States Information Agency: USIA）是 1953 年由美国总统艾森豪威尔为树立美国的明确形象而设立的、政府行政部内总统直辖的独立外务负责机构。该机构继承了第一次世界大战时 George Creel 设立的 CPI（Committee on Public Information: 别称 Creel 委员会）、与第二次世界大战时由 Joseph McCarthy 任命 Elmer Davis 为负责人的 OWI（Office of War Information）的系统。

美国在第二次世界大战后，致力于国际交流事业，特别是致力于让他国国民理解美国外交政策的动机与目的。USIA 承担着向世界昭示美国的“完全公正姿态”的责任。美国的对外公共关系项目至今有以下两个主要目标：

①在对抗敌对国负面宣传的同时，促进其他国家对于美国政策完全友好性的理解

②向发展中国家普及技术方面的知识

此后，在东西方冷战局面越来越明显的情况下，为了明确主张自身与苏联等华约国家的区别，并将美国的思想方式与精神向全世界传达，USIA 让 Public Affairs（公共事务）的负责人（PAOs）在全世界的美国大使馆常驻，积极展开以下工作：①应对当地媒体；②在当地发行书籍与杂志；③提供美国的电影与电视节目；④派遣美国的舞蹈团与音乐家；⑤举办美术展览会；⑥诸如 Fulbright 奖学金制度的学生和研究人员交换制度；⑦协助美国的作家与知识分子在当地举办演讲等。像这样，USIA 为达成目的，运用个人接触和网络、印刷媒体、广播、电视、电影、图书馆、书籍、艺术作品、展览会等手段，向海外传达美国的信息，并且推进全世界有关于学者、记者、学生、文化团体等的文教方面项目以达到促进双向性交流的目的。在 USIA 的活动中，最为世人熟知的恐怕要数 VOA（美国之音）。VOA 是第二次世界大战时设立的广播网络，曾经的任务是为战争地区的美军与美国国民提供信息。在冷战的巅峰时期，USIA 每年有 9 亿美元（在日元比较低的时代大约相当于 3000 亿日元）的预算与 12000 名工作人员。但随着 20 世纪 90 年代初苏联的解体，其作用也随之削弱。除 VOA 等广播功能（现在作为独立于联邦政府的机构进行活动），1999 年被整合进国务部。

到目前为止，该组织依然在全世界超过 142 个国家、190 处据点对美国的信息与教育相关活动进行着统筹运营，搜集分析海外舆论并反馈给联邦政府。

反观日本政府的对外公关活动。现在（2015 年 1 月）此事务

由外务省“文化交流海外广报课”和“广报文化外交战略课”负责。算上分馆，有457个驻外公馆（大使馆、总领事馆、领事馆、政府代表部）在执行此活动。另外还有在海外57个国家设有据点的JETRO以及在海外21个国家设有据点的国际交流基金（Japan Foundation）等组织，在通过它们当地的事务所进行以支援国内外经济活动为目的的公共关系和宣传活动。在电视广播方面，日本NHK的海外广播电视节目在面向全世界播放着日本的声音。不过，日本没有像USIA那样的组织存在。

我们再来举几个外国的例子，英国的英国文化协会（British Council）、法国的雅典学院、中国的孔子学院等组织都在普及自己国家的语言和文化方面发挥着积极作用。如果从日本的国家战略方面着想的话，笔者认为应该像上述这些国家一样，尽早强化国家和当地国际机构的合作关系，以及向世界发送信息的机能，以构筑“拥有软实力的日本”的国家品牌。

◆公关在选举中的角色和作用

2005年9月11日的自由民主党（简称自民党）在众议院选举中全面获胜。这次选举将“是否实行邮政民营化”的问题向国民进行询问。向心怀国内外大事的国民询问今后日本的走向和方针，这可以说是二战后非常罕见的很特别的选举。此次选举也被称为自民党的宣言性选举，此外包括民主党在内的其他大部分的既有政党都向国民进行了宣誓。

在选举公约中发表宣言的方式，据说始于1834年的英国，但转变为现在这样进行宣言选举则据说是发生在二战之后。近年来最令人瞩目的是1979年英国保守党领导人撒切尔的宣言与1997年工党的布莱尔政权诞生之际的宣言。参考英国的这种选举方式，北川正恭提倡在日本实行宣言性选举，他的提倡自 2003 年的选举以来开始渗透至各个党派。不过，就算是在 2005 年的众议院选举上各党发表的宣言也没有都实现，处在摸石头过河的状态。

宣言性选举最终是要对结果负责的，所以推出政策的政党政权如果可以制作政策行程表，让国民能够检查政策是否在按照原计划实施的话，在问题产生时，这就可以成为国民要求政党改正的凭据。若采用宣言选举并希望取得有效而顺利的行政运营效果的话，就像车需要有车轮一样，政权需要公共关系的辅助。只有这样，政党才有可能实现与选民建立起真正意义上的公约。

2005 年的众议院选举还被称为是自民党和 1998 年结成的民主党的公共关系选举。因为在政策立案、演讲稿撰写、全体的形象管理、媒体关系、调查报道分析等多方面都有公共关系部门参与。选举活动中，政治家的媒体上镜率与演讲尤为重要。

关于演讲，美国的心理学家阿尔伯特·梅拉宾（Albert Mehrabian）在其著作 *Silent Messages*（1971 年）中就非语言性交流——“语言”以外的要素，包括声音的高低和大小，肢体语言以及外表的印象——的重要性进行了说明。

在这个影像媒体发达的时代，这种非语言性交流对于局势瞬间变化的选举活动来说特别有效（参照第五章第三节）。

四、企业公关专家应具备的资质与能力

◆实际工作中所需要的专家条件

公共关系的负责人或者说以此为业的专业人士需要具有很强的

目的意识与很高的资质、能力。资质和能力的内容随着时代而变化，随着公共关系的社会认知度的提高而变得越来越严格。

从前因为没有面向公共关系工作者的证书考核或技能考核制度，所以作为公关专家应该具备的条件基准非常不透明。可以说公共关系是以其给社会留下的印象与其在社会或所属组织内的认知度和功能，决定其意义与价值的。也就是说，是实践公共关系的工作人员与专家的存在方式决定了公共关系在社会中的地位。

社团法人日本公关协会（PRSJ）已经于2007年起推出资格认定制度，笔者也是该协会中的一员。据日本公关协会发行的2014年版*PR Year-book*称，PR Planer的资格认定考试到2013年止共举办13次，共有5558人参考，4316人合格。其中获得第3级考试资格并参加的人有2477人，1658人获得PR Planer资格。

①第一级资格认定考试合格者（副PR Planer）的简历

副PR Planer中，普通企业人士（包括公共关系、宣传的相关人士）有4316人（48%），是人数最多的。其次是公共关系行业或公共关系相关行业人士1153人（27%）。第3名为学生529人（12%）。按年龄段来看的话，20岁至29岁的为1807人（42%），30岁至39岁的为1692人（39%），40岁以上的817人（19%）。

②第三级资格认定考试合格者的简历

PR Planer中，普通企业人士900人（54%），公共关系行业和公共关系相关人士596人（36%），这两个部分加起来共占据了90%。从年龄段来看，20岁至29岁的有347人（21%）；30至39岁为853人（51%），超过了总数的一半，40岁以上为478人（28%）。

在工作中实践着关系管理的公共关系专家、专业人员具体需具备怎样的资质和能力呢？答案是，除了关于实践中的基本商务知识，起码还需要以下资质与能力。

◆公共关系专家的 10 点资质与能力

①统合能力

②判断力

③包括写作能力的交流沟通（presentation 演讲等）技能

④有关市场营销的知识与实践能力（调查能力、分析能力）

⑤灵活的、积极的、开放性的思维

⑥创造力

⑦诚实

⑧指导能力与解决问题的能力

图 3–1　要求公共关系专家具备的 5 个基本条件和 10 种资质能力

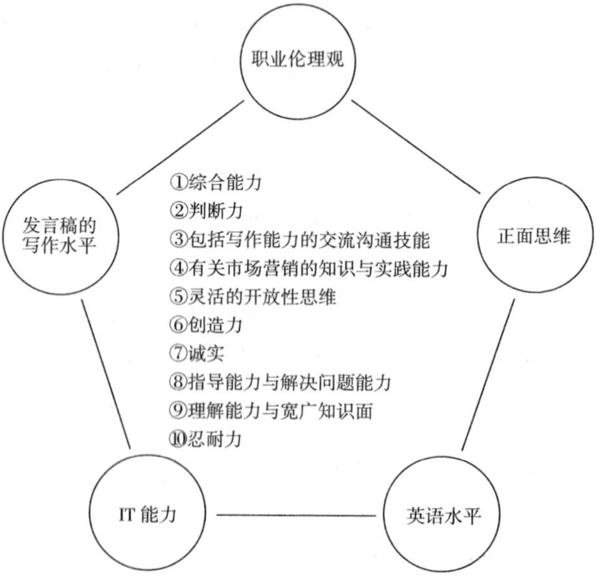

⑨理解能力（好奇心）与宽广的知识面

⑩忍耐力

这些就是公共关系专家所需要的必要条件。不过，如果再考虑到要解决日本的企业和各种机构现今面对的问题的话，还要再添加以下 5 个要素（图 3–1）。在此我想在对这些要素加以说明，并就培养这些要素的专门教育也稍加论述。

◆公共关系专家的 5 个基本条件

①伦理道德观

如前言中所讲，一般的伦理观指“对于人类行为的善恶判断观念”。更深一步讲的话，“功利主义”和“义务感”互补，总称“伦理观”。

世界上有立足于各种各样宗教的伦理道德观。“功利主义”和“义务感”互补而成的伦理观现在在欧美是主流，笔者在本书中也想沿用此定义。

拥有特殊技能的专家、专家集团对于社会拥有各种各样的影响力，同时也肩负着重大的责任。社会从而对其寄予很大的期待。因为对于他们的发言和行为，人们往往具有无条件信赖的倾向。作为一名专家，要想不辜负社会的期待，公正合理地完成使命，就要做到不拘泥于眼前的个人利益，更有具有能够控制自己的“专业意识”和支撑它的“伦理观”。

缺乏伦理观的公共关系活动，将单方面地强有力地发出对信息发送者有利的不真实信息，也就是会有造成“虚假夸大宣传”的危险。另一方面，当今的世界处在一个个人与组织都可以随时发布与接收信息的高度信息化的时代。觉醒的大众（一般社会，即公关对象）对于发布信息的个人与组织的动向和姿态都很关注，不从双赢观点出发的公共关系是不会起作用的。

因此，一直以来，公共关系工作的从事者都被要求拥有高度的伦理道德观念。企业的公关负责人与公关公司的专业人员必须将这一点牢记于心，真挚地向自己公司的高层管理者或客户的高层管理者们提供建议，并立足于“基于伦理观采取行动，创造达到目标的捷径”的信念，起到防止组织脱离正常轨道的功能。

在全球化经济的大潮中，可以说尊重他国的文化与习惯也属于伦理观的范畴。没有道德伦理观的交流沟通集团只能被称为宣传集团而已。

因此，国际公共关系协会（IPRA）对于专业人员应具备的伦理道德做了明确的规定（参考本书的“资料 1”）。

②积极正面的思维

公共关系的负责人与工作人员必须以积极的态度来实现客户或自身所属组织与各种公关对象间的中介职能。积极的思考，能够更加容易地实现活动的灵活性，使基于自我完善机制的、富有创造性的公共关系项目的开展成为可能。

积极思考会使人产生“对于一切怀抱感恩的心”，能够使人接受容纳他人和自己，并能够帮助思考者用积极的态度去接受现状。这样的思考状态可以帮助思考者积极地展开灵活的行动，因此可以说它是实现自我修正的基础。

在复杂多变的社会，要想与各类目标群体建立良好的关系并维持下去，渊博的知识与丰富的经验是非常必要的。但是有时候单凭一些知识与经验是无法应对所有状况的。因此，作为公共关系专家，平时就要重视人际关系的建立，以便在需要的时候能够获得帮助。拥有积极心态的人的周围自然而然能集聚人群，拥有丰富的知识与经验自然可以扩展自己的人际关系网络。作为一个专家，最好能够将自己的人脉构建成既有专门知识集团的“深度”，又有各种职业与国籍的“广度”。这样一来，就可以在工作时通过信息收集与意见交换，取得专业水准的协助，加速推进目的的达成，并且还会增加公共关系工作者连接个人和组织的桥梁效果。

另一方面，消极的思考则会让人缺乏亲切地接纳对方想法的灵活性，并有可能不顾对方的看法而产生有失偏颇的行动，一个错误就有可能使对方陷入不安定的状态，这样就有陷入控制性的propaganda（宣传运动）的危险性。

在实施公共关系项目时，最初应设想最好的状态，而其后应该将所有的障碍、课题、失败的危险性提取出来，做好万一发生最坏情况时的准备。并且，在公共关系活动中，工作者常常会碰到文化、语言、思想、信条、法律、制度等看似难以逾越的障碍。但是，即使这样也不可轻易地降低原定目标或改变既定方针。不论面对困难还是危机，都不能失去达成目的的信心，向着终点直线冲刺才是专业人士应有的姿态。此外，计划永远赶不上变化，在项目实施过程中，如果发现既定方针出现了错误，就要积极接受对方的立场并认清自身所处的状况，尽早进行自我修正，从而构筑起达到目标的捷径。

积极的态度包含两个意思。一是在巨变的社会与经济大潮中不甘落后地积极获取信息与知识的态度；另一个则是指运用获得的信息与知识、正视现状并积极行动的态度。

我们多次提到，公共关系活动是与各种利害关系者之间的关系管理，因此负责人与从事实际工作的专家总会在工作中面对各种各样的课题，文化、语言、思想、信条、法律、制度等要素往往如同一座座大山挡在面前，要想翻越它们，就需要渊博的知识储备。此时，若在预备翻越大山之前就持否定的态度或改变计划和方针的话，就不能算作是一名称职的公关工作者了。

此时，公共关系负责人需要的姿态是积极地考虑应该采取何种方针和策略翻越眼前的大山。在研究如何解决课题的过程中，如果发现了计划和方针上的问题，赶紧改正就行了。若是采取“一开始就是不可能的”这样消极否定的态度的话，不但无法进行自我修正，更完全没有办法使课题得到解决。

③纲要创作能力

作为公共关系的专业人士，预见问题的能力是不可缺少的。即使解决了眼前的课题，不对之后的发展有足够的解读，就还有可能不知在什么时候又掉到陷阱里。解决问题的方式方法不是一成不变的，目前采用的方式很有可能下一秒就会起到反作用，因此固执于某一个既定手段的举动是毫无意义的。所以，公关人士需要有能力预见事情接下来将如何发展、把事情的结果引导至哪个方向是最好的，也就是说，需要有创作战略性纲要的能力。

让我们来看一个例子。

S 制药公司将明知有问题的药品从海外进口并销售，导致使用该药品的人群患病传染，并出现了死亡病例。这个事实被媒体大面积地报道，成为了重大社会问题。死者家属和被感染人群起诉销售商 S 公司要求赔偿并追究其责任。调查机关也认为，在明知药物有传染危险性的情况下没有采取相应措施的 S 公司有“业务过失致死伤罪”的嫌疑，并开始了调查。

在消费者抵制 S 公司商品的运动愈演愈烈的同时，S 公司通过媒体一直辩解“当时没有认识到其危险性”，这种对应方式导致了事态越加恶化。

公共关系专家K先生当时正在纽约出差，在电话中劝说S公司道：“若将所有事实都原原本本说出来，我就同意帮助你们应对。”K先生的劝说使S公司承认了在事前就知道药品有感染的可能性一事。随后，K先生接手了此危机管理案。通过报道了解了药物危害事件的K先生，马上写下战略纲要，通过电话对S公司传达指示。

S公司遵从K先生的指示，首先召开记者招待会承认过失责任并道歉。其后，对于死者家属和被感染人群表达自己强烈地希望协助治疗的愿望。至此，连日来暴风般喧哗的媒体终于不可思议地停止了。

在此案例中，K先生所写纲要的根本思想是，虽然对于已出现死亡事例的药品问题是无法真正弥补的，但是公司必须承认错误并且承担起应尽的社会责任。此时最重要的是对死者家属和被感染人群的帮助，为此，这家有赔偿义务的制药公司就必须存续下来。因为若是公司倒闭，赔偿就会变得困难，而与问题药品的销售无关的公司员工也要失业。为了解决这些重复相叠的问题，K先生在脑中将纲要做了如下构思：

“S公司首先召开承认责任的记者招待会，充分传达真挚的反省态度，管理高层亲自提出解决问题的必要方法和措施，尽可能地消除事件带来的负面形象，平息消费者的抵制商品运动。由此，企业可以继续存在，然后把企业活动的收益用于对被害者的救济。不扰乱与事件没有直接关系的员工的生活，并使其作为背负着救济责任的公司的一员，继续对社会负责……”

在问题严重、争分夺秒的非常事态中，纲要创作能力的真正价值尤其应该受到重视。作为公共关系负责人，要冷静地看穿社会利益的本质，对于委托人也不能顾及情面。刚才这个例子要说明的是，作为公共关系专家，决不能仅仅考虑眼前委托人的利益而帮助其做出逃避责任的计划。

④ IT（信息技术）能力

在世界互联网人口超过了 30 亿人的今天，公共关系的专业人员须要对 IT 有基本的了解，并具有一定的运用能力。

公共关系负责人与公关专家需要对于每天都在更新的 IT 有基本的理解，还要想办法将其充分利用到公共关系活动中。网络的出现与普及提高了交流的实时性与双向性，并使其彻底地发生了变革。在这个变革中，作为公共关系负责人，要专业技术人员积极引进新的技术，以开展符合时代潮流的公共关系活动。在点对点的直接相互交流成为可能的互联网时代，社交媒体使信息流通的形态和实质发生了改变，公共关系的手法也自然而然地随之发生了变化。

关于这个问题，我们将在本书第七章中进行具体介绍，在此仅仅稍作说明。作为公共关系负责人，我们需要充分理解博客、Twitter、Facebook、LINE 等接二连三出现的新媒体的优缺点，并将它们有效地使用在公共关系活动中。同时，还要积极致力于将新的数码技术运用于提高视觉和听觉方面的展现效果等。

在媒体与网络的发展所造成的信息泛滥的环境中，根据需要将信息找出来的检索能力也是非常重要的。与此同时，如何从众多信息中甄别出真正有用的部分，也是公共关系负责人在业务中必须要重视的问题。

网络社会在不断发展扩大，其开放性带来了很多从前无法想象的问题。2010 年年末在北非的突尼斯、埃及、利比亚等阿拉伯国家发生了“阿拉伯的春天”事件。由 Twitter 发出的信息在全世界实时传播，使得在利比亚、埃及等国家持续了 30 多年的长期独裁政权在短短几个月的时间就被民众运动打击得摇摇欲坠。但是，我们看到了在那之后的混乱局面。看得出来，有时社交媒体的信息传递的速度与实时性会把社会组织推入到失控的状态。在这样的环境中，公共关系专业人员自身必须要在清晰地认识到 IT 本质的同时拥有驾驭 IT 的能力。

⑤英语能力

英语能力（特别是会话能力）是公共关系专家尤其应当掌握的。因为英语不仅在国际间商业活动中需要，在通过互联网从全世界获取信息时也是必不可少的。

现在，世界上以英语为第一或第二语言的人口不断增加，据统计，能够用英语进行阅读、写作、会话的人口数加起来约有 15 亿。因此，会使用英语，就意味着从只有 1.2 亿人的日语的世界，打开通往新的 15 亿友人的交流之窗。在获取的信息量飞跃性地增长、获取信息的范围不断扩大的同时，英语还可以帮助我们通过和不同文化的接触，更加深刻地了解国际社会。

但是，作为国际公共关系专家，仅仅掌握英语等外语还是远远不够的。英语等外语能力是交流工具之一，若没有什么可传达的信息，或者传达方式有误，都无法很好地发挥该工具的作用。所以，发挥英语能力的大前提是具备工作中必要的相关知识以及拥有强大的交流能力。

五、公关公司的职能

◆组织机构与公关公司的良好关系是什么？

近年来，随着日本公共关系界的环境变化，不仅是在公司内设有公关部门的大公司，包括风险投资公司、有独自商业模式与产品服务的中小企业也都开始积极地开展公关活动。与此同时，倡导地方分权与变革的日本地方政府也同样将交流沟通的主题从“广告”转向“广报”，试图构筑起以“更加贴心的居民服务”和地方特色为卖点的品牌。

以前，组织机构大多都是要求公关公司对自己的部分公关活动给予帮助，或者交给公关公司一些项目。但是在上述背景下，现在公关公司原有的咨询功能却渐渐变得更加受欢迎。

其实组织机构本来就应该将公关公司作为合作伙伴来对待，因为只有这样才能发挥公共关系专家们的技术专长，并发挥出这些专家所拥有的强大人脉的真正价值，从而开展更加有效的公关活动。

忽视公共关系的真正价值，而造成企业组织的形象毁坏、遭受巨大的财政损失，甚至威胁到组织存亡的例子并不少见。诸如雪印乳业的食物中毒事件，以及奥林巴斯并购丑闻M&A和社长解雇事件等，都是因为企业缺乏危机管理意识，被动地公关，而使得公司遭受到了极大危机。这就好比人类的身体发生了机能紊乱，受到外部刺激与变化却无法采取合理反应的状态。如果说治疗人类疾病、使得人体机能恢复的是医院的话，那么对于组织来说拥有此功能的则是公关公司。

此外，就像医院有心脏外科、肠胃科、精神科等分类，公关公司也分为投资者公关、媒体公关等。此外，就像身体不适时，医院会通过门诊和各种检查来查明具体的患病原因再采取治疗措施一样，组织机构与公关公司的关系也是从咨询开始，在明确问题所在之处之后才能采取最佳措施。所以说有的公关公司就是针对企业的综合性医院。

◆公关公司的职能

公关公司最基本的业务是为委托方提供关于公共关系的全方位咨询。其中的第一目标，则是有效利用公关公司的机能，展开对于客户最合适的公共关系活动。当然，也有只是作为第三方提供建议的情况，但其服务内容也必定是向客户方高级管理层提供解决问题的方案，因为这正是公关公司存在的价值。

在日本，当企业等组织发生危机时，由于没有签约具有第三方客观视角的公关专家而使危机得不到及时处理的例子，以及因为高层判断失误导致公司采取了不合理行动的例子屡见不鲜。甚至有的公司因为处理不当，使得危机进一步加剧。为了避免陷入此类困境，企业和组织有必要尽可能在平时就与公关公司建立合作关系。

此外，在企业管理节奏加快的环境下，咨询专家必须在客户方紧急求助之时迅速给出答案。这正是一直以来公共关系专家应该具备的问题即时解决能力。

公关公司为有效地发挥其职能，需要参考成功案例，充分发挥各种专业技能以及公司所拥有的人脉、知识网络、商业网络等，尽一切可能帮助客户达到目的。

比如，笔者所在的公司（井之上PR与日本公共关系研究所：JPRI）以独立开发的公共关系“生命周期模型”为基础，进行着公关咨询活动。所谓生命周期模型，是指 Research & Situation Analysis（调查与形式分析）→目标设定→目标人群设定→战略设定→计划制订→实行→结果的分析与评价→反馈与自我修正完善→目标设定，这样一系列的公共关系活动（第五章第一节有详细说明）。

再者，公关公司通常会与国外的公关公司组成网络关系，通过这个网络在国外进行信息收集并开展公关活动。但是在日本，拥有这种网络的公关公司还只有一小部分。

虽然井之上公关公司是独立的公关公司，但是在开展国际性公共关系活动的时候会与拥有全球化公关网络的公关公司合作，并与各国公共关系领域优秀的公关公司联手展开全球化公关服务。

此外，JPRI 还是利用电脑进行报道内容的分析评价方面世界最强的调查机构 CARMA（Computer Aided Research and Media Analysis）集团的一员，进行着全球范围的调查与地域性的数据 Bench Mark(基准性）调查和综合分析。这正完成了上述生命周期模型中“结果的分析与评价→反馈与自我修正完善”的部分的职能，并借此克服了沟通单向性的缺点，实现了双向性的交流沟通。

最后需补充的是，公共关系与沟通交流的问题，和当地的文化与语言联系颇深。无论多么优秀的日语新闻稿，在翻译成当地语言发布的时候，除了高质量地翻译成当地语言之外，还要按照当地的特征和习惯进行编辑。因此“在全球化战略之下进行区域性的公关”正是公关公司的基本原则。

◆知识面广的人与专家

虽然公关公司是专家的集团，但在此我想就知识广泛的人与专家的区别稍作说明。

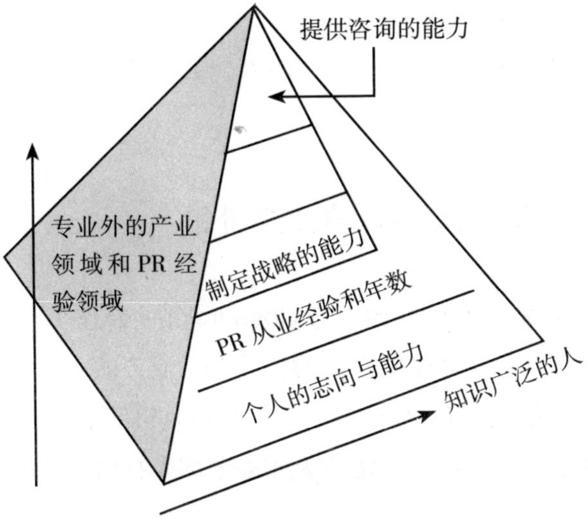

图 3–2 “知识面广的人”和“专家”的区别

图 3–2 中的三角形，底边表示领域，高度表示专业性（经历年数）。越接近三角形顶点的人越可以说是该领域的专家。为接近顶点则需累积长期的实践经验与从业时间。

虽然日本的组织中，在一个领域工作数年后调职的情况很多，但是即使调入其他部门，还是可以用同一个三角形来说明。这就是在原来的三角形的左侧相邻的三角形，将每次调动的三角形连起来则形成了锥形的多面体。我们试想着将多面体最顶尖的部分切离，这样留下的部分就是经历了各种领域的工作但没有达到专业性高度的人们。而被切离的比较尖的部分则是专家部分，这部分里集中了各领域的专家。

每个专家都有各自出类拔萃的一面，他们组成一个集团的话，这个组织就同时具有知识广泛的一面。这就像是公关公司，在不同程度上经历过半导体、汽车、金融、政府机关等各种行业的公共关系工作者们，既可以是知识面广的人，又可以是专家。

六、企业、组织的公关业务外包

◆ Outsourcing（外包）与 Cosourcing（合作）

企业组织将专业性要求高的公共关系业务的一部分或全部委托给公关公司的情况即所谓的外包。特别是进军日本市场的外资公司，因缺乏公关负责人而将公关业务全部委托给公关公司的情况尤为常见。

另一方面，企业组织的公关部门与公关公司共同进行公关业务则称为合作。如在统一的公关战略之下，在本国的部分则由企业组织的公关部门负责，海外分部的公共关系活动交付给公关公司的海外网络进行的情况就属于合作。

外包是将公关业务托付给外部的公关公司，而合作则是公关职能的扩充。相比其他发达国家，日本的公关专家甚少，而且日本也没有一个可以快速培养出公关专家的环境，所以将业务委托给专业的公关公司，可以说是非常有效的选择。再者，对于人工费与办公室花费甚高的日本的组织体来说，外包在人员整合与精简结构等方面也具有现实意义。

◆ Outsourcing（外包）的成本效益

公关公司存在的大前提就是作为专业集团提供高效的公关服务。在日本，因为大多企业实施岗位轮换制度，所以人才在某个岗位经验还没有积累起来就换到别的部门的情况很多。在这种情况下，作为企业经营管理者，对自己公司公关部门的人工费和专业公关公司的签约费两者进行成本效益的分析与比较是很重要的。

再者，公关外包还有可能带动外部公共关系专家对公司内相关人员的培养。专家所进行的公共关系活动会给企业整体以及实现目标的过程增添很多附加价值，因此，企业经营者有必要对外包的公关业务重新审视，做出正确恰当的评价。

若只是将公关公司作为企业组织的附庸来看待的话，那么不论是外包还是合作，都难以使其发挥真正的作用。

公关公司有义务对客户对自己公开的信息和业务上机密进行严格保密，这一点也必须写在合约之内。为此，公关公司将不可同时接受同一行业的其他顾客，以"一行一公司制度"作为原则。外包和合作是企业和公关公司间的信赖关系（partnership），而非上下级关系。

◆签署 Outsourcing（外包）合约的要点

企业将公关业务交予公关公司外包（或合作）时，有以下需考虑的因素：

第一，希望签约的公关公司是否对于本公司是重要的，是否拥有本公司员工所没有的特别的知识、能力与网络。若本公司有此种能力，则应使其发挥，进行外包的意义不大。

第二，签约内容中的公关咨询和战略构筑、问题分析、特别项目，是一时需要还是长期需要的。这将影响到预算的安排。

第三，现在面临的问题是否重要到需要公关专家提供咨询，是否需要他们独到的见解与分析。若是琐碎的问题，推迟与公关公司签约也无妨，若重要性高则必须尽快签约。

第四，论资排辈型的企业有很多。如果其企业组织top-down（命令从上传下）的倾向很强，客观的意见难以传达至高层管理者，并且即使传到管理者那里他们也不愿意接受下属的意见的话，那么公关公司能否充分发挥其提出客观意见，并且帮助企业修正轨道的作用就成为了最重要的一点。不能充分发挥这个功能的话，组织就容易失控。

最后还要考虑到，和公关公司签合同与自己公司自行解决的结果会有多大差别。如果结果一样的话，那么签约公关公司就很不合算了。

专题六：聘任费用与项目费用

聘任费用（Retainer Fee）是指对特定的服务所支付的委托费用。公关公司与顾客间基本上是以咨询业务为核心，以连续的业务为基础签订年度合同，再根据其内容设定每月的聘任费用的。费用换算以按时（1 小时的费用）收费为基础。从高层到一般职员因工作经历不同而收费不同。而项目费用则是对合同外的业务所支付的费用，该情况下也是以按时收费为基础进行核算的。

◆签署外包合同时的预算

在考虑到各种因素后决定与公关公司签约时，该怎样考虑签约费用呢？公关公司的签约费用体系，基本是以年度费用为前提计算出每月的服务费用的，费用根据服务内容而不同。费用基本上是以时间为收费标准。在此，附上井之上公关公司的费用表（表 3–7）。

表 3–7 按月收费定价一例（井之上 PR 公司）

①顶级	4.6 万 ~6.5 万日元
②高级	2.8 万 ~3.8 万日元
③中高	2 万 ~2.5 万日元
④初级	1.2 万 ~1.8 万日元
⑤员工级	8000~1000 日元

注：同一级别的收费有高低之别是因负责人 AE 的工作经历和业务内容不同

通过签署合同、每月支付费用，企业与公关公司间会建立起稳定的合作关系。此后，公关公司则以 Account Executive（业务员）为中心，通过 Account Team（业务组）实行公关业务。

与公关公司的签约前，决定公关业务的年度预算额时有这样几种方法：

① 对照上一年费用进行增减调整

② 按销售额或收益的一定比率

③ 经营者独自决定

这三种算法因为简单所以被普遍使用着，但是都存在着无法反映企业未来方针与需求的问题。

理想的预算决定方法应以企业的中长期经营管理、事业计划为基础，设定每一年的公关目标，先围绕目标制订公关项目计划，然后依据制订出的公关项目计划提出预算方案。

如前一节“公关公司的职能”所提出的，井之上公关公司以生命周期模型为基础，提供综合性的公关服务，因此公司通常都是按照该模型设计公共关系计划并提出相应预算方案。若企业的年度公关预算与公关公司提出的预算案一致则没有问题，但多数场合下，两者之间会存在差距。年度广告预算达数亿、数十亿日元的企业，其公关预算则非常有限。但是，近年来，企业战略从广告转向公关的趋势在增强，广告预算的比例也要看它是面向企业的商品服务销售（B to B）的广告预算，还是面向消费者的商品服务销售（B to C）的广告预算。种类不同，广告预算比例也不同，但是如果将用于广告等的所有沟通交流经费预算的10% ~ 20% 投入公关，就可以很轻易地实施多种多样的公关项目并且达到超过广告等几倍的沟通效果。

如果在预算案决定的最后阶段，双方对于预算金额的意见还无法统一的话，则要以“选择为达到目标最应该优先处理的事项”为准则，重新审视公共关系战略和项目，这样做可以顺利地使企业和公关公司之间的意见达成一致。

作为企业，对于公关业务的签约费用，不该看作是外包定制费（损失利益），而应该从投资者公关的角度将其视为提高企业形象与增加企业收益、产生附加价值的“投资”。这种看法才是比较理想的。

七、社会所急需的公关专家的培育

前面我们所提及的日本社会的各种负面事件，从公共关系专家的角度看来，如果让受过专业教育的专家来处理这些问题，就能将问题缩小在最小范围。而且在现今的全球化社会中，还有很多没有专家就无法解决的问题。这些专家指的是有着渊博学识与丰富的实践经验、能胜任的工作范围很大、受过公共关系专业教育的公关从业人员，所以公共关系基本实践教育是非常必要的。在本节里，笔者将以自己提倡的“公关、交流沟通的专业人员的培养方式”为基础，从日本幼儿时代的“一体观念”教育切入，探讨日本社会在这个问题上应当做些什么。

（一）从幼儿教育至高等教育阶段的整个过程中引入公关教育的必要性

为了解决社会各阶层发生的各种问题，将公关教育引入日本社会中的企业等机构之重要性就不必说了，笔者认为，小学等教育机关和地区社会也应继续引进公关教育。因为，最基本的公关教育对象应该是构成社会的个人。在全球化发展的当今，与欧美相比，集团主义色彩浓厚的日本，对于“个体的确立”的观念一直比较落后。通过强化每一个个体才会最终达到强化个人所归属的共同体的目的，从而可以使公关的影响力量不仅波及日本，还会给国际社会带来积极的能量。

从教育方法来看，有通过教育机构的教育、聘用外部专家的企业内教育，以及通过公共关系协会等行业团体或者公共关系的相关组织进行的教育等。但是，如果想要正式地在全社会引进公关教育，就需要构筑一个从幼儿教育开始并贯穿整个义务教育阶段的公关教育系统。作为对象的教育机构包括从幼儿园（保育园）到小学的“一体观念”教育，还包括义务教育结束后向社会输送最年轻社会人士的初中，还有高中、短期大学、4 年制大学、研究生院。要在上述教育机构考虑开展公关教育，就必须构筑一个统合这一系列教育过程的教育系统。这里我们所提到的幼儿、儿童期进行的

“一体观念的教育”，是以人与人的关系为本的教育（参照本章末尾部分）。

应该认识到，向社会导入公关教育的工作会花费至少 10 ~ 20 年的时间。但是，考虑到企业等机构负面事件和丑闻频发，公共关系教育工作的开展可以说是迫在眉睫。笔者认为，在这种情况下，首先应该优先在高等教育机关培养人才，这样培养出的人才还有可能在将来的幼儿教育和义务教育的过程中承担起教书育人的职责。

因篇幅所限，本书在此就以最优先课题——高等教育的人才培养为主进行论述。

（二）高等教育中的公关人才培养

参考 40 年来美国教育界采取的公共关系课程，对我们研究高等教育中的公共关系相关教育项目是很有帮助的。在有着 100 多年现代公关事业发展史的美国，公关理论体系基本已经完全形成，其方法也已经实现了标准化。日本在培育专业人才的时候，有必要好好研究已经拥有系统化的资格制度的美国的相关课程与培养项目。笔者认为，在研究美国公共关系教育体系时，主要有以下 4 个问题需要研究：①公关、宣传专家的培养制度；②资格制度；③企业等机构的接受情况；④对于在教育第一线指导学生的教师的培养。

◆美国大学与研究生院的公共关系教育与资格审查制度的现状

现代公共关系的发源地、公关发达国家美国，最早的公共关系课程是由公共关系实践专家 Edward Bernays 于 1923 年在纽约大学开设的。1939 年在斯坦福大学的 Rex Harlow 教授开设了公共关系相关课程并开始教学。1947 年，波士顿大学设立了美国最早的公共关系专业。据曾在斯坦福任教的 Rex Harlow 教授称，大概从 1945 年左右开始，到 1946 年为止，共有 30 所大学举办了合计 47 场公共关系讲座。

目前，PRSA（美国公关协会）的 Higher Education Programs Online Direcotory（高等教育项目线上指南）有大约 400 所学校注册，由此可以看出有很多大学都在进行着关于公共关系的高等教育。在资格制度方面，各个大学以出席一定的课程和取得一定的成绩为条件，向学完 PR 课程的人颁发毕业证书。

◆日本的大学与研究生院的公共关系、宣传、交流沟通教育的现状

日本公共关系研究所于 2014 年 9 月至 10 月，对“规模分类大学一览（2013 年 5 月 1 日）”中刊登的 450 余所国立、公立、私立大学（4 年制，不包括单科大学）进行了有关公关相关专业、学科以及讲座开设状况的调查。专业、学科的信息源主要来自大学网站主页，而有关讲座的信息则是查询学校的教学大纲，查询时使用的关键字为：“公共关系”“PR”“企业公共关系（交流）”“广报”“交流”“媒体”等。

此调查显示，在 2014 年 10 月，4 年制大学中设有广报公关相关院系的有 2 所（江户川大学媒体交流系；东京经济大学交流系），设有相关学科和专业的有 15 所，设有讲座的有 41 所，以其他形式进行着公共关系教育的大学（包括重复设置的情况）超过 40 所。随着专业和讲座的增加，教师人数也处于增长趋势。

和 PR（公共关系）、企业公关（C.C.）这些新概念的引进也不无关系，共有 12 所大学开设了 19 个公共关系相关讲座，其中有关公共关系的15个，有关企业公关的4个。近年来，以东京经济大学1995年开设的公共关系讲座为开端，2004年起早稻田大学（MBA和公共管理研究生院等也开设了），2012年起，京都大学经营管理大学的研究生院也开设了相关课程，显示了教育界对公共关系关注度的提高。

◆时代所需要的日本的大学研究生院的公共关系教育

①灵活运用大学教育的优势

大学的教育优势在于可以聘用具备丰富实践经验的教师，有充足的时间在合理的课程安排下进行最先进的教学，并可以充分利用IT教育设备，使用融合了国际理念的内容丰富的教材，对学生可以从理论与实践两方面进行培养。而且，培养公共关系专家时需要进行人格教育（通过价值、伦理道德教育来培育拥有健全伦理观、道德观念的人才），能做到这一点的只有大学。

②问题

大学公关教育中，有可能会出现教师人手不足，并且有固执于传统教学方法不重视实践经验的可能；不能使用IT器械等新方法的可能；或者在全球化环境下对英语的要求渐渐提高，而教师无法胜任等的问题。

③解决方法

从对现有大学教师的培训研修（国内与海外）开始，积极聘用实践经验丰富的人员作为外部讲师并给予优越待遇。在完善大学英语环境的同时，聘用正在海外执教的公共关系专业的教师。即加大对于教师、设备、器械的投资。

④引进“公共关系讲座课程”时需要注意的事项

必须把握好①教学计划 ②教师配置 ③资格认定证书的发行 ④

毕业生的就业环境。此外，开办 MBA 项目的学校应该把公关课程加入到 MBA 课程中去。

关于教学计划与大纲，若能与大学研究机构、日本广报学会、日本公共关系协会、经济公关中心和一些民间机构合作开发则更好。

（三）整合企业招募人才的相应机制

无论教育机关怎样培养出人才，公关专业学生毕业后若不能在社会中得到合理安排与就业，此事业都是无法持续下去的。为此，对聘用学习公关专业的毕业生的企业等机构来说，提高对公关的理解程度和建立接受公关人才的体制是很有必要的。企业等机构里的人们需要对自己的意识进行改革。

（四）整合公关专业毕业生就业的社会环境

◆社会地位的再次确认

作为公共关系从业者，我们需让社会意识到，公关事业不仅仅是宣传，公关人是关系管理活动的实践者，是需要广泛战略性技术与专业知识的专家级工作。同时还要使社会认识到，公关能力正是 21 世纪的国际人才所需要具备的能力。

◆企业内对于公关专家待遇的改善

笔者认为，应该积极创设认同公关专家价值与重要性的环境，对于企业的人事用人制度进行根本的改革，在组织内设立诸如 CCO（Chief Communication Officer）等职位（未来可能是大企业的副社长或董事），并且考虑请其参与企业员工的能力开发活动等。必要时，作为企业，可积极从外部聘用公关专家到内部工作。此外，具备公关相关经验也应当作为对企业高层管理者的要求之一来看。

（五）作为国家级课题进行统筹的必要性

日本的公关事业跨越了许多历史性、社会性的障碍。人们已经渐渐认识到，多次发生的企业、政界的负面事件的根本要因之一是公关在日本社会还未生根发芽。人们曾经认为，公共关系只属于一部分的人或组织，但如今其对于社会的必要性渐渐得到了关注。将公关导入社会需要长远的眼光和构想力，但摆在眼前的问题则是基本知识的学习与实践性教育的开展。目前最需要的是在具备专家培养条件的大学与研究生院设立高效的项目以求能够快速培养优秀的人才。

学习完毕这些课程的人又要怎样学以致用，也就是说，如何让社会充分接受和利用这些人才也是一个问题。若停留于大学、研究生院所学的知识水平，是难以满足企业的要求的。所以我们一方面要创造接纳公关人才的环境，另一方面则需要提高公关人才的质量，这两方面缺一不可。

在美国，PRSA（美国公关协会）从 1964 年开始独立实行公关资格认定（APR=Accredited in Public Relations）。1998 年变为以 PRSA 为首的，Agricultural Relations Council、Religion Communicators Council 等 10 家团体参加的 Universal Accreditation Program，向拥有渊博知识、丰富经验的公共关系专业人士授予 APR 的称号。现在有 5 000 多人获此称号并活跃于公关行业，如本章第四节所讲，日本公关协会也从 2007 年开始了正式的资格认定制度。

这些措施对于日本公关产业的发展壮大来说极为重要。企业在聘用了接受过专业公关教育、并有一定实践经验的学生后，应为学生提供可以使他们将公关作为一生的事业来做的、可以怀有明确公关信念来工作的工作环境。

再者，作为国家级课题，要将公关教育引入义务教育的过程中，“产业、学术、政府”的协助是必须的。不容置疑，学习知识和理论，并使这些知识理论成为“胸怀服务社会的伦理观，实践双向交流与自我修正机能”的基石的过程十分重要。在日本约11100所中学以及4600所高中里，在毕业前实行3~5小时的公关教育是不难实现的。实现这样的基础教育的最大障碍是教学计划的制订以及教师人手的解决，目前能做的仅仅还是使用录像带教学。希望将来在大学里学习过公共关系的人员可以承担教学任务，所以对教育者的培养确实是个很大的课题。

接下来作为对本章的总结，笔者将对自己平时一直在思考的“心理纽带教育”做介绍。

（六）幼儿期的“心理纽带教育”

因为考虑到培养作为独立个体的有“人格能力”的人才的重要性，笔者自2004年开始，在早稻田大学开设了“公共关系论——为了下一代的领袖们”的课程。目的在于将全球化时代需要的而在日本并不为人们所熟悉的公共关系普及开来。

课程设立已经10年了，全球化的进程以超乎想象的速度迅猛地进行着。笔者认为公共关系正是在全球化社会中生存的人们的知识基础，所以对笔者来说，公共关系的引进和普及是特别紧急的课题，所以需要从幼儿教育时代就引进公共关系教育。也就是说，到了大学和研究生院再接受公共关系教育就太迟了。

公共关系是为了达到目的，达成目标的“关系活动”，所以它不是所谓的“心照不宣，心心相印”的高语境活动，而是持有目标意识，“将想法明确传达给对方”的低语境型的“关系构筑活动”。而“制造心理纽带”一词换个说法的话恰恰就是“关系构筑活动”。“关系构筑”这个词不适合在孩子们的世界里使用。在幼儿园（保育园）、小学、初中里教授公共关系概念的时候，如果用“心理纽带教育”一词就很合适。“制造心理纽带”的精华其实就是公共关系。

第四章

企业·组织的危机管理

一、必不可少的危机预案

在当今这个全球化急速发展、经济环境激烈变化的时代，互联网瞬间就把信息传遍世界，这对企业等组织来说是一个时刻潜伏着危机的环境。而且，这些危机一不小心就会变为大麻烦。此外，近年来日本企业逐渐向“股票市价评价制度”转型，所以上市公司都不得不选择采取重视股价的政策。企业等组织要想在遵守法律法规的基础上走上可持续发展的道路，就必须具备应付这些危机和危险的能力。

仅仅因此 2 次丑闻没有处理好，一家年销售额近 1 兆日元的食品制造业巨头就走上了破产之路。这一血淋淋的例子告诫我们，食品原材料的伪造、药物危害、写论文时采取的不正当手段，还有教育公司和金融机构泄露个人信息等问题如果处理的不好，就会关乎到组织的存亡。在发生危机之后再去处理的话，就会花费大量的精力，这远比在危机发生前用于未雨绸缪的精力要多得多。再者，万一危机处理的不好，就会导致顾客的拒买运动而使销售额下降，企业股价下滑，从而让企业瞬间面临倒闭的危险，更有甚者，还会由此对国民生活和国际经济造成恶劣影响。

企业等组织除了需要在平时就预先考虑对可能出现的困境、事故、突发事件等做到防患于未然外，还要考虑到，当这些企业不希望看到的情况发生后，应该如何迅速到位地对应处理。这些预备措施往往决定了企业的命运。万一危机发生，如果能和包括顾客在内的利害关系者紧密沟通的话，反而会为企业赢得社会的信赖，并为企业形象加分。如果对危机处理得不好，可能导致顾客抵制商品、股价下跌，并引发员工对企业的信任危机，最终将直接危及企业经营。

对这些困境、危局的处理就叫作危机管理，这正是企业高层和公关经理应当最优先考虑解决的课题。大型企业常常和危机管理专业咨询公司、律师等合作，有些企业还专门针对危机管理实施了大范围高密度的深入调查分析。

可是，绝大多数企业只有当事情发生了才意识到其严重性，并疲于应付眼前的困境。在现实生活中，年均销售额达到 1 兆日元的企业，由于应付危机十分稚拙，出现了消费者抵制购买、股价大跌，轻而易举地走向了倒闭。

在如今这个网络时代，企业要想在激烈的竞争中生存，就必须构建起危机管理系统，事前冷静沉着地收集、分析可能引发危机的因素，努力避开风险，或至少将风险最小化。只有长期坚持不懈地进行这样的努力才能在危机真的发生的时候迅速、妥善地应对。

本章将就近年来越来越受关注的危机管理加以分析说明。危机管理是什么？组织应当如何避免危机？已经发生的危机应该如何处理？解决问题的方法是什么？接下来笔者将用自己在实际工作中获得的经验，对这些问题一一进行解答。

二、构成危机管理的 3 个概念

危机管理应该针对何种危险或危机实施呢？总的来说，危机管理的工作内容包括对于将来可能发生的危机做预案，准备和制定有效的对策，以及依据需要处理和实施危机管理对策三个步骤。企业周围潜伏着大大小小各式各样的危机，日本对于危机管理的解释却十分模糊，各种想法和概念常常会混淆在一起，给人一种没有经过整理的感觉。而且这些想法和概念又有互相重叠的部分，其使用方法也因危机种类的不同而不同。

笔者从实践的角度出发，对构成危机管理的 3 个概念做了如下总结（见图 4–1）。

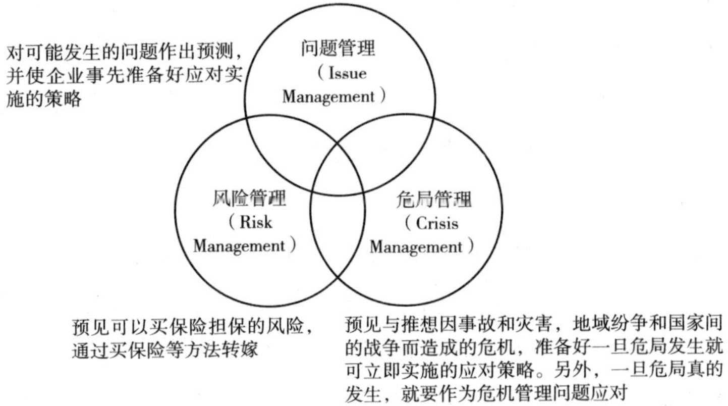

图 4–1 危机管理的 3 个概念

（一）问题管理（Issue Management）

问题管理指的是对可能发生的问题作出预测，并使企业事先准备好应对策略，主动迎接问题的发生，有时也被称为“课题管理”。这个概念在日本很少被谈及，相对比较陌生。

在这里所谓的问题、课题可能是关于政府的法律政策（政府公关等），也可能是国内外的市场营销等各种在企业活动中必须考虑的行为模式和习惯。对问题（Issue）的忽视将直接导致企业深陷困境。问题管理与危机管理相比起来，前者方向性比较弱，强调对变化可能性的预测，是针对“将会给企业带来负面效应的变化”主动采取预防的手法。

1970 年下半年，美国诞生了“问题管理”这一概念，一开始是为了应对政府立法对雇佣关系和社会问题的影响，免于金钱方面的损失。而现在，美国大多数企业已经把问题管理列为企业战略经营上必须考虑的一个方面。特别是对大型企业来说，“问题管理”已经成为了长久持续经营所必要的基本因素。对待“问题”的态度与方案不同，其结果也不尽相同，既有可能导致企业陷入难以收拾的困境，也可能因为预防策略生效而为企业谋得利益。总之，不同的应对方式将产生受损和获益两个极端的结果。

作为跨国公司来说，很可能因为在本国积累的常识、习惯与海外情况不符而导致经验失败。因此对于跨国公司来说，调查当地的政策、习惯风俗，分析企业活动所带来的影响并拿出对策的活动，也可以被称作是一种“问题管理”。但是，如果分析结果显示出“事态将会发展到严重有碍企业活动”的话，企业应该采取的行动就属于后文将要介绍的“风险管理”的范畴了。

有一个危机管理非常好的实例，来自美国强生公司。1982 年强生公司发生了头痛药“泰诺林”中混入了剧毒品氰化物的事件，造成了很多人受害致死。面对这起震惊了全美的紧急事件，强生在吉姆帕克会长的带领下迅速地作出反应，并最终解决了问题，使公司渡过了危机。强生从那以后主动开发了防止药品被不正当开封的包装，这一举动在当时正好符合了新的法律法规。这一开发新包装的行为就是典型的问题管理。公司从恶意犯罪导致的危机中敏捷地预测出政府将来可能实施的政策，把危机转化为机会，可以说是一次高明的“问题管理”行动。

企业、组织若能有效地运用“问题管理”，将会实现以下效果：

1. 增大市场份额

2. 股价安稳

3. 企业口碑和品牌价值提升

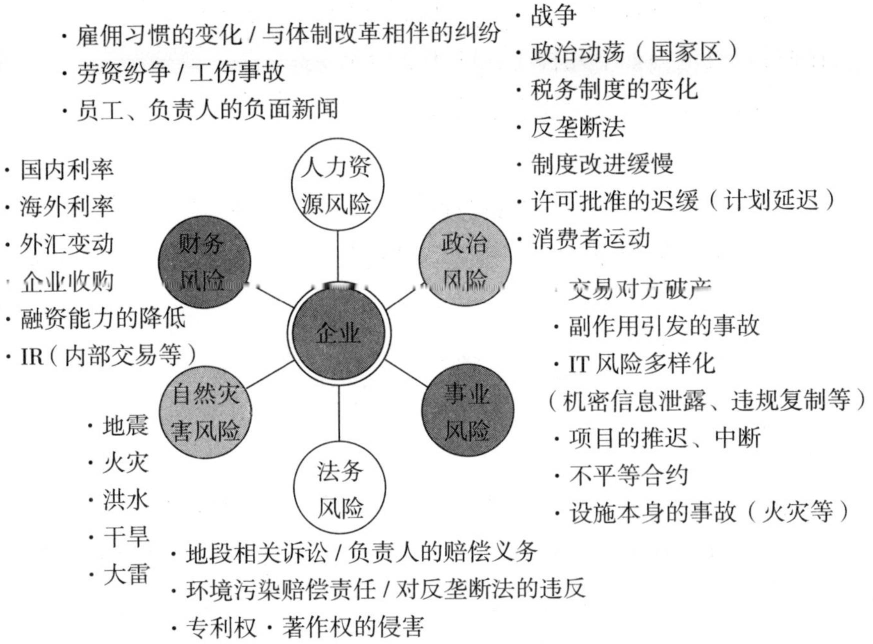

图 4–2 风险管理的对象

4. 节约资金

5. 促进重要关系的构建

6. 稳定管理

（二）风险管理（Risk Management）

风险管理指的是预见危机的发生并谋求避免危机的策略，也可以说是管理面临危险的可能性。不可避免的危险是要转嫁到第三方、买保险获得担保，还是选择自己负担，这个决策过程也属于风险管理的范畴。在企业通常的业务范围内，一般来说有汇率波动、坏账、产品故障，购买保险等问题，作为经营管理者应早作打算。

大型风险管理公司“a-on 危机服务公司”的日本分公司把危机管理对象设定为如下几种（如图 4-2 所示）：

1. 财务风险（利率或汇率的波动、企业收购等）

2. 事业风险（交易对象破产、呆账坏账等）

3. 政治风险（战争、批文被搁置、消费者抵制运动等）

4. 人力资源风险（员工流失、劳资纠纷、劳资纷争、员工违规等）

5. 自然灾害风险（地震、火灾、洪水、干旱等）

6. 法务风险（专利、版权被侵害，环境污染赔偿责任，员工赔偿责任等）

比如某家电制造企业“通过产品过去的故障发生率来计算免费保修期，再把修理成本均摊到每个产品中”的方法，还有“在货物运送中通过购买保险来获得资产保全”的方法都是典型的风险管理事例。大多数风险管理案例都是融入企业活动中的，当然，有一些风险不能凭自然发生率来预测，也有一些根本无法预测。

还有，在轨道交通等公共交通运营系统的开发项目中，制造商往往会预先考虑到那些极少发生的、会引发运输停止的系统故障等。这样，即使偶然发生故障，设备管理人员也能在最短时间内切换成替代系统或人工手动驾驶系统，并重新开动列车，这也算是风险管理的一种。

另一方面，对于铁路公司来说，要注意在系统故障等紧急停运发生的时候，尽可能减小乘客受伤。这就需要在车厢内避免使用有尖角的设备，使用软垫、并能在事故发生时尽快把乘客运送到最近的车站，以此减少乘客的不安。这些都可以算是风险管理的手段。

此外，能源、通信业界有可能会面临政策放松、民营化所带来的新的竞争以及由此造成的企业经营上的损失。与此同时，企业投资或资产运用方面的金融风险、互联网和电子商务中存在的信息安全问题等，也是这类企业所需要面对的风险管理课题。

（三）危局管理（Crisis Management）

危局管理是指前面提到的事件、事故、灾害一旦发生后的反应和对策。我们无法预测危局将在什么时候以什么方式爆发，但是如果做好迟早要爆发的准备，在事发后就可以立刻采取行动以避免最致命的损失。作为公共团体，对产品事故预先防范可以说是企业的使命。不过企业在设计产品时，应当事先假设产品出现事故时的状况，并在假设的前提下考虑对策、计算可能会花费的成本。这样做不仅可以提高对危局的防范意识，还可以起到在危局真的发生时迅速采取措施挽救企业形象的作用。反过来，如果企业没有及时恰当地应对危局的话，将难免招致股价下跌、消费者的拒买运动等糟糕的结果。缺乏危局管理意识就是决策者的渎职行为，并很有可能令整个企业走上悬崖。

以下是将会对企业造成危害的严重危局：

1. 公害问题
2. 产品缺陷
3. 工厂、施工地事故
4. 经营者死亡或成为人质
5. 劳资纷争
6. 电脑安全事故及网络犯罪
7. 专利权、版权侵害及相关事件
8. 敌对企业的收购

◆危机管理公关的心得

本章开头已经讲到，在社会经济环境复杂化的当今社会，企业和组织常常面临着潜在的危险（危机或危局）。

因此，企业和组织需要在平时就制定应对麻烦、事件、事故的防范措施，同时还要考虑到万一这些不希望发生的事态发生了，要如何迅速准确地解决和应对，因为这关乎到之后的企业命运。

在处理和应对危机时，如果和顾客等利害关系者进行了紧密的沟通就会留下值得信赖的印象，反之就会使企业形象受到重大损害。

这些应对危机和危局的一连串的危机管理，应该是企业高管和公关负责人最优先从事的活动。

但是多数情况下，企业都是在事件或事故发生后才意识到其严重程度，往往连事情发生后的处理都做不好。因企业丑闻而于2001

年和 2002 年接连倒闭的美国 Enron Corp 和 Worldcom 两家公司仅仅是其中的 2 个例子。大型企业的丑闻不仅导致了诉讼问题，还因为应对危机时的幼稚表现而引发了消费者的抵制购买运动和股价暴跌，最后导致企业走上破产之路。

在当今的网络社会中，企业要想在这竞争激烈的社会中生存下去，就要构筑危机管理系统，事前收集有可能引发危机的危险因素，冷静沉着地分析，努力脚踏实地地去回避风险或将风险系数降到最小。这些可以算作笔者对上面所述问题的一个小结吧。

◆东日本震灾后的公关体制

2011 年 3 月 11 日，前所未有的巨大地震和海啸突然来袭，并引发了出乎意料的二次灾害。福岛第一核电站处于全面崩溃状态，使得日本从骄傲的高安全性的核电发达国家，变为了核污染的危机管理低能国。

东日本大地震，尤其是福岛第一核电站事故的相关主要信息源，是首相官邸、安全委（内阁府）、核能安全保安院（经济产业省），还有东京电力局等，源头很多。从不同源头发布的信息，容易缺乏准确性，各家发布的时间一错位也容易引发混乱。结果，最重要的信息发布源头——首相官邸发布的信息引起了误会，导致了之后的舆论危机。官邸后来从这次灾难中吸取教训，将危机管理时的信息发布进行统一管理，还统合了公关广报部门的沟通渠道。

东日本大地震对公关广报部门的危机管理体制和应对方法也产生了重大影响。财团法人经济广报中心于 2012 年 3 月总结了第 11 次《关于企业广报活动意识的实际形态之调查报告书》，并在此报告书中公布了如下结果：

“在公关部门，就危机管理采取了一些措施”的企业超过了 9

成，此外，从具体内容来看，回答“公关部门是公司内部危机管理委员会的成员”的有70.5%，为最多。其次回答“公关部门有《危机管理手册》”的有67.5%。

把就公关广报部门的危机管理体制和应对方法进行的此次的调查（2012年），和前一次（2005年）比较，得到了如下结果。这可以推测为东日本大地震的影响。

公关部门的危机管理体制、应对方法（多选）的2012年和2005年的比较

·公关部门是公司内部“危机管理委员会的成员”	70.5%	58.9%
·公共部门有《危机管理手册》	67.5%	51.7%
·公关部门员工参加有关危机管理的学习研讨会	65.4%	56.2%
·针对高层管理者和董事实施紧急情况下的媒体应对训练	38.9%	20.1%
·每年都实施假设危机发生的训练	32.1%	18.7%
·高层管理者和董事参加有关危机管理的学习研讨会	15.4%	19.4%
·其他	4.7 %	10.3%

此外，以东日本大地震为转折点，人们也从以下几个方面对公关重新进行了审视。

① 整理、制作关于公关的危机管理体制。（事业延续计划“BCP”，《危机管理手册》）

②“重新配置公关人员”。

③ 开始重视“公司本部以外的公关人员配置”，“区域公关体制的完善”等，以便于问题发生时，在本部以外也可以适当地继续进行公关活动。

④“重新审视信息发布手段和方法”。

⑤ 将公关“作为尽早得到有用的信息的手段来考虑”，“重新

审视信息发布平台（Facebook、Twitter 等）的使用”，立志于“信息发布功能的强化和迅捷化”等。

⑥ 其他，探讨对董事进行媒体应对训练，并假想出舆论可能会感兴趣的问题，事先准备回答方案。

从经济广报中心的调查数据可以看出，处在危机管理体制中的公关部门的作用更加重要，很多企业和组织都有了将危机管理公关作为管理企业的课题之一来看待的倾向。今后的危机管理，要在把大规模的自然灾害也考虑进去的情况下进行公关体制的整合。

三、从实例学习危机管理及其教训

（一）从公共关系的视角来看问题

让我们一起来看一起 10 年前的事故。发生在 2005 年 4 月 25 日的 JR 西日本列车脱轨事故，可以说无论从问题管理角度还是危局管理角度来看，都是一个很好的反面教材。在此，我们就一起从公共关系的视角，对这起事故进行一下全面的解析。

由于人为失误造成的兵库县尼崎市的 JR 宝塚线（福知山线）的列车脱轨事故，夺走了 100 多人的宝贵生命。

事故的主因看起来是超速行驶，详细探明事发经过的话，就会发现，这起事故可以算是当时日本发生的一系列企业丑闻中的很有代表性的一个了。这些事件都反映出一个共同的问题，就是日本企业在公关“伦理观”“双向性沟通”“自我修正”这三要素上有所欠缺。

◆ **伦理观的欠缺**

根据新闻报道，JR 西日本的大阪分社社长在 2005 年 4 月初向全体员工发布了主张“效益第一”的文件，而把安全运输放在了第二位。在和私营铁道激烈的竞争中过度重视收益，在铁路高速化和过度密集的线路中，JR 西日本公司执着于扩大运输能力，结果轻视了安全保障，这才引发了如此惨剧。事故当天，一名偶然乘坐脱轨列车的 JR 西日本的司机，没有在事故发生时立即展开救援行动，反而离开了事故现场，当天晚上还参加了宴会。从这些事例可以看出，该公司的员工毫无伦理道德观可言。

◆ **双向交流的缺失**

一般来说，和顾客的交流互动无非两种，一种是顾客主动提出要求，另一种是企业主动体察并按照顾客的要求办事。JR 西日本公司只是一味重视财务经营，却忽视了“安全第一”这个顾客最基本的需求。这些认识的偏差导致了公司的危机管理一塌糊涂。此外，该公司没有积极地启用新型自动列车的制动装置（ATS）和防脱轨系统等，都是对安全管理疏忽的明证。这个事故的原因可以归结于该公司不了解顾客真正需要什么，没有站在顾客的角度考虑问题。

此外，该公司内部的交流也称不上是双向交流。这家公司所有信息都是自上而下单向传达的。而且，该公司的特点就是一旦发生了事故，首先考虑到的不是查明原因而是追究个人责任。在这样的环境中，员工个人为了保护自己，就难免忽视了应该站在顾客的立场去看待问题。总是在过度的压力下工作的员工，面对危机时，是很难独立做出正确判断的。

◆ **自我修正机制的缺乏**

1991 年 5 月，日本曾发生过信乐高原铁道事故，日本国土交通省也曾在 JR 西日本脱轨事故发生前就停车位置不良问题，给 JR 西日本提出过警告，这些本应该都能成为公司吸取教训的机会。但是就新闻报道情况来看，JR 西日本公司没有抓住这些机会引以为戒，这很明显的就是缺乏自我修正机制的表现。经营管理层面的问题就不用提了。据报道称，该公司工作第一线的车长和司机就时常串通起来，做出虚报停车位置的不良距离等事情。为了逃避个人责任，该公司员工平时就对失误和事故采取能隐瞒则隐瞒的态度，在这样的公司里，就算想要正确预测事故发生，也是很难做到的。

我们可以看出，这样一起严重的事故竟是由于企业风气的原因造成的。这一事故深刻地反映出 JR 西日本铁道公司在从国营向民营转变之后，1987 年 4 月公司成立时那种官僚主义与唯上级命令是从的公司风气一直都没有改变。

对于一家企业来说，在面临危机时，首先，非常重要的是信息公开，客观地自我审视，并可以进行超越组织层级关系的充分的问题分析与检讨，并从正面接受问题。在此基础上，还要全面改变企业风气，必须培育出具有公开性、透明性特点的企业文化。与此同时，企业还要彻底遵守法令法规，在重新构筑安全第一的运营体制的基础上，有效地防止事故再次发生。

轨道交通对于消费者来说，是可选择度很小的垄断性公共机构，这一点可以被社会所理解。轨道交通公司从经营者到一般职员必须强烈地、自觉地意识到消费者的安全问题才是最重要的。为此，企业必须牢固树立“安全第一”的思想，彻底落实安全教育。

上述案例就是成功公关的三要素——“伦理观”“双向性沟通”“自我修正机制”被一一违背后发生的惨剧。

◆必不可少的“危机管理意识”

虽然在日常的市场营销活动中并不醒目，但是事实上，作为企业的经营管理者，要维护企业和产品的形象，就必须要做到随时抱有“危机管理意识”所带来的紧张感。从前述的JR列车脱轨事件中我们也可以看出这一点。对于危机管理工作来说，防患于未然固然是再好不过的了，但有时危机的发生却不可避免。

把已经发生的危局的原因和现状向公司内外传达，通过双向的信息交换来应对事态，这就是所谓的“危局交流”。比如产品缺陷被发现，将使企业形象受损。特别是刚发生时对媒体和消费者有所隐瞒欺骗的企业的形象一定会受损。但是，如果能够迅速恰当地做出反应，即使一时利润下滑，企业的形象和公众对企业的信任反而还会提升。分析一下至今为止在日本发生的那些事故，大部分情况下，当事人在事后所做的信息沟通和应对都十分不足。

说到危机管理，笔者在这里想和读者分享几个典型案例。一个是失败案例的代表，法国贝里埃公司生产的饮料中被发现混入了有毒化学物质苯。另一个则是经典的成功案例，即强生公司生产的头痛药“泰诺林”被混入氢化物而使人致命的案例。

这两个案例在全球的公关专家中十分有名，危机管理意识的有无将会给企业形象带来多大的影响可见一斑。下面详细介绍一下。

（二）两个事例的对照

◆贝里埃公司的失败案例

1990年，据媒体报道，贝里埃公司（总部位于法国）的饮料里检出了有害化学品苯。因为只有在北美市场上少数几瓶饮料受到了污染，所以那时贝里埃公司的经营团队认为这是在饮料瓶清洗过程中出现的偶然个案，进而把这件事当成“过几天大家就会完全忘记的琐碎小事”来处理了。

可是，后来在全世界各地都相继发现了混入异物的饮料，公司的股价在案发当日暴跌，其后一路下滑。

虽然美国市场开始自主回收产品，但贝里埃公司认定“美国人胆子太小”，没有把美国回收产品的行为看作是担心消费者健康的行为。公司通过发言人公布了“在法国，消费者对这种小事根本不会介意”的评论。

贝里埃公司为了尽量不损害产品形象而对媒体做了上述发言，反而却被舆论认定是“不管消费者死活”，从而在世界主要市场上受到强烈谴责。在法国以外，虽然也有一些地区的经营管理者表态关心消费者的健康，但是当大家得知该公司并没有实际采取回收行动后，抗议指责的态势越发严重。

贝里埃公司下决心在全球范围回收产品是在发现污染后的第四天，并声称“回收措施在全球范围内挽回了贝里埃公司的声誉”。可是，公司产品的形象在当时已经受损，而且该公司还被烙上了“没有决断力，对待问题的态度前后不一”的印记。贝里埃公司缺乏在事件爆发后站在对方的立场上看问题的“双向交流”能力，自我修正机制也没有好好起作用，因此饱受媒体挖苦。贝里埃公司的案例着实成了危机公关失败的典型。

◆强生公司的成功案例

在本章前文“问题管理”中也提到了，和贝里埃公司形成对照的，是迅速应对危机而拯救了公司和产品信誉的强生公司案例。

1982 年 9 月，总部位于美国芝加哥的强生公司生产的头痛药

"泰诺林"被报道药中混入了氰化物，从而导致了服用者死亡。这款药品作为公司的主打产品，占强生公司整体利润的15%。报道一出，公司立即开始回收装满胶囊的数百万瓶头痛药，并对可能持有此药的医生、医院、销售商发出了药品危险警告，其后又测试了800万颗胶囊，发现了75颗中混有氰化物。

由于服用这款药导致氰化物中毒致死的受害者增至7人，全美国都陷入不安之中。经过事发后的调查统计表明，94%的消费者知晓"泰诺林"和有毒物质相关的信息。关于此事件的广泛报道引发了全美约250起类似事件被发现，舆论中有些开始怀疑这些类似事件也和强生公司有关。由于消费者十分关注，最终媒体披露的疑似相关事件竟有2500起之多。

事件一发生，公司就以吉姆派克会长为中心组成了7人危机管理小组，紧急对策一个接着一个出台。在批判的报道中，公司的快速反应也受到关注，一些受公众信赖的报纸做出了善意的评价："比起让别人承担风险，强生公司自愿蒙受巨大损失。"也有一些媒体对强生公司表现出了肯定的态度。

专家评估过，产品回收的成本是投入流通成本的将近10倍。公司用于发布危险性警告的广告费用将近50万美元。而且，公司要重振泰诺林这款药的话，预计将投入5000万美元。

强生公司的危机管理做好了最坏的打算。制药过程中的事故导致混入了氰化物的可能性、药品回收迟缓将扩大受害死亡人数的可能性、顾客消费者将如何看待此次事件等——从最坏的角度做好打算。公司严格奉行"顾客第一主义"，在事件尚未查明的阶段就立即率先开展大规模回收活动，发出了"谁都有可能服用到有毒的泰诺林"的警告。

与此同时，究竟致药过程中是否有可能混入毒物，公司自发实施了测试。一系列调查行动证实，此次并非制药事故而是有人恶意投毒，公司最终成功挽回了企业形象。更值得关注的是，公司不仅对紧急事态快速应对，而且并没有急于再次开始销售这一主打药品，而是慎重地等待合适的商机。

明确了是恶意投毒后，既然是主打药品，证明了制药过程没有问题就可以再次开始销售也是理所当然的，但是强生公司抑制住了这种冲动。

在此次事件中，政府和药品管理当局开始着手制定药品安全法规，强生公司注意到了这一点。

当时，美国的止痛药市场份额总共约 12 亿美元，案发前强生公司占三成，回收措施实施后的市场份额归零。强生公司并未就此放弃，而是开始着手研发能防止不正当开封的药瓶。等到新法规一出，强生公司已经成为了先驱，这才开始重新销售“泰诺林”。这样，就尽快完成了自发的“修正”。

强生公司和它的顾客之间的双向互动引起了媒体的关注。新药瓶的导入人举占领市场，5 个月后，泰诺林的市场占有率已经恢复到了事发前的 7 成，虽然绝对占有率有所降低，但保住了第一的位置，并且使其他公司也不得不投入研发新型安全药瓶，强生公司终于就此打开了局面。

◆两起案例带给我们的反思

从两起案例中都能明确地看到，紧急情况发生后，在一定期间内企业的形象难免受损，而不同的应对方法可能将结果导向完全相反的方向。这一点，企业高层和公关经理应该特别清楚地认识到，并且为了恰当地应对突发事件，应该在平时就保有危机管理的意识。

贝里埃公司在事故之后，通过优秀的宣传营销活动，使有问题的饮料再次恢复了人气，但那不是原来的1000ml水瓶，而换成了750ml的水瓶，但是却以原来同样的价格销售。这就使得就有人抱怨该公司把因为自己的怠慢造成的损失转嫁到了消费者身上。

此外，两家公司做出决断的时间相差4天。贝里埃公司所遭受的股票下跌，消费者和媒体的炮轰都证明该公司的投资人公关和媒体公关都是失败的。

而强生公司则通过双向沟通交流使消费者认识到企业所承担的社会责任的意义，而且企业预测到新法规的颁布并率先研发了防止不正当开封的药瓶，正可以说是对课题进行了出色的预测，做好了问题管理，并实现了危机公关。公司由于被人恶意投毒而陷入危局，但却敏捷地对将来政策的实施做出预判，既完成了自我修正，也为自己创造了新的商机。对于这一系列反应和对策，美国公关协会评价道："强生公司是一个具备出色的交流技巧的企业。"该公司获得了公关协会一年一度表彰优秀公关项目的"银砧奖"。

四、企业经营管理者日益高涨的危机意识

近年来，处在生死攸关的激烈竞争中的日本企业，特别是跨国公司的经营者们的危机管理意识显著高涨。企业丑闻发生后最令公关人员烦恼的就是作为当事人的企业高层管理者逃避责任的问题。这些经营管理者经过企业内部激烈的竞争，对于好不容易才能坐上的巅峰宝座十分看重，总想着能够尽快化解问题甚至逃避责任，不肯直视问题，总是采取消极应对的态度。其结果经常导致事态的进

一步恶化。

许多企业的发展历程一帆风顺，因此没有引进危机管理系统。这些企业在危机刚显露的时候，就在毫无防备的情况下被卷入了媒体报道的旋涡中，陷入了难以自保的被动境地。有时甚至被迫面临股东代表诉讼或刑事诉讼的困境，像这样的丑闻多发的原因之一就是公司内部没有公关专家。因此，现代社会对于站在第三方立场的外部的公关专家越来越给予关注。因为如果丑闻得不到妥善处理的话，那么不只是企业经营管理者辞职谢罪就能够解决问题的，企业会因此蒙受无法计算的损失。

此外，通常在突发事件爆发时，第一时间采取的行动往往左右着危机管理的成败。为了规避风险，企业应该在内部构筑危机管理系统，事先预测可能发生的问题，收集风险因素，沉着冷静地分析，这些都是避免危机或将危机最小化的必要工作。危机发生的时候，经营高层应采取强势管理。只有这样，面对后续的股价下跌、产品受抵制、员工对公司不信任等问题的时候，才能将其负面影响控制在最小限度。

对企业来说，拥有了基于企业战略的公关危机管理机制，就是拥有了在严酷社会市场竞争中生存下去的强大武器。

五、危机管理的具体对策及其要点

◆构筑良好印象的理想方式

不管什么档次级别的危机，我们都可以大致设想它发生时的紧迫场面，但却无法预测它将在何时、何地、以何种形式爆发。尽管如此，我们还是有必要准备好应对策略，时刻怀有“危机管理意识”。尽管如此，我们还是无法完全防止危机爆发的，但也正因为这样，在危机爆发的第一时间采取的对策就显得至关重要。

在发生产品事故的情况下，企业形象和品牌的信赖度往往会受到危害，但是如果企业因自己的努力使得企业品牌形象有一定的正面储蓄，并且针对危机采取了恰当的对策的话，那么就有可能把损失降到最低。

对媒体来说，已经确立了品牌形象的企业和著名企业的新闻价值比较高，更值得去炒作。当这类企业发生危机的时候，媒体容易站在批判的立场发表论调，经常会把一些和危机本质上无关的表面性问题，如“企业对危机的对策有多差”等问题，进行大肆报道。

不过，在面对危机时，如果企业确实已经尽了最大努力去解决问题、试图挽回局面，但批判论调的报道还持续不断的话，读者反而会觉得“报道过度”而对企业产生同情。这种情况有时候反而会让企业展现给民众一些好的印象，减少危机对企业的负面影响。甚至在事情过后，民众会对企业更加信赖。这就是所谓的“形象储存效应”。

只是，要使好形象起作用，是离不开实施恰当的对策的。无论企业形象原来多么优良、稳定，如果发生危机时没有准备对策，或者对策态度前后缺乏一致性、带有逃避责任的嫌疑的话，过去企业在民众心中积累的好印象就会大打折扣，“形象储存效应”也就很难起作用。如果在民众心目中的印象一再变差，事后要重新恢复企业形象必将困难重重。

想进行形象储存，企业就必须时刻考虑消费者的立场和利益，积极参与 CSR 活动和地方公益活动，明确表示出自己致力于环境保护的姿态等。在形象储存期间，企业需要长期的脚踏实地的努力。不过，如果欠缺危机管理意识的话，长期的努力也可能在短时间内功亏一篑。

下面介绍一个成功利用了“形象储存效应”的案例。在第五届日经 BP 咨询公司的品牌调查活动——“日本品牌 2005”中，索尼高居榜首。可是众所周知，作为当时公司的主营业务，索尼电子产品的经营长期萎靡不振，业绩一再下滑。再看这个调查的个别项目，索尼产品的使用率连续 3 年减少，排名从 2004 年的 26 位跌至 64 位，大幅下降。尽管如此，为何综合排名索尼仍旧是第一呢？

把这件事制作成特刊的《日经商业》杂志（2005 年 4 月 25 日和 2005 年 5 月 2 日号）刊登了题为《品牌价值可以储蓄——主营业务业绩不振的索尼高居榜首，品牌价值的常胜将军》的专题文章。这篇报道的题目正是对企业“形象储存效应”的肯定。

在“日本品牌 2014”中，索尼也在消费者市场（B to C）类企业中，被普通消费者评选为第 2 名，第 1 名是迪士尼乐园。第 3 名至第 10 名分别为：宫崎骏美术馆、亚马逊、优衣库、苹果、Youtube、乐天市场、Heattech 及麒麟啤酒。这正是“形象储存效应的佐证”。

◆应对紧急情况的要点

实施危机公关时必须注意的是，每当危机爆发，消费者等公众对企业的印象最主要是受媒体报道的影响。于是，企业在确立危机应对的联络机制的同时，也必须构建好和媒体互动的媒体发言人体制。

设置联络机制能在紧急情况下帮助企业正确、迅速地把握真实的事态，由此消除员工的不安情绪。而且企业只有掌握了确实的情况，才能尽早作出有效的决策。媒体发言人体制的确立，能尽可能快速地帮助企业把正确的信息传达给媒体。这样一来，企业就可以开诚布公地实施对策，这也就杜绝了媒体误报和谣言的发生。

联络机制不仅要起到收集信息的作用，也必须承担起传达指令的任务。指令的内容包括信息收集、对策实施。指令实际上也是组织内部上下相互沟通后所作出的符合实际情况的决策。比如，如果工厂发生火灾，企业就要负责组织周边居民进行避难。采取避难的对策，就必须有效地传达人员配置的指示，同时也需要把避难现场的情况顺畅地向指挥部门传达。在没有生命危险的情况下，派职员赶赴现场了解情况也是十分重要的。当然，如果事态严重到必须出动警察或消防当局的话，企业就要当机立断联络相关部门。

为了顺畅地落实这一系列措施，企业等组织在日常就要构筑和完善这个联络体制，以确保在突发事件时能够妥善地采取行动，同时还要让员工们都意识到这些努力的重要性。

◆迅速准确地应对媒体

在紧急事件发生时，作为企业，不仅要及时联络警察、消防当局，还很有必要主动联络媒体。如果延误了联络媒体的时间就可能会引起舆论对事件的负面猜测，况且媒体在了解实情之前总是倾向于持有批判的态度。媒体的信息收集能力比想象中更加迅速，这也很可能挖掘出企业不愿透露的情况。如果一开始企业方面就被动应对媒体，媒体会对企业抱有“企业是否隐瞒了不利于自己的事实？”“企业是否尚未意识到目前的紧急情况的严重性？”等种种猜疑。不能因为事件对企业有负面影响就设法隐瞒，必须尽早设置可以恰当地对媒体发布信息的机制。为了使媒体采集到的信息内容比较集中、一致，就要积极地举行记者招待会等活动，采取向媒体提供信息的主动进攻态势。此外，事发后针对媒体报道的分析、评价也要有意识地迅速做出反应（参照第七章第三节）。

一般来说，事发后到首次面对媒体的间隔时间在 30 分钟内决定胜败。航空行业的西北航空公司就设定了“不论在世界哪个角落，一旦发生情况必须在 7 分钟内做出反应”的机制。比如工厂突发火灾，公司总部作出决策并部署、联络相关救援当局，并详细了解火灾发生的经过和目前情况，视严重程度还要制定附近居民疏散避难策略，与此同时联络媒体的工作也必须同时并行，这一系列的工作必须在 30 分钟内完成。实际上，甚至有很多大企业的总部决策部门，是通过媒体的咨询电话才得知公司内发生了危机的。所以我们可以想象得出，想要在短时间内把应对危机的系统都准备好，是多么困难的一件事。

◆事故、事件发生后的对媒体报道内容的分析与评价

要想与媒体或其他的公众（目标对象）进行良好的双向性沟通，对报道内容进行评价和分析是必不可少的（参照本书辅论）。

我们接触到的所有关于经济、政治、社会、文化的信息，几乎都是来自于报纸、电视、杂志、网络等各种媒体。因此，对于这些信息的源头——媒体的报道内容进行评价和分析，也就可以分析出读者和观众（也就是普通消费者等公关对象）对于企业的负面消息（事故或事件）是如何评价的，从而可以更准确地应对核心公众（目标对象）。

◆态度诚恳的事后说明

不仅在危机发生的阶段，当事态得到控制，危机结束的时候，企业也应该对当事人、周边居民、公司交易对象、股东等各类相关方作出说明。企业即使没有直接危害到利害关系者，也要本着给对方带来了不安的态度作出解释说明。

落实这些声明的时候，企业最好能明确整个系统体制的负责人。负责人最好由事发时能够果断作出决策的企业经营管理者来担任。

通过贝里埃公司和强生公司的案例我们了解到，发生紧急情况时通过公关活动获取公众对企业的信赖能弥补企业形象的损失。其中经营者在事件过程中所体现出的社会责任感和行动时所采取的高姿态十分必要。

发生危机的时刻，也正是企业的信条、哲学可能被公众广泛认知的机会。不仅是企业经营者和公关经理，还包括企业的所有员工都应当理解这一点。顺便说一句，强生公司在面对危机、采取决策的过程中，没有开一次会议。正因为企业内部有良好的信息沟通机制，危机一发生，本着“重视消费者安全”的信条，不用讨论就能果断地作出恰当的决策。这个过程也就自然成了让社会记住强生公司企业哲学的一次良机。

◆必不可少的向员工的解释说明

发生了重大的事故或事件，不能让员工通过大众媒体才知道，公司应该赶在媒体之前通过内部信息渠道告诉员工事情的经过和现状，这点是非常重要的。

大多数员工在面对媒体报道时没有自己的立场，有时却会偶然地在亲朋好友面前成为公司的代言人。为此，公司针对所有员工都应构筑起一个紧急联络网，使信息能迅速顺畅地在员工间传达。

此外，企业高层肩负的危机管理的责任不仅包括危机发生时的决策，还要在事态得到控制后向全体员工作出令人信服的解释说明。

特别是在实施 M&A 的时候，对于被收购方的心里不安的员工们，不仅收购方的高管，被收购方的高管也应该细心地对他们予以关怀。

◆交流专家们的聘用

聘用有丰富的处理危局经验和知识的公关专家和危机管理专家，可以把危局对企业的打击减少到最低程度，所以聘用他们是必需的。

此外，如果从初期阶段就聘用公关专家的话，可以起到对危局防患于未然的效果。这些专家对企业等组织来说，是有助于在激烈的竞争社会中生存下来的强有力的武器。

◆发生危机时的媒体接触

至此，我们已经详述了“时刻怀有危机管理意识，为可能发生的紧急状况做好准备”这点对于企业的重要性。可是，即使这些工作都完成了，作为企业管理者，也还是不能松懈的。在此，笔者想再次重申，我们永远不会知道危机将在何时、何地、以何种方式发生。

因此，作为企业经营管理者，要经常不断地重新审视公司的危机对策和准备工作，考虑企业中是否存在有可能导致新的危机的因素，也有必要自省是否正执着于已经没有必要的危机对策。只有这样，才能持续保有危机管理意识。我们必须认识到，紧急事件的发生一时之间会给企业带来损失，但如果能应对得当，反而可能事后给企业带来积极的影响。

当紧急事件发生时，和媒体的沟通因事件、事故的规模、责任的性质而异，但基本上应向企业明确传达以下几个要点：

1. 事故的性质

2. 事故发生的日期、时间、场所

3. 牺牲人数

4. 受害、受伤人数

5. 受影响地域的详情

6. 对自然环境的影响

7. 打算如何面对顾客

8. 高层负责人的道歉或对协助恢复方面的感谢

9. 事故原因调查报告

10. 事故发生前的安全状况说明

此外，图 4–3 表明了召开记者招待会时的思路要点，以供参考。

和媒体的接触分为日常的媒体公关和危机公关，这些工作的事

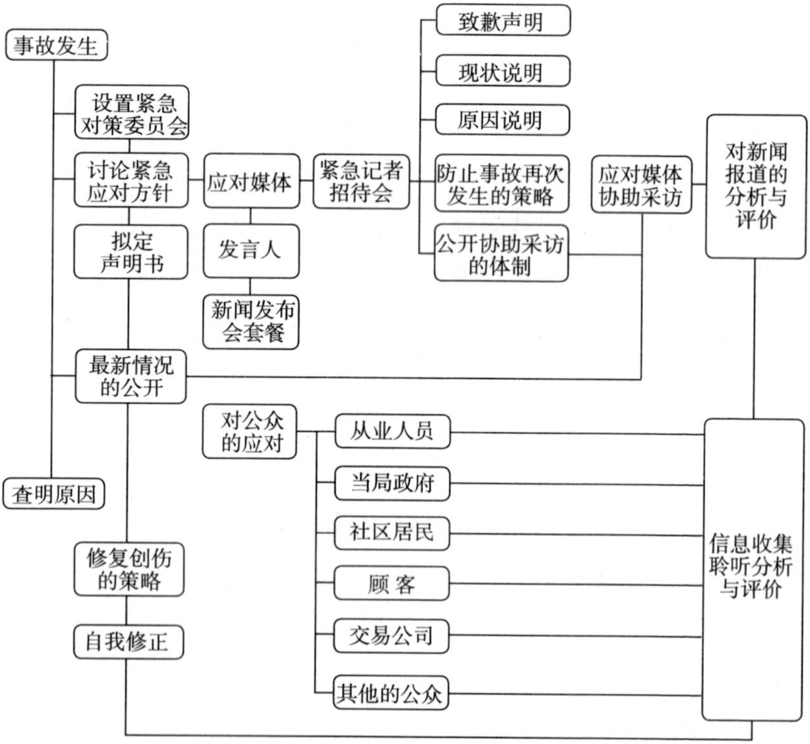

图 4–3　紧急记者招待会的方针

前准备和具体实施都可以借助专业公关公司来完成。作为第三方的公关专家，往往能捕捉到企业内被忽视的或者熟视无睹的问题，作出客观有效的建议及评价。

◆社交媒体的应对

如前所述，和报纸、杂志、电视等传统媒体相比，社交媒体的即时性高，信息会借助其急速扩散。所以，企业应该对社交媒体上有关自己公司的信息及时掌握，并迅速地做出应对。

因此，企业在进行危机管理工作时，对社交媒体的监控要比平时更加频繁和细致。必须要充分使用外部的口碑分析工具、社交媒体聆听服务等，以便及时地收集信息，并将信息与危机管理团队共享。

其次，企业还需要精心辨别社交媒体上的信息真伪，再综合分析报纸和电视等普通媒体的信息，确认哪些是事实，确认自己公司到底有怎样的过失和问题，然后危机管理团队再考虑对策。自己公司有问题和过失的话，要迅速地道歉并提供符合事实的信息，以展示企业的诚实和诚意，这点是非常重要的。如果自己公司的公众账号收到来自用户的大量的批判意见的话，一个一个回应是不可能的。这时候就要把公司的官方解释和符合事实的信息总结，并发表在自己公司的主页上，然后从公共账号引导用户到主页上阅读。在这种时候需要的应对方式是，一边与媒体互动、公布信息，一边在自己公司的公众账号上也对事实和事情的原委随时公布。

反过来，如果自己公司明显没有任何过失和问题的话，就要静观其变，有必要的话还可以提供能够反证的事实依据。如前所述，企业在应对社交媒体时也要做到准确、迅速、诚实这三点，这是不变的。

◆审视并改善企业风气

经营者如果想要切实推动企业内部革新的话，首先必须强化内部公关体制，最重要的是在企业内营造一个能够自由沟通的环境。不能让上下级的领导关系阻碍信息流通，要充分认识各个年代人之间想法和行为模式的不同，为此，如今的组织要有意识地促进年轻阶层的融入。

事故或事件发生时，企业中常常会出现事故现场负责人迟迟不肯向外界明确说清事实的情况，也容易出现经营管理者在媒体等面前被追问的被动局面。作为经营管理者，必须认识到这些行为将使问题扩大化，甚至有可能导致企业的崩溃，因此营造一个能够真实地报告公司内部失误的环境真的非常重要。经营管理者要秉持着“公司内部没有任何隐瞒信息”的精神，避免给员工留下“公司存在密室会议”的印象。

作为企业经营管理者，对任何事都应该坚持公开、公平、迅速的原则。这些原则是危机发生时企业经营层能否迅速地掌握实情，探明事发原因，并于公司内外相配合作出决策的关键。离开了这些原则，公司内部信息沟通将会受到阻碍，经营管理者从现场获得的报告可能会被歪曲，进而会基于错误的信息作出决策。而且，信息交流的不畅会使公司内部产生各种臆测，容易导致流言四起，造成真假信息混淆难辨的现象。为了避免类似混乱的发生，统一信息发布口径十分重要，前文中我们提到的东日本大地震后政府的公关对策就是一个很好的例子。公司要非常细心地对公司内外，特别是对媒体明确提供信息，避免混乱的发生。对于营造公开透明的公司内部环境来说，公司内部局域网的充分利用是十分有效的。

但是，我们还应该充分认识到，当发生紧急情况时，公司内部很难给管理高层提出有效的决策建议。在美国，公司发生重大事件时，很少有靠公司内部自己提出对策的，一般都会向外部公关专家进行咨询，由此创造一个冷静客观地接受建议的环境。况且日本企业中的公关、广报经理一般都是从公司内部晋升上来的，公关经验十分有限。

分秒必争的危机管理需要高度的专业经验。要在十分有限的时间里应付同时多发的各种难题，经验丰富的外部公关专家的建议是必需的。

经年累月酿成的企业风气不是一朝一夕能够改变的。20 世纪后半叶，日产公司招纳格恩先生（Garlos Ghosn）当社长的例子实在是企业面临生死存亡之时出现的特例。要改变企业风气，既需要企业高层的强烈意志，也需要企业外部人士有组织的协助。设立“企业文化改革委员会”是可以帮助企业获取各界经验丰富的有识之士客观建议的有效手段。委员会成员应由学者、司法界人士、记者、外部企业经营者等组成，人员配置需要做到均衡。包括如何确立公司内部权力结构、如何积极成立企业文化改革委员会等都应该通过媒体向外界进行公布，因为把企业为改革所做的努力对外公开也是很重要的。

公共关系是主体（企业、组织）与周围的各类利害关系者（公众）之间的关系管理活动，是以“伦理观”“双向性沟通”“自我修正”三要素为基础的。

如前所述，成功案例的背后一定可以看到“伦理观”“双向性沟通”“自我修正”三要素的存在。而从失败案例和最近频发的企业负面新闻中，我们则不难推测出，正是由于缺乏了这三个要素，才导致企业陷入危局的。

希望读者能够参考本书辅论中，笔者通过案例来对“自我修正模型”和危机管理的关系所进行的论述。

笔者今后计划通过进一步研究，解析将这三个要素统合在一起的“自我修正模型”、危机管理以及危局沟通之间的相互关系，提出新的“危机管理模型”。

第五章

战略公关的构筑与实践

一、企业公关的生命周期模型

◆ 以最短距离将我们引向成功的公共关系是什么

企业或组织想要有效地利用被称为第五大经营管理资源的公共关系的话，首要需要的是公关经理、公关负责人在深刻理解当今公关意义的基础上充分使用有效的公关手法。

公共关系的第一目标是“为了有效地管理与利害关系者的关系，从信息发送者设定的公关目标出发，将信息准确地传达给信息接收者（特定的公众即公关对象）。为了构筑双向沟通、相互信赖的关系，信息发布者要在遵循公共利益的前提下进行有意义的、和谐的社会活动并充分发挥自我修正的能力”。

在这一章里，我们会涉及企业公关在当今时代的意义，还将介绍有效地开展公关活动的各种具体手法。

◆ 自我修正型生命周期模型

图 5–1 就是自我修正型生命周期模型图。这是开展公关活动时非常必要的过程，也是制定各种公关战略的基础。这个公关生命周期是笔者所在的井之上公关公司及日本公关研究所为客户设计公关

咨询方案时使用的综合公关战略框架。对公关公司来说，客户不仅限于企业，也有国家（政府机关）、团体，甚至在极端情况下，还有可能是个人。公关活动的范围也包括国内和海外，此生命周期模型适用于各种情况。企业或组织如果要独立开展公关战略的话，当然同样适用。

在此，我们主要以企业公关为例来详细说明这个模型。

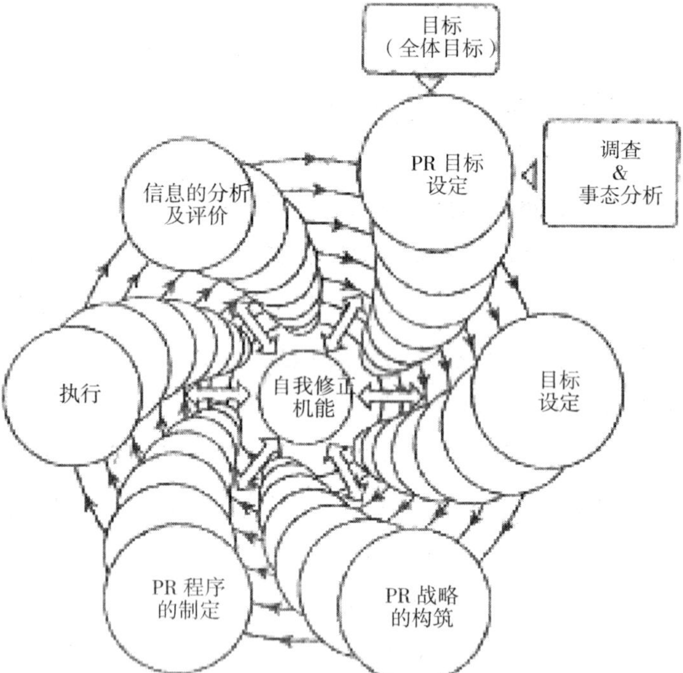

图 5-1　自我修正型生命周期模型

◆ PR 生命周期模型的概要

如图 5-1 所示，公关生命周期模型是不断循环的连续的活动，这个循环由自我修正机制推动，螺旋式地向更高层次延展。这个模型的出发点是：以企业事先设定的目标为基础的，以理解和掌握企业自身的现状或者客户企业（如果是公关公司的话）的现状为目的的“调查及状况分析”。按照收集的基础数据确立公关的目标（目的）及对象。为了使公关目的得到社会的支持，为了以最短距离达成目标，需要设定针对公关对象的最合适的信息传递通道。也就是说，要选定对公关对象（市场）有影响力的媒体以及有影响力的舆论引导者，然后再开始制定可以成功达成目标的公关战略。

在接下来的“制订公关项目计划”的过程，作为公关负责人，要制定符合战术水平的方案，同时还要注意计划的具体的实践可能性。接下来的“执行”，则是将前半部分渐渐组建起来的计划进行真正的运作，如果说至此为止的活动都是彩排的话，那么“执行”就是公关活动的上演。

接下来，可以把以上一系列活动做了一番总结的是“分析、评价活动的结果及所获得的信息”的过程。在这个过程中，要公正地评价和分析战略沟通活动给预先设定好的公关对象、行业界以及社会产生了什么效果和影响。通过对所发出的信息进行反馈，公关生命周期模型可以通过“自我修正功能”使公关活动的水平实现螺旋型上升。

下面，笔者就来一一具体说明周期中的各个步骤。

◆ 调查与状况分析

公关活动的出发原点是对该公司在国内外各种现状的理解与把握。特别是要设计战略公关项目时，必须收集到足够的数据才能进行分析。就这些数据来看，自己的公司和竞争关系的公司相比，哪些地方占优势、哪些地方居弱势，引起差别的原因是什么等等，以此明确自己公司在市场上的位置。注意在营销活动、沟通活动、媒体的报道中都能体现出积极或消极的方面。

在市场营销及企业战略立案中常常使用的有一种叫“SWOT分析”手法。这是从企业、组织的长处（Strength）、短处（Weakness）、机会（Opportunity）、威胁（Threat）的四个维度来对企业战略实施评价，也是势态分析最有效的手段。

在这个阶段，企业应对自身过高或过低的评价适当修正，看到各种情况的本质，并进行客观分析，乃至逐渐明晰公关对象，设定公关目标。

调查与状况分析的手法具体有访问调查、听取媒体意见、基准测试等。

①访问调查

访问调查的对象是企业的管理层、公关负责人、普通员工、主要交易伙伴等。访问调查可采取面谈等方式，提问点涉及企业理念、经营目标、在市场中的地位、企业的长处（Strength）、短处（Weakness）、机会（Opportunity）、威胁（Threat）、和竞争对手相比的优势与劣势等。另外，还要通过访问调查收集营销战略以及过去的交流沟通活动的相关数据等。

②听取媒体意见

听取媒体意见的调查活动通常会邀请企业所在行业的记者、编辑等 5~10 人参加。讨论要点是“媒体方面如何看待该企业”，“媒体关注该企业的什么方面”，“感觉到哪些地方体现了该企业的优越性”等。与此同时，这种活动还起到了加深媒体与公关负责人相互间了解的作用。听取媒体意见活动的目的是，发现信息发送者（企业）与信息接收者（媒体）两者对于企业（或者是客户企业）现状认识的差距。

③基准测试

基准测试是指基于客观事实，对企业现状及在市场上的地位做出静态理解的调查。第六章将介绍的CARMA（Computer Aided Research & Media Analysis: 用电脑来分析、评价新闻报道）就是一种基准测试。我们所获得的经济、政治、社会、文化等几乎所有信息都是从报纸、电视、杂志等媒体得来的。通过这些媒体，我们得以了解自己的国家乃至全世界的信息，并可以基于这些信息来做出判断、采取行动。不论你我是否愿意，我们都在受着媒体报道的影响。因此，在做报道分析调查的时候，最基本目的就是要通过分析报道的内容来评价出"媒体关于企业的报道对读者和观众（即作为目标对象的普通消费者）产生了多大的效果和影响"。

◆ **公关目标的设定**

通过调查与状况分析所获得的信息，加上经营管理目标、营销目标，就构成了"公关目标设定"的基础。

公关目标是指"站在中长期战略的角度，通过持续的交流活动才能达成的目标"。"年度销售额增长10%""新产品销售100万个"等目标只能算是经营或营销目标，全然不同于公关目标。企业公关是为了提升企业自身及其产品、服务在其顾客、行业乃至社会中的好感度而实施的综合性交际活动，当然，如果从结果来看，公关也必将会促进企业的经营、营销目标的达成。

公关目标中必须要传达出去的内容，除了"企业理念""经营管理目标"之外，还必须明确地强调出自身优势，以便和竞争对手区别开来，给公众留下鲜明的印象。

企业因身处的状况不同，设定的公关目标自然也不同。比如，新进入日本市场的外国企业的首要目标是在日本国内市场提高企业、产品和服务的知名度。计划公开上市的企业必须设定的公关目标则是在一直接触不多的投资人、分析师当中提升自己企业的知名度。

另外，又比如技术开发比较薄弱的企业会把焦点放在R&D（研发）上，这时候，设定目标的数目在3~5个为宜。如果目标定得太多，反而会失去重心，找不到重点。

◆ **公关对象的设定**

公关目标设定之后，就要进一步设定公关的对象。公关对象的设定就是要将“把什么（公关目标）针对公众中的谁（对象）进行沟通交流”这一问题进行完整的解答，回答了这一问题也就决定了“公关战略”接下来的方向。

笔者通常把设定的公关对象区分为两种：第一种是“商业对象”，第二种是“沟通渠道”。

①商业对象

商业对象往往是指实际购买企业所提供的产品、服务的顾客。从公关学的视角来定义就是“要把发送的信息准确传达到的最终对象”。如果公关活动的主体是国家或地方政府，则不合适称作“商业对象”，这个时候的公关对象，实际上就是指获得政府服务的国民、市民等。

如果为了使“商业对象”的概念更容易理解而想举例说明的话，那就首推顾客的例子了。顾客，不仅包括了现存的顾客，还包括了将来可能成为顾客的潜在目标对象。此外，流通环节的分销商、代理商等商业伙伴（还有出资企业、合作企业等）也可以作为顾客来看待。还有若要以获取金融、证券市场中资金流向为公关目标的话，投资人（投资机构、普通投资人）也就成了商业对象。

不过，对于没有计划公开上市的私人企业来说，投资人就没必要列入公关对象之列。直营销售的企业也不用把无关的流通分销商纳入公关对象。

总之，商业对象的设定因企业业态及公关目标而异。倘若设定了多个商业对象，就必须要考虑这些对象的优先顺序。

②沟通渠道

沟通渠道是指帮助信息提供者（各企业、团体、组织等）把信息向更广的范围有效传播的媒体、组织或个人。

这其中以媒体最为重要。比如，在发行量超过1000万份的《读卖新闻》（晨刊）上刊登有关企业的报道，即使不计算传阅率，企业的信息也能接触到全日本1000万人以上的读者。还有，NHK及日本5大民营电视台遍布全国的网络能在瞬间把重要的新闻传遍各地，况且视觉加听觉的影响力非常大。此外，互联网新媒体近年来也作为重要的沟通渠道急速成长着。

对于这些媒体报道的内容，社会的信赖度很高，很大程度上影响着舆论的导向。而且在日本，90%以上的媒体集中于东京，这就为开展高效率的媒体公关创造了条件，也是作为沟通渠道的媒体受到重视的原因。

此外，在制定公关战略时，一般情况下是先设定公关目标，再设定生命周期模型的目标，但这个顺序也不是固定不变的。通过调查与状况分析，如果目标对象很明确了，就按照对象设定公关目标。反过来，如果公关目标很明确的话，就按照公关目标的需要来选择对象。总之我们需要理解的是，公关目标的设定和对象的设定是密不可分的。

◆ **构筑公关战略**

公关目标和对象确定之后，终于到了构筑公关战略的阶段。通过构筑公关战略，解决了“把什么（公关目标）向谁（对象）用什么方式（战略）实施交流”这个问题，整个公关活动的框架也就搭成了。

公关战略策划是指“针对公关对象确定用什么方针实现设定的目标”。接下来，笔者将把这个过程细化为“公关项目计划的制订”和“实施方案”两个步骤来向读者说明。

◆ **公关项目计划的制订**

公关项目计划中包括了实现公关战略的具体战术，以及每个活动项目的具体计划。也就是说，战略的大方向确定后，根据战略的要求可以采取的战术千差万别。本书第三章第四节中提到的“公关专家必备的资质和能力”更是策划公关项目时所必需的条件。

制订公关项目的时候需要特别留意以下五点（见图 5-2）。

图 5-2 拟订公关方案的 5 个注意事项

①是具体可行的方案吗？
②方案的实施日程是确定可靠的吗？
③预算计划里没有勉强的地方吗？另外，成本性能如何？
④客户企业和 PR 公司的分工明确吗？
⑤客户企业和 PR 公司的沟通渠道明确建立了吗？

第一是要制定一个具体细致、现实可行的方案。否则即使做好了方案，到了要落实开展的时候仍旧不知道该怎么办。意思不明确的方案是没有意义的，无法实施的。

同时，即使明确了具体实施内容，如果设想得不现实，推行起来困难重重的话也不能奏效。必须时刻意识到既要具体详细又兼顾可行性才能做出高明的方案。

第二是公关项目实施的时间表。遵循了公关战略的公关项目计划一般是由多个项目计划集体构成的。为了达成最有效的公关效果，公关负责人应当将各个项目排出优先顺序，以优先度高的项目为基准调节其他项目的时间。

公关活动虽然常常是基于中长期经营管理计划而制订的，但实施的时间表以一年为单位来考虑比较合适。一年之内也许无法明确地看到公关活动实施的效果，不过企业活动的会计制度通常是以年为单位的，而且每年测定一次公关效果也是比较合适的频度。此外，以年为单位还和下面要讲的企业预算案有关。

第三是企业预算计划。首先决定企业公关整体的预算，然后以此为前提，把公关项目设计得能够最大限度地有效利用这个预算。

值得一提的是企业向公关公司购入咨询服务或把业务外包的情况。如第三章第六节“企业外包公关业务”中我们所提到的，企业与公关公司一般都签订关于费用的长期协议。长期协议的费用是以时间为单位来计算的，因此可以依据总预算额计算出公关活动可以持续的时间。公关公司接下某个业务后，就必须考虑在预算及限定的时间内，能够将服务的内容和质量完成到什么程度。

第四是客户公司和公关公司的分工（特指把公关活动外包的情况）。为了顺利实行公关项目，公关活动的每一个实施阶段的负责人必须要明确。在分工明确的基础上，客户公司和公关公司分别拥有的有价值的信息以及人脉都将成为促进公关活动成功的重要因素。并且，在公关项目计划制订阶段就决定好分工的话，可以防止计划遗漏、活动实施延迟等情况的发生。

第五是建立作为客户企业和公关公司之间的沟通系统。随着全球化的推进，公司总部在某个国家而分公司散布在海外的情况越来越多见。在这种情况下，实施公关项目时，为了避免客户企业和公关公司之间的沟通产生混乱，就很有必要明确双方的沟通负责人及其部门。如果是在日本国内，比如在东京和大阪设有两个总部的话，也必须规定由一个总部负责。近来电子邮件被广泛用于日常工作中，规定好的责任部门在发送邮件的时候，有时因内容的关系，会有 CC（Carbon Copy，抄送）的情况发生，抄送文件的发送对象也最好提前决定好，以防止发生混乱。

◆ **Implementation（实施）**

Implementation 就是把公关项目落实到实际行动中。比如要做媒体公关的话，就要开展“定期发布媒体通报”“就新闻价值较高的话题召开新闻发布会”“组织媒体采访团参观企业的新设施（新的研发中心、工厂等）”等各种与媒体互动的活动。

实施过程中有几个要点，第一是按照时间表步步推进，以及按照预算框架开展活动。

第二，如果实施后的效果和预计有出入，效果低于预期的话，必须立即分析原因，做出应对方案，以便达到预期效果。比如，企业召开了记者招待会，事后却没有获得预期的新闻报道，就应该立即安排个别采访，或选择特定媒体做专题采访等方法来弥补。

◆ **对活动结果数据的分析评价与自我修正机制**

在公关生命周期模型中，整个循环的最后阶段是“对活动结果数据进行分析、评价”。在公关活动中，企业和公关负责人应该公正地评价、分析已经付诸实施的公关活动所获得的结果，及其对公关对象、业界及社会产生了什么样的效果。这样才能实现更有效的公关。

关于对活动反馈的数据、信息的分析，我们将在下一章详细说明，在这里就先提一下其中的几个要点。

通过生命周期模型的循环过程中对反馈数据、信息的分析评价这一环节，我们既能看到公关活动的成果，也能检验各个步骤的进程。因此在循环周期中，此环节占有十分重要的地位。

测定公关活动的效果并分析后，我们将发现问题的所在。自我修正机能的发挥便是为了接下来能继续有效地开展公关活动而服务的，因此我们应该在公关生命周期的每个阶段都进行自我修正。正是这样的自我修正机制推动了 7 个组成部分构成的生命周期成螺旋式步步推进，向更高层次发展。

二、日美汽车贸易谈判的公关战略实例

上一节我们介绍了公关生命周期模型的概要。在这一节中，我们来一起看一个美国天纳克汽车公司委托笔者所在的公关公司（井之上公关）实施的“促使日本汽车修理零部件市场政策放宽的项目”的案例，通过具体解说，读者将更深刻领会自我修正型的公关生命周期模型。

这个案例包括了从 1994 年 3 月开始着手调查起，直至 1996 年 5 月为止的一系列公关项目。当时，日美汽车谈判破裂（1994 年 10 月）、美方把日方确立为《贸易法》301 条适用对象后，谈判就陷入了严重的僵局。使局面好转并促使谈判成功的是围绕在破裂前五个月之前笔者的公司完成的“天纳克报告”，以及展开的一系列相关的日美公关活动。

《朝日新闻》（1997 年 1 月 14 日）刊登了对在日美国工商会议所（ACCJ）从 1980 年至 1996 年主要的 45 件日美贸易协议的评价。美方点评认为成功案例有 13 件，部分成功的有 18 件，不成功的有 10 件。其中成功案例之一就是 1995 年 8 月《日美汽车及修理用零部件协议》的签订。

后来，这一系列公关项目入选了 1997 年国际公关协会的全球黄金大奖，在世界上 23 个国家 167 件案例中，凭借着媒体热衷于关注的日美经济问题，这一案例被誉为“创造了市场的开放和新商机”，并成为了亚太地区首个获得最优秀奖的案例（照片 2）。可以说这个案例真正证明了，战略性的公关活动能够帮助企业达成目标。

这个“政策放宽项目”是日本公关史上首例在世界舞台上获得大奖的光辉事例。也是统合了公共关系的各种要素的案例，可以说是介绍“自我修正型生命循环模型”的最合适的例子。

◆ 汽车修理用零部件的政策放宽项目背景

天纳克汽车日本分公司（TAJ）是美国的跨国企业天纳克汽车公司零件部门作为日本法人在 1973 年设立的。天纳克汽车公司拥有世界最大的减震器品牌 MONROE，在全世界 22 个国家开展此项业务，设立 TAJ 正是为了将产品出口日本，打入日本市场。

公司自设立以来，为了开发适合日本市场的产品，打开销售渠道，在美国总公司开设了技术研发中心，20 多年致力于市场的开拓，但在汽车修理零部件市场一直难有建树。究其市场占有率低迷的最主要原因，TAJ 认为根源于日本汽车修理零部件市场的排他性和封闭性。

1994 年，美国对日贸易赤字年度总额约 600 亿美元，其中汽车相关领域占六成。这不仅是天纳克公司一家的问题，所有美国企业都希望将此作为美日间的外交问题，尽早改善现状。1993 年 7 月，当时的宫泽首相和克林顿总统达成了一系列经济协议，在这个经济协议的框架中，汽车产品领域被放在了优先的位置。

在政府层面，美国商务部及日本贸易公平委员会都进行过有关市场排他性、封闭性的实态调查，但其调查的结果总是局限于宏观的情况，不可能细致地了解到与 TAJ 的生意密切相关的零部件问题。于是 TAJ 公司和笔者所在的井之上公关公司签订了公关咨询协议，要求井之上公关帮助其开展“日本汽车修理零部件市场的政策放宽及其后的贸易发展”的战略公关活动。由此井之上公关开始进行第一阶段的独立调查，并将调查结果归纳在后文中将要提到的《天纳克报告》中。

◆ 调查与状况分析

为了掌握日本汽车修理零部件市场的实际情况，井之上公关从 1994 年 3 月至 5 月，开展了为期三个月的调查。既然以实现日本汽车修理零部件市场的政策放宽为目的，这次调查采取了“假定市场排他性和封闭性确实存在，由此来检验假设是否成立”的形式。这些假设的对象包括规定车辆安全基准的道路运输车辆法（由当时的交通运输省制订）、关于载重税的问题（由当时大藏省制订）、日本汽车制造系列问题、汽车自造商推崇的“原厂纯正品”与进口产品相比之下的便利性、全国40万家以上的修理工厂的“维修的做法”、流通成本问题等。

“假设”阶段的工作使TAJ公司具体明确了“由于在媒体和政府公关方面缺乏说服力而导致法规及非关税贸易壁垒存在”的现实状况。井之上公关从图书馆资料中查阅了《道路运输车辆法和实施规则（运输省令第74号）》，并从全国公路运输局、汽车零部件行业、零售店、修理工厂、有识之士中选取了50个调查对象，通过面谈或电话交谈的方法对他们进行了调查。

在为期三个月的调查中，井之上公司所做的许多预想假设得到了现实的证实，调查人员甚至发现一些现实问题比预想的更严重。那就是运输省的法规和税制多管齐下，保护着国内汽车修理品市场，事实上创造了一个进口产品无法插足的“本土原厂纯正品神话”。

立足于调查的结果，1994年5月，井之上公关完成了《天纳克报告》。报告中有两点非常值得一提。

第一，报告提议“使汽车的分解维修和改装检查的法规放宽”。报告中指出：“应该把装上一个减震器这种轻微的改装排除在检查对象之外。同时改变改装后车辆的重量税以减轻消费者的经济负担。总体上改善在车检时因使用了进口产品而带来的麻烦。由此完善了进口汽车零件在日本扩大市场的条件。”

第二条提议是废止日本市场对“原厂纯正品”和“进口优良

品”的区别对待，并建议日本市场导入统一基准的“品质鉴定制度”，认证时对国产和进口产品一视同仁，这也有助于消除进口零件在车检时的不利地位。运输省和通产省协力打破原本保守的体制，扩大了对进口产品的采购。

1994 年 10 月，虽然日美汽车贸易谈判在零部件问题上难以相互妥协，最终谈判破裂，《美国贸易法》301 条最终被通过，但是，《天纳克报告》在这次谈判中促使美国政府认识到日本市场的不公正性，帮助美国政府做出了决断。

◆ 公关目标的设定

《天纳克报告》的调查，明确了阻碍进口产品进入日本国内汽修零部件市场的主要原因。这些新发现的事实是同年美国商务部所作的调查结果中难以发现的，事件的相关人士在看到报告时也十分惊讶地接受了这些事实。针对这些问题，政府要优先予以解决的课题是使政策放宽，《天纳克报告》这时正好派上用场。针对政策放宽后产生出来的新需求，企业要做好长期的战略的展望，做好应对计划，以两年为周期，制订好完成下一个目标的计划。

这里说的目标可以分为以下三个阶段：

①有效地利用《天纳克报告》实现政策放宽。

②以放宽后的政策为前提，开拓新的销售渠道。

③利用制度的变革启发消费者。

接下来就依照每一步的目标谋划战略。

◆ 设定对象

①商业对象

在“促使汽车修理用零部件市场政策放宽项目”的案例中，我们需要在政策放宽前后分别看待商业对象。政策放宽是一个政治主题，达成目标的关键在于日美两国政府机关。

政策放宽后的商业目标主要在日本汽车制造商，特别是那些手握采购新产品大权的职员、部门主管等管理人员。另外，还有汽车修理工厂、汽车产品的中间流通环节、汽车用品卖场以及汽车发烧友。

②沟通渠道

对上述商业对象，可以以普通报纸、经济产业类报纸、商业杂志等媒体为主，加上地方知名报纸、汽车或汽车零件专业期刊、英文报、通讯社等渠道，向他们传播信息。另一方面，为了从外部有效地向政府施加压力，以达到放宽政策的目的，在公关活动实施的过程中，也要同时向海外积极发送相关信息。为此，作为沟通渠道的日本外国特派员协会（FCCJ）中的加盟记者，特别是美国一些关键的媒体（《纽约时报》、《华盛顿邮报》、《商业周刊》、《新闻周刊》、《AP通信》等）都被纳入公关渠道的视野。

除了媒体之外，电视新闻评论员、自由撰稿记者、就日美经济问题常常出现在大众媒体的那些经济评论家、大学教授等都可以帮助扩大影响范围。

◆ 公关战略的构筑和项目计划的制定

公关战略和对象设定一样也分政策放宽前和放宽后分别构筑。政策放宽前最重要的是政府公关，媒体方面主要着眼于为放宽政策营造舆论氛围。政策放宽后的媒体公关是重中之重，其课题是如何通过媒体启发消费者从而创造出新的需求。要在政策放宽之前就尽早下手，瞄准时机建立销售渠道。在将以上所述都做好之后，就可以立下下述方案。

①分对象设定关键词

对政府机关和媒体设定为“放宽政策将在汽车修理市场创造新

的商机”，对消费者设定为“为了安全驾驶并维持乘坐的舒适感，已经跑了四五万公里的汽车就该换个减震器啦”这种启发式的语句。

②政策放宽前的公关活动应以政府公关为核心

政策放宽前的要点在于政府游说等政府公关活动。首先为了获取简述《天纳克报告》的机会，天纳克汽车公司负责对应华盛顿美国政府，TAJ 和井之上公关公司负责对应驻日美国大使馆，至此，天纳克汽车公司、TAJ 和井之上公关公司三方紧密配合的体制得到了确立。

至于媒体公关，在政策放宽前，公关项目负责人配合日美交涉的进展在恰当的时机召开记者招待会，公布《天纳克报告》。公关负责人还在记者招待会、新闻发布会等场合，要求天纳克汽车公司的高管出席，并安排与日本主要媒体一对一采访，设法促成关于政策放宽的专题报道。

③政策放宽后的公关活动应以媒体公关和启发消费者为核心

以政策放宽后的日本市场为题，当时的 TAJ 社长接受了媒体一对一的采访，公布了新政策下 TAJ 的营销战略、新的销售渠道以及想要传达给消费者的信息。同时这些内容也通过记者招待会等多种媒体渠道积极地传达给了外界。

在消费者启蒙活动方面，因日本与欧美顾客有所不同，做法也不同。欧美的顾客会自然而然地按自己的喜好更换或添加汽车零部件，而日本的顾客长期以来受政策法规限制，没有改动汽车零部件的习惯。因此，通过宣传“为了安全驾驶并维持乘坐的舒适度，跑了四五万公里的汽车就该换个减震器啦”等进行消费者启蒙，就变得极为重要了。

◆ 公关项目的调试

1994 年夏天，《天纳克报告》按计划由天纳克公司提交到了美国商务部的贸易部门及白宫。同时在日本，TAJ 公司把这份报告送呈给了当时的驻日美国大使、时任日本运输省及通产省大臣的桥本龙太郎。

同年 9 月末，日美汽车、汽车零件谈判破裂，克林顿总统立刻宣布了汽车修理零部件为《美国贸易法》第 301 条的适用对象。这样一来，预计日本汽车产业将蒙受 52 亿美元的损失，局面十分危急。这时，《天纳克报告》就成了争议中有力的资料。1995 年 6 月末美国贸易代表和桥本龙太郎大臣在瑞士日内瓦再次谈判，并最终达成了日本政策放宽的协议。

但另一方面，在媒体公关中，预定的实施计划被修改了。在召开记者招待会时原本预定发布《天纳克报告》，但由于此报告成了日美两国政府暗中交涉的有力依据，考虑到影响范围，就必须更改原定计划。同时也考虑到天纳克公司在日本的一些合作企业的想法，报道内容就没有被大肆公开。

1995 年 4 月，日元首次达到 1 美元兑 79 日元，谈判最终期被设定为 1995 年 6 月，当时日美争论达到白热化，万一破裂，美国将对日实施制裁（日本企业行业将蒙受相当于 52 亿美元的损失）。由于信息不对称，日美两国的媒体也充斥着对对方国家的批评指责。欧盟则认为日美两个经济超级大国之间的冲突将危及世界经济，因而呼吁双方冷静处理。

于是，在日本国内针对政府及产业界单方面的说辞，以及不太了解详情的媒体，负责此项目的井之上公关公司选择了可以引导舆论的全国性报纸、专业期刊、电视台，并分别向他们阐述了至今大家还不太了解的汽车售后修理市场的现状。谈判于同年 6 月末宣告结算。在日美谈判推进过程中，媒体及其制造的舆论产生了巨大的影响。

在汽车贸易谈判的破裂、日美关系恶化、美国对日元升值进一步施压等一系列的背景下，井之上公关敢于直面日本市场的不公正性并力图改善。这些问题已经超出了一个企业的范围，但最终天纳克公司比起本公司的利益更优先考虑了国际经济的安定，从而避免了最坏情况的发生。

此外，天纳克汽车公司还采取了一系列相关活动，比如 CEO 访日并举行记者招待会、公司公告产品降价、企业高管对 1995 年 6 月日美间达成的协议表示欢迎等，在媒体上增加了天纳克公司的曝光率。

只将汽车维修零部件作为制裁候选
美国公布使用法律第 301 条

'Friendly, heated fight' continues
ishimoto, Kantor search for compromise in car talks

丰田・日产的分销商在维修
美国市场的零部件时
使用天纳克的减震器

出处：从左边起——《读卖新闻》(1994 年 10 月 3 日)、*The Japan Times Jun.28, 1995.*《日本经济新闻》(1995 年 7 月 11 日)

图 5-3　日美各报纸对汽车零部件采购问题的报道

◆ 评价活动结果及自我修正机制

1995 年 8 月 23 日,《日美汽车及汽车零件贸易协议》由两国政府签署定案了。由此运输省解除了对包括减震器在内的四种零部件的改装限制令，同时修正了相关的道路运输法规，一系列法规在同年10月20日公布实施。

之前的6月29日，通产省为了促使进口产品进入汽车售后修理市场，向流通环节各部传达了“国产进口没有差别”的意思。运输省也同样地要求“不要差别对待进口产品，应该给消费者选择的机会”。在这里可以看到《天纳克报告》的提议实现了。

同年10月，天纳克汽车公司的经营高层再次来到日本，针对新销售渠道召开了新闻发布会。在发布会上，公司宣告“从现在开始，在全日本有6400家营业点的JOMO加油修理站中，消费者可以购买、换装天纳克公司的产品”。

1996年4月，TAJ在日本销售额增长了150%，第二年5月，天纳克和日本能源公司联合举办了经销店的开幕典礼，并召开了记者招待会。在JOMO展销店（位于东京都市田谷区）会场内外聚集了主要媒体的70多名记者，盛况非凡。由于此次庆典正值美国的克林顿总统访日时期，原本白宫答应让总统出席开幕典礼，很可惜最后没能实现。

在开拓销售渠道方面，除了日本能源系统的JOMO加油修理站外，丰田汽车的销售网点、汽车用品连锁大卖场Autobacs（当时全国的约380家店铺）等也在不断加入到天纳克的销售体系。

美国方面，1996年5月，在出访日本前，克林顿总统在白宫记者招待会时，点名赞赏道：“在为数不少的日美谈判中，尤其以这次天纳克的谈判最为成功。”获得这样巨大的成功，公关起到了重要的作用。在公关活动中，天纳克公司冷静地分析国际局势，使用自我修正机制，“把公益放在私利之前”，这是走向成功的最主要因素。

从 1994 年 5 月末《天纳克报告》完成后，日美两政府正式开始推动政策改变算起，仅仅用了一年 5 个月，日本运输省就迅速地放宽了政策。TAJ 和井之上公关公司凭借《天纳克报告》把一系列的公关战略紧密围绕政策放宽开展，在实践公关中更创造出了新的商机，因此可以说是一个十分有意义的案例。

图 5-2 "放宽管制方案"的概要和行业动向

主要 PR 程序	行业动向
1994 年 3 月 ~7 月 国内汽车维修零件市场的现状调查 1994 年 6 月 游说活动的开始 1994 年 7 月 向日美关系政府机关交付调查报告书《天纳克报告书》 1995 年 1 月 ~5 月 就《天纳克报告书》政府向国内各大重要媒体做了秘密的情况说明 1995 年 10 月 天纳克的 Snell 总经理访日并召开记者招待会 访问相关政府机关、团体，和汽车制造商进行恳谈 1996 年 5 月 天纳克和日本能量在 1 号店庆贺 JOMOGS 举行了联合记者招待会	1994 年 10 月 日美汽车谈判破裂 美国政府探讨美国通商贸易法第 301 条对汽车维修部件的适合与否 1995 年 4 月 日元创下 1 美元兑换 79 日元的纪录 1995 年 6 月 在日内瓦会谈上桥本通过大臣和 USTR 的 M.Kam 就汽车维修部件问题达成一致意见 1995 年 7 月 ~11 月 · 道路运输车辆法的修改 · 丰田、日产大量使用天纳克产品 · 日本能量在全国各供油点（JOMO）销售天纳克的产品 · 在大规模专卖店（Autobacs）销售 1996 年 9 月 美国总统克林顿访日前在白宫的记者招待会上介绍了天纳克的成绩 1996 年 9 月 以就日美统一意见而发表的年份协议为准，对进展进行评价

三、媒体公关中的发言人演习

媒体关系活动可以说是体现公共关系核心竞争力的领域。因此，在公共关系活动中，为了与媒体构筑高层次的信赖关系而进行的媒体演习，是极为重要的。

◆ 媒体演习的目的

媒体演习是指为了恰当地实施公关战略，提升企业在媒体采访现场应对技巧的活动。公关活动中媒体演习的目的是要实现恰到好处地应对媒体，给受众留下积极的印象，使负面影响最小化。

媒体应对并非是要巧妙地回避批评报道，也不是设法隐瞒负面新闻、防止媒体予以报告。在应对媒体时，恰恰要排除这种躲闪的应对方法。作为企业，无论是针对产品问题、公司的丑闻的负面报道，还是一般性的报道，都应本着“为公司整体利益着想”的原则进行公关活动。这里笔者要表达的意思与在第四章中所讲的危机管理是相通的。

对采访的应对大致分为三种情况。

第一是根据公关项目计划，企业方面积极地作为信息发布者召开记者招待会或举行一对一专访。第二种是根据媒体的关注点接受采访。第三种是企业牵涉到事故、突发事件等成为新闻对象而紧急地接受电话或当面采访。

其中，第三种情况的应对，请参照第四章所述的“企业组织的危机管理”进行应对，在此不再赘述。在这里，笔者将主要向大家介绍一对一采访以及事先的演习准备。

当然，在大多数情况下，媒体一般会先向企业提出采访申请，企业同意后才能进行采访。或者企业会根据自己的公关策略，主动邀请媒体进行采访。在这里要介绍的不是前者那样被动的情况，而是后者主动地设置采访的情况。这是笔者独创的模式。

笔者所创设的井之上公关公司的媒体演习项目由四个基本部分构成。第一部分是“应对媒体的基本法则”，主要是讲面对媒体时应有的心态。第二部分是“接受采访时的注意事项”，主要通过实践经验解说面对媒体时具体需要注意的地方。第三部分是“采访现场的注意事项”，主要涉及采访现场的一些建议、提醒。第四部分是“发言人的自查列表”，主要帮助被采访人进行全面的自我审查。

基于上述理念，笔者认为最好能启用有媒体经验的人来协助演习。假设的（或者已经预约好的）采访问题、采访场所、摄影器材都要尽量模拟真实情况。与此同时，应该把模拟采访的过程摄像，方便接受训练的发言人反复观看自省。

运用这些演习用的录像资料的好处在于，可以使接受采访的发言人看到并且客观地评价自己本来无意识的姿势、态度以及给人留下的印象等。比如，接受真实的电视采访后，当画面播放出来后自己一看，有时会觉得“糟糕！”而感到后悔。这种现象就可以通过录像演习来杜绝。同时，在演习时录像，也有利于被采访者在真实采访时更出色地发挥。

下面将介绍媒体演习的各个要点。

◆ 应对媒体的基本法则

在演习的第一部分——“应对媒体的基本法则”中，要求发言人应该采取的基本态度是“说出实情”，绝不能采取欺骗蒙混的态度。这不仅限于个别采访，对待媒体的基本态度都应如此。

一般欺骗行为分为“有意的欺骗”和“消极的欺骗”两种。前者指“把 A 故意说成 B”，后者指“知道有 A，却假装不知道”。不论哪一种都要引以为戒。因为欺骗迟早会被揭穿，我们必须意识到，当欺骗被揭穿时，将会遭到更严厉的批判。

但还有一种情况是“不小心把 A 表达成了 B 的意思”，这也是要注意防范的错误。虽说误会和欺骗本质不同，但如果一旦察觉，也必须尽早纠正。同时，事件发生后，企业向媒体报告的速度如果很慢，则事实上和“消极的欺骗”差不多。故意不公布事件，则会被看作是“有意的欺骗”。另外，在我们面对媒体时，一定要时刻意识到，“随口一说的话都会变成铅字被印刷出来”这一现实。

向媒体公布事件时可以采用直接回答问题的方式，而其中把最重要、最关键的信息首先说出来，也是积极公布信息应有的基本态度。

此外，“无可奉告”这个词令的使用方法也值得注意。原则上，笔者建议闭口不说任何话。一般有两种场合会说“无可奉告”：“你问我的问题我不知道答案”或者“我知道答案但不能说”。

前一种情况，回答“无可奉告”会被采访者怀疑“实际上你知道答案吧”“为什么不说呢”，从而留下负面的印象，最坏情况下，甚至还会引起采访者的不信任感。这种时候应该一开始就明确答复“我不知道”，在采访之后查出答案并电话联系采访者，或者请其他身份合适的人来补充回答。

后一种情况回答“无可奉告”本质上没有太大问题，但不如说“我知道答案，但现在还不是合适公开的时间”，然后解释现在不能说的原因，或者明确给出可以回答的时间，这样的回答比较容易被媒体接受。

再者，回答媒体问题时注意“专业用语的使用方法”“避免、排除对方的主观推测”等，也是发言人的基本态度。

◆ 接受采访时的注意事项

这是演习项目的第二部分，主要针对单独采访的情况。在这一部分，被采访者要注意的问题大致可以分为“注意采访者的提问”和“加深留给采访者的印象的方法”两大类。

①注意采访者的提问

采访者的提问除了用来确认事件的真实情况，有不少是为了对某个专题进行组稿。这时，发言人如果没有特别注意去回答的话，想要传达的事实就可能会被忽略。比如一些“二选一式的问题”或“带有前提假设的提问”。

“二选一式的问题”就是让发言人选择是A还是B选择被限定，而且采访者期待发言人做出简单的回答。但事实上，有时往往回答并不必限于这两种，发言人如果想要回答的既非A也非B的话，不如直接回答“是C”。

“带有前提假设的提问”是采访者假设一些虚构的情况作为前提，进行发问。由于这时发言人的思维容易被假设所干扰，因此可以对此类问题说“我不对假设做回答”。如果一定要回答的时候，应该首先申明那是假设，不是实情，然后再做回答。

此外，在回答具有恶意的问题或者设有圈套的问题时，发言人要“不加主观推测地只按照事实”来回答，或者明确回答说“我不是那个意思，我要说的是……”等等。

②加深留给采访者的印象的方法

发言人代表着企业的形象和立场。因此，如果发言人的一些表情、小动作给采访者留下不良印象的话，不仅他个人，企业形象也会跟着受损。

发言人必须时刻有这样的责任意识。比如“清楚明确地回应”、“看着对方的眼睛说话”“积极配合提问”等态度都会带来好印象。反之，如果“手里拿着文具把玩”“目光游移”等则会给对方留下坏印象。此外，“闭着眼睛”“看天花板”等小动作表示了对采访者的不屑一顾，是绝对禁止的。作为发言人，对记者的否定性提问，也尽量要用肯定形式回答。比如说，杯子里有半杯水的情况下，说“只有一半”就不合适，说“还有一半”就很合适。

◆ 实施时的注意事项

演习的第三部分是“采访现场的注意事项”。接下来笔者将根据“事前准备、确认的事项”“采访中的注意事项”“采访后的注意事项”三个阶段分别给予发言人建议。

①事前准备、确认的事项

发言人事先要确认好采访的各项要素，并且在一定程度上了解采访的流程、气氛。所谓采访的各项要素包括采访记者的姓名、采访目的、提问点、刊发日期等。然后，发言人事先需要把特别想传达的意思在脑海中理顺，以免回答问题时表现得不自然、或者给对方造成“答非所问、死记硬背”的错觉。

然后，为了使采访过程更顺畅，发言人需要站在记者的视角，预先准备好多份采访可能会需要的资料。发言人对采访的自由应对，是正式采访、被采访双方的双向沟通交流的一个具体表现。

②采访中的注意事项

为了给记者留下好印象，营造友好的访谈气氛，发言人要在理解前述的各种注意要点的基础上，将其运用到实践中去。同时，要注意“认真听取提问（做笔记）”、“不避讳地提问”、“难以立刻回答的时候停顿几秒钟（不要用冗长的词令蒙混过去）”“敏捷地思维，不紧不慢地说话”“所说的内容尽可能简单些（说得太复杂可能会被错误地报道）”等。

③采访后的注意事项

采访后最重要的注意点是，发言人不能要求在发刊之前对报道的内容进行确认。此时报道的标题、内容、视角、切入口等的决定权都在媒体手里，企业一般很难控制。如果提出这样的要求很可能会适得其反。

但是，报道发出后，如果出现了重大内容错误，还是有必要向媒体提出订正要求的。只是，这样做不能保证订正会被登出，反而可能导致和媒体关系的恶化。如果报道大致没有问题的话，作为企业来说，对于小错误还是睁一只眼闭一只眼的好。

◆ **自查列表**

第四部分是为发言人设定“自查列表”。采访前，需要把数十项要点简化成列表形式，便于发言人从各个角度把握情况。举例来说：

- 把信息传达正确了吗？
- 事实说出来了吗？
- 是否给对方留下了强烈的正面的印象？等

并且，如果发言人在接受采访之后，无法对“把信息传达正确了吗？”这一条明确回答是与否的话，就说明“还没有明确设定要传达的信息就接受了采访”，这一点是非常需要反省的。如果回答是否定的，那么发言人就需要针对“哪部分信息没有传达到？”“原因何在？”“为什么没有达成传达的目的？”等问题进行反省，在下一次采访活动中加以改进，更好地表现。

自查列表应是简洁且目的明确的。媒体的采访不会只有一次，发言人每一次水平的提高都会促进下一次采访更好地进行，这种反复演练将使发言人养成自然而然地运用公关技巧的意识与习惯。

◆ 非语言性的交流的重要性

美国的心理学家梅拉宾在著作 *Silent Messages*《无声的信息》中，对非语言性交流——“语言”以外的要素，即声音的高低和大小、肢体语言、外表的印象等——的重要性进行了说明。

为了探究“传达好意和反感等感情的交流”，梅拉宾通过实验测试了“当语言信息和视觉信息相矛盾的时候，哪种信息更会被交流对象所重视”。其实验结果如下：

·“语言信息：表达的信息内容”占 7%

·“听觉信息：声音的高低和语气”占 38%

·“视觉信息：肢体语言和外表”占 55%

在举行记者招待会的时候，语言信息当然最为重要，但是上述实验的结果却告诉我们，除了语言之外，我们还要同时注意自己发出的视觉信息和听觉信息。高层管理者给人留下的印象往往会和企业形象重合，因此作为企业高层，上述问题要格外予以注意。

◆ 为发言人准备的自查列表

下列问题，作为发言人，你都能予以正确的回答吗？

□正确传达了重要的信息吗？

□将事实说出来了吗？

□保持着平常心吗？

□预测到可能遭到的批评指责了吗？

□有故意岔开话题吗？

□是否给对方留下了强烈的正面的印象？

□对提问是否仔细听了？

□是否较好地应付了有敌意的或者不相干的问题?

□能否获得对方信赖?

□是否避免了争论?

□技术性的信息是否解释得明白易懂?

□穿着和措辞没有给对方造成不愉快吧?

□对事情的描述和演说做得好吗?(特别是高层管理者)

四、了解自己，开展全球化战略活动

人类步入21世纪已经十多年了。20世纪发生了两次波及多个国家的世界大战，是一个牺牲了无数人的生命，不会被历史忘记的世纪。

21世纪的国家间纷争虽然已经变得局域化了，但是由于宗教和文化的差异，特别是由贫富差距引起的民族间的冲突仍然威胁着整个世界的和平。

这些混乱可以说都是由于国家与民族之间互相的不信任造成的。互相不信任的情况一般都是因为没有相互分享信息，缺乏相互理解而引发的。在当今IT和互联网的时代中，我们人类为了不再重复历史错误，必须要对称地、平等地分享信息。

在欧洲几千年的历史长河中，欧盟(EU，27国加盟)的出现首次把20多个国家从政治和经济方面统合。从这点，我们也可以看到信息共享化起到的巨大作用。

IT与互联网的发展使得全球化的步伐进一步加快，现在正是重新认识日本在国际上的位置，考虑日本可以对国际社会做出什么样的贡献的时候。笔者想就这个课题，从公关的角度来阐述一下自己的观点，希望能为日本在今后发展的道路上指明方向。

（一）通过 SWOT 解析日本

1968 年，日本的 GDP（国内生产总值）超过当时的西德，成为仅次于美国的世界第二经济大国。在时隔 43 年的 2010 年，日本又把世界第二的交椅拱手让给了中国。中国不仅是成为 GDP 的世界第二，还如同当时处在高度成长期的日本一样，作为一个拥有巨大经济实力的新兴国家，在世界上的政治经济影响力与发言权都在不断扩大。

世界的政治和经济局势已经从美苏争霸的两极化格局，转变为由中国、俄罗斯、印度等经济高速发展的亚洲新兴国家参与其中的多元化格局。

如果俯瞰目前的国际局势，我们可以发现，不管是在信息共享化方面，还是从日本在国内外的表现来看，社会对公共关系的需求正在变得愈发强烈。不管是多么优秀的技术，如果不为人知的话，是无法广泛服务于社会的。通过把日本的尖端技术（比如说关于人类生存的共同问题——地球环境问题等方面的技术）传达给世界，就可以让日本承担起领导世界的角色。

在本章第一节，我们曾经提到过，制定市场营销战略时经常会使用"SWOT 分析"的手法。这是从 4 个方面——企业等组织的长处（Strength）、短处（Weakness）、机会（Opportunity）、威胁（Threat）来评价企业，并对企业经营战略执行现状进行分析的有效手法。

如图 5–5 所示，笔者通过 SWOT 手法对日本这个国家进行了分析。从此图表中，我们应该可以解读出日本的特征，并且还可以分析出日本应该如何做，才能恢复自己在国际社会中原本应有的信任度。

图 5–5 对日本国力的 SWOT 分析

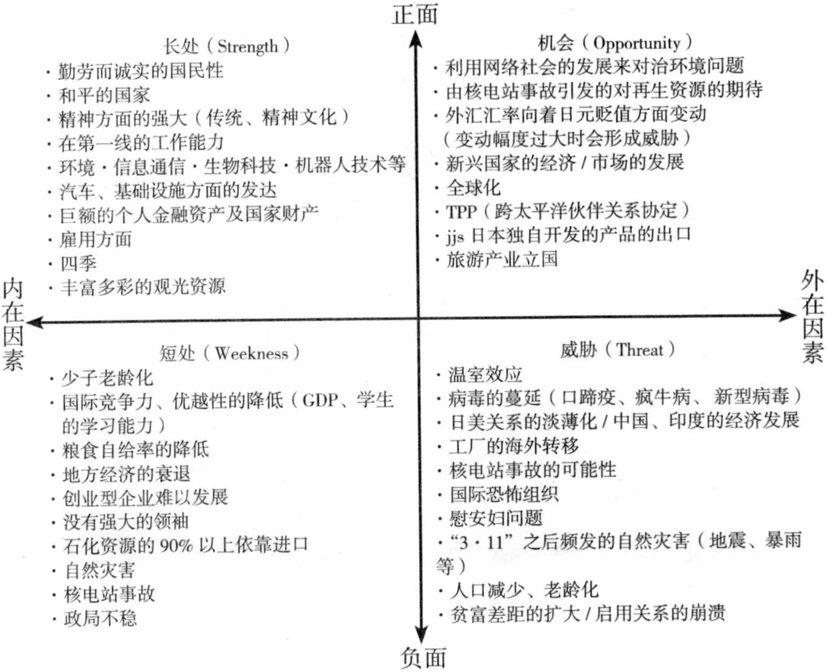

（二）将"日本模型"推广至世界

在前面的 SWOT 分析中也讲到了，笔者认为，日本至今在经济、政治、社会领域所经历的，包括东日本大地震在内的各种经历，在他国的眼里无论是好是坏，都是与他国的经历有共通之处的。所以，为了给他国提供建立国家建设的参考标准，笔者定义了一个"日本模型"。

据原东京大学校长小宫山宏称，曾经是世界第一原油出口国的美国，现在 60% 以上的原油都靠进口【虽然近年来的页岩气（石

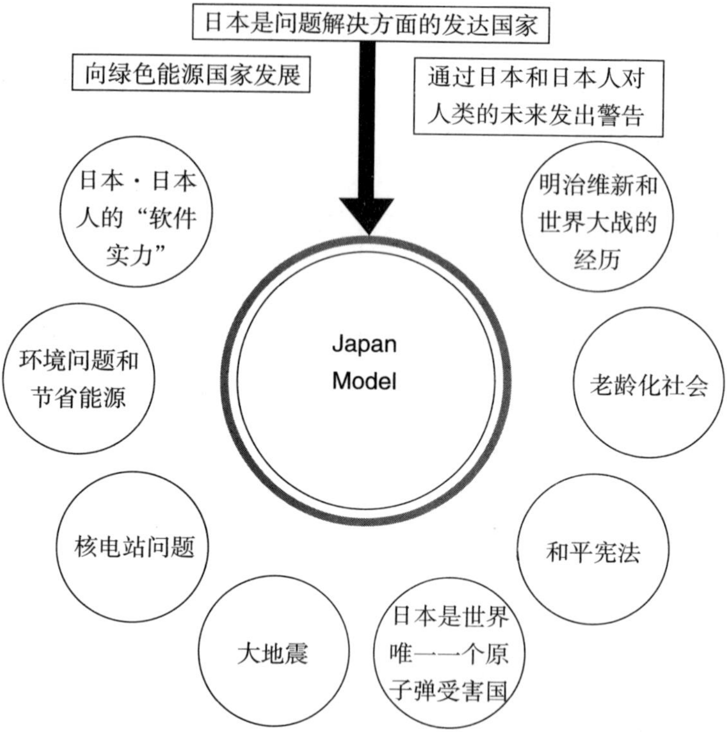

构成 Japan Model 的关键要素

图 5–6　作为构筑日本模型基础的理念及其背景

油、天然气）革命给世界的能源市场带来了新的局面】。

现在的中国和印度也和曾经的日本一样，经济高度增长的背后隐藏着大气污染和水污染等严重的公害问题。不仅仅是美国，很多的发达国家都步了日本的后尘。所以小宫山说，日本是“问题发达国家”，问题发达国家有义务提出问题的解决方案。再进一步说，如同谚语“需求是发明之母”一样，课题也是机会。所以小宫山宏主张说，日本应该把自己的国家战略定位为“成为‘问题解决的发达国家'"。这个想法，也是笔者提倡的"日本模型"的基础（图 5–6）。

日本是世界唯一的原子弹受害国。正因为世界共同承担了广岛和长崎的悲剧，所以从二战后直到今天，世界上再也没有发生过核战争。日本发生的福岛第一核电站事故和切尔诺贝利事故不同，日本在事故后所面临的挑战是，4 个核电机在地震和海啸之后变得失控，要如何安全地处理完这 4 个核电机。这是人类未曾经历过的挑战。日本需要把包含了"无法与他国共同领悟的要素"的日本模型传播出去。

日本在经过了 220 年的闭关锁国之后，吸收西方文明，开放了国家门户，并为了赶超西方列强进行了很多大胆的改革。这些改革有的因做得太过火而失败，但日本从未在改革的道路上退缩过。然而，因为盲目模仿欧美帝国主义的国家模型，结果造成了日本在二战中危害周围邻国的不幸结果。通过悲惨的战争，日本人明白了靠武力是解决不了问题的。我们不能忘记，日本是唯一一个讴歌"放弃战争，保持着'和平宪法'的国家"。

面对国难，日本发挥了怎样的惊人实力，我们看看二战后日本的繁荣就会明白。为了提高经济效率，达到经济目标，日本大力发展了科学技术，核能力也是其中之一。作为 100% 的原油依靠进口的日本，在经历了 20 世纪 70 年代的二次石油危机之后，终于痛下决心积极发展核电站，随之 54 个核电站在日本各地建成。在东日本大地震前，日本总能源的 30% 依靠的是核电站。在 CO_2 问题严峻，世界各国都在探讨建设核电站的时候，东日本大地震发生了。核电站基础设施出口国的领导亲自担当基础设施出口的销售前锋。日本也不例外。现在全世界共有核电站 426 个，据日本核力产业协会（2014 年 4 月 9 日）称，正在建设的有 81 个，正在计划的有 100 个，仿佛失控般地在增加。

东日本大地震和海啸的二次灾害——核电站事故就在这种环境中发生了。为什么在日本发生了这种大的事故呢？如前所述，日本是世界唯一一个受原子弹危害的国家。作为不持有核武的，一直都把核力和平使用的国家，为什么会遇到这次的悲惨事故？笔者在考虑这个问题的时候，很强烈地感受到，有一种看不见的力量在通过日本和日本人来向人类的未来发出着警告。笔者所思考的日本模型也正是这种想法的体现。

福岛核电站事故要求人类对这个重大问题给出解决方案。这个解决方案就是促进“脱离核电，脱离 CO_2（脱离石油）”两方面都尽快取得成功。因此，我们必须把代替能源的开发作为紧急课题，集合人类所有的智慧，倾注心血于太阳光、太阳热、风力、生物能源、氢等可再生资源的开发。笔者认为，要把东日本大地震作为促进日本成为能源发达国家的契机，这是日本对于这次灾害中失去生命的人们和受灾的人们，以及整个人类应该承担的责任。

笔者所提倡的日本模型的构成要素，不仅包括“3·11”大地震的经历，还包括了日本作为核武受害国、和平国家、超级老龄化国家、环境节能发达国家等的经验。这些经验综合起来后就为其他国家指明了通往“软实力”大国的道路。

日本现在正在准备迈入人类未曾经历过的未知领域。我们在面对着各种问题的同时，有义务把这个美好的地球留给子孙后代。笔者认为，作为“课题发达国家”的日本，在一个一个地解决自己所面临的问题的同时，应该把自己解决问题的过程展示给世界。

第六章

企业公关活动的评价与测定

一、公关活动的评价与测定的必要性和课题

◆ PR 的评价与测定的重要地位不可忽略

为了有效实施公关策略，并使成果最大化，我们在第五章里讲到了，只有遵循公关的生命周期模型才能积极有效地开展公关活动。

在这个模型中占据重要位置的正是“对活动的结果及所获得的信息进行的分析和评价”以及“自我修正机制”。不过说实话，在实际工作中，这一环节往往很难实行。

比日本更早地确立了公关体系的欧美国家认为，实施战略公关管理中不可或缺的一环就是“公关活动的评价与测定”。而这一点在公关专业人员的论坛、会议等场合正式成为中心议题，则是近十几年的事。

因此，本章首先汇总日本及海外为至今讨论过的公关评价测定问题，然后在向各位读者介绍实际运用中的各种评价方法，最后将详细说明当下主流的分析评价手法——“报道内容分析法”。

◆ 公关活动评价测定的障碍与克服策略

公认的最阻碍公关从业人员对公关活动进行评价的要素，是

“缺乏预算、没有时间”。但实际上仅仅是这样吗？2011 年，一般财团法人经济广报中心对日本企业公关负责人进行了一项调查，调查的内容是：“公关部门日常的担忧是什么？”其中排在第一位的回答是“公关活动的效果很难测定”。在 2009 年此中心的调查中，这个回答也排在第一（表 6–1）。由于公关活动的综合评价、测定方法还没有被明确，所以效果测定既是一个公关界老生常谈的课题，也是一个亟待解决的新课题。

图 6–1　公关部门的日常烦恼

1. 公关活动的效果很难测量	67.9%
2. 公关人员的人数少	32.9%
3. 公关活动的预算少	31.6%
4. 危机管理	30.3%
5. 普通员工对公关的理解不够	29.5%
6. 应对社交媒体	26.9%
7. 应对大众传媒	24.8%
8. 公司内部的沟通	22.6%
9. 其他部门的干部、经理对公关的理解不够	21.8%
10. 公关部门应对的范围太大	17.1%
11. 企业内的理论和社会的常识之间有鸿沟	15.0%
12. 人们总是期望立即看到成果	9.8%
13. 公关部门被给予的权力不够大	9.4%
14. 高层管理者们对公关的理解不够	6.0%
15. 其他	4.3%

出处：《第 11 次关于企业的公关活动意识现状的调查报告》（2011 年）

那么，公关活动的评价测定究竟面临什么样的障碍，又该如何去克服呢？

第一个障碍是“对测定的恐惧”，这是公关专家不愿意去评价的公关活动的结果。确实，公关活动的结果会给公关专家带来心理压力，但是测评公关活动结果的目的不是“回顾过去的活动”，而是为了在接下来的“战略的计划方案”中将其作用发挥出来，从而使“自我修正机制”正常运转，最终实现理想的双向沟通的效果。

因此，作为公关专家，应该换一个角度去看待这个问题，抛弃顾虑，坦诚地对待现实结果。

第二个障碍是没有设定明确的、可以测定的公关目标。如果事前没有设定正确的目标，那么就很难防止出现这种“公关活动效果难以测定”的情况。

举个例子，如果事前我们将目标设定为“作为一个良好的企业公民，提高地方社会对企业的认知度”的话，那么，

· 现在对企业的认知到了什么程度？

· 对企业的好感程度有多少？

· 地域社会的范围是指从哪里到哪里？

· 有特别指定的公关对象吗？还是地区内所有居民？

· 以什么为指标来测定变化呢？

等要素如果没有被事先明确地提出来的话，就是公关活动产生了效果也很难对其程度进行测量和判断。

此外，为了设定一个合适的公关目标，并进行合理的公关活动结果的评价和测定，公关专家必须要具备关于交流沟通理论的知识和理解能力。

让我们一起来看个例子。首先，请设想一下，对于一个对某件事情持极其顽固的反对（或赞成）意见的人，用公关活动使他们的看法做个 180 度的转变是否可能？

根据 Hedging and Wedging 理论，即使能够使这些顽固意见持有者的想法回到比较中立的地方，也不太可能使他们改变为相反的立场。如果公关专家没有这个常识的话，想当然地设定了要反转这些意见的目标，就会使对结果的测定失去意义。

因此，即使有充足的时间和预算，如果公关目标设定得比较模糊，也很难做出具体的评价。另外，有些数字目标，如果设定的时候欠考虑，其结果会令人失望。总之，为了对战略的方案有效地做出评价，最初设定目标的环节十分关键。

二、企业公关活动的评价方法

◆ 问卷调查中测定成果的指标

经济广报中心自 1980 年以来，每 3 年一次对日本企业的公关负责人实施着“企业的公关活动实态调查”。在第 11 次调查（调查期间为 2011 年 11–12 月）里关于公关活动评价问题的回答中，回答“我们公司的公关活动是设定了一些目标的”占 46.6%（总共 234 个企业，多选式）。在关于“测定成果的指标”的答案中，排在前 5 名的分别是:“在报纸上报道的文字数、行数、频率”（47.4%）、“将报道进行积极 / 消极 / 中立分类并测定”（30.3%）、“大众媒体对企业做的排名”（23.5%）、“各家大众媒体的关注度、要求采访次数的增减”（23.1%），以及“公司定期自行实施的企业形象调查的结果”（15.0%）（见图 6–2）。

图 6–2　公关活动成果的测定指标

1. 被报纸等报道的字数、行数、频率	47.4%
2. 将报道分类为“正面”“负面”“中立”等进行测定	30.3%
3. 各家媒体所进行的企业排行榜调查的结果	23.5%
4. 各家媒体的关注度	23.1%
5. 公司定期自行举办的企业形象调查的结果	15.0%
6. 股价的动向	9.8%
7. 其他公司或团体举办的公关、广告、宣传方面的表彰活动	6.8%
8. 人才的应聘情况以及公司在毕业求职学生中的人气排行	5.1%
9. 其他	5.1%
10. 没有特别使用什么指标	22.2%

出处:《第 11 次关于企业的公关活动意识现状的调查报告》(2011 年)

我们可以看到，许多企业对“根据媒体报道的次数、篇幅而进行的测定”十分看重。作为对公关活动成果的体现，这个指标确实是很有效的。不过，如果以“战略公关活动的计划方案”为前提来看的话，其实很难判断这些指标的重要性。

◆ **各种评价方法及其特征**

接下来，我们一起来看几种常用的公关活动评价测定方法。如果理解了下述方法各自的特征，就能根据不同情况对其进行灵活的组合运用。

① 二手数据

基于媒体、调查机构公布的企业排行榜进行企业自我评价。这些调查数据容易获得，调查结果归纳完整，要点明晰，使用起来很方便。只是这些调查并非由企业自己所设计，因此在使用时必须注意排名数据的统计方法是否合理、有效。

② 自行调查

指自己的公司自行独立企划实施的市场调查、顾客满意度调查、读者调查、媒体记者调查等。这样的调查针对企业口碑评价十分有效，但需要花费时间和财力成本。最近，随着互联网的普及，基于互联网的较低成本的调查实施也成为了可能。

③ 个案分析

以其他公司的典型案例为参考，制定自己公司战略的方法。这种方法在危机管理过程中很能发挥作用。收集媒体上报道的其他公司正反两面事例作为参考，非常有助于事前调整自己公司面临危机时的对策。

④ 媒体监测

把与自己公司相关的各种媒体上的报道文字、影像资料收集起来，想必这种事几乎所有公司都在做吧。可是如果不做任何加工，只是机械地记录数量的话，不但无法分别正面、负面的报道，不同媒体的不同影响力也会被忽略。此外，在做媒体监测时，也要甄别报道内容是否包含了企业想要传达的信息。媒体监测工作的关键在于对报道一一确认、一一评价，且不可一概而论。

⑤ 广告费用换算

这是一种将关于自己公司的报道文章篇幅、电视广播的播放时长、网络上的曝光度等换算成广告费来评价的方法。但由于报道内容不受自己的公司控制，所以不同于广告，报道中既有正面的，也有负面的、错误的，其中还会夹杂着与其他竞争企业作比较的内容（最近还出现了比较广告）。

如图 6-2 所示，根据“在报纸上报道的文字数、行数、频率”来测定公关效果的企业还是比较多的，但是考虑到公关和广告在特性上的区别，用广告费用换算法来评价公关效果的方法还是很有局限性的。

⑥报道内容分析

比起单纯地收集媒体报道，现在国际公关界运用最广泛的评价方法是“报道内容分析”。特别在欧洲，还有许多家社会调查公司专门提供优化的媒体报道内容分析服务。他们所提供的服务比企业独自调查成本更低，速度更快。虽然报道内容分析法不能涵盖所有公关活动，但实际上公关活动主要以媒体为中心，而且媒体对大众的想法和行动都有着巨大的影响力，因此报道内容分析在各种评价方法中占据着核心位置。

如图 6–3 所示，在公关活动的各种对象中，“媒体报道相关人士”（84.6%）占最多数，其受重视程度可见一斑。

不仅从报道的数量来评价，通过对报道内容的分析，判断是否做到了针对特定目标传达有质量的信息，正是对公关计划有效的评价方法。

图 6–3　受重视的公关活动对象

媒体报道相关人士	84.6%
员工、集团公司员工	44.4%
股东、投资者	42.7%
交易方、顾客	40.0%
一般消费者	27.8%
社区居民、社区社会	22.2%
证券分析师	12.8%
其他	8.1%

出处:《第 11 次关于企业的公关活动意识现状的调查报告》（2011 年）

三、最有威力的报道内容分析法（CARMA）

大多数人虽然没有亲眼见过日本首相安倍晋三或美国总统奥巴马，但他们的外形气质、性格、行为模式却被一般大众所了解，这就是日常生活中媒体影响力的体现。也就是说，通过对媒体报道内容的分析，可以探知报道内容给受众带来了什么样的印象。由此，发展出了运用电脑的系统化调查方法 CARMA。

这里以日本公共关系研究所（JPRI）倡导的美国 CARMA International Inc.（http://www.carma.com）的分析方法为例，介绍一下实际调查方法与报告的运用事例。CARMA 是 Computer Aided Research & Media Analysis 的首字母缩写，其历史可以追溯到 1984 年公关顾问 Albert J.Barr 首先开始用电脑分析评价公关活动的时候。

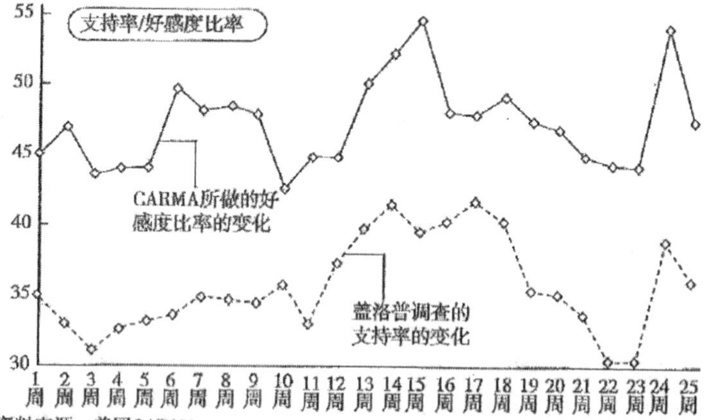

资料来源：美国CARMA。

图表 6-4 就 1992 年美国总统大选 CARMA 和盖洛普所进行的调查的比较

后来，在1992年的美国总统选举（克林顿、布什、佩里三位候选人）中，CARMA还被用来计算布什的支持率，其精确率堪比盖洛普调查（见图6-1）。有了这样有力的事实证明，直至今日，CARMA的报道内容分析法也越来越受到一流企业与机构的欢迎。

◆ **CARMA报道内容的分析步骤**

①制作调查项目列表

在策划阶段需要做好以下3种列表，也就是市场调查用的调查问卷。在决定了公关目标后，所作的列表将左右CARMA对公关战略的分析效果。制作列表的工作通常由客户企业和CARMA团队协同进行。

·设定问题列表：根据PR目标，从中抽出要调查的问题、课题，做成列表。有些是针对各种问题、课题做调查，也有一些是专注于特定的活动、话题做调查。问题列表通常是将多个公关对象的上层概念展开成具体概念。比如，对一个食品公司提出的“贡献地方”这个上层概念，就可以展开成“工厂参观”“开料理教室”“为运动会提供产品”等具体概念。

·设定信息列表：通过公关活动，选定公司想要传达的信息。这些信息可以是经营理念、企业哲学、战略目标，也可以是为了达成上述理念的具体策略。另外，也有一些用于招聘时针对特定对象人群要传达的信息。

·设定媒体列表：选定媒体调查对象。从报纸、杂志、广播、电视、网络媒体等各种媒体中选出自己公司交往的主要媒体，并且根据获得采访的难易程度、报道刊登量及预算等做出选择。

②实施调查

需要调查的主要项目有以下6项：

· 媒体【名称、订购数量（网络媒体的话是 PV 数）、发行地区等】

· 课题、问题（包括分支概念）

· 传达的信息（包括积极、消极两方面）

· 作者署名（如果是署名报道的话）

· 信息来源（发言人、第三方金融分析机构、意见引导者等）

· 好感度

报道内容分析不同于媒体收集，还要关注报道内容的好坏，这一点体现在 CARMA 调查中“好感度”项。好感度具体是指从调查的客观角度来看，这篇报道的创作者对自己的公司的好感程度，并把它指标化。

即使给媒体提供了统一的采访通稿，报道呈现的角度和切入口还是因媒体和记者的主观而异的（所谓主观就是媒体所拥有的“编辑权”），不同的媒体体现出不同的好感度是很正常的。

CARMA 的好感度排名系统如图 6–5 所示，是由 7 个尺度构成的。好感度的基本初始值设定为中立的 50，分别根据设定的 7 个判断尺度给 50 分做加减，最终呈现出 0 到 100 的分值。当然，由于评价基准会受分析师个人主观影响发生偏差，需要事前统一明确各个基准的尺度，排除个体差别造成的误差。

如果简单地对报道作分析的话，很容易把内容分为“好意的”和“非好意的”两种，然后计算所有报道中“好意的”所占的比例，这是一般普通的分析。而上述 CARMA 则把好感度细分指标化，这正是其独特性的体现。

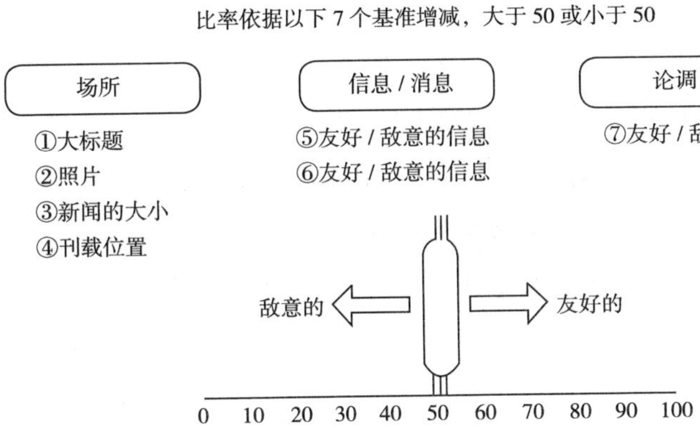

资料来源：日本研究所（JPRI）、CARMA 事业部。

图 6–5　CARMA 好感度比率体系

③ 统计解析

CARMA 分析中不可缺少的要素是“报道数”、“影响力”和“好感度”三点。评价的第一阶段是看信息能否成为一条新闻报道（报道数），第二阶段是看有多少可能的读者、观众（影响力 = 发行量 + 传阅量或家庭成员人数），第三阶段是了解媒体带着何种程度的好感进行的报道（好感度）。然后，就可以以这三点为主轴，和课题、传达的信息、媒体一起做交叉列表统计（Cross Tabulation）。

◆ **分析报告有效利用的案例**

分析报告可以打印成册，或者把电子版交给客户公司。越来越多实施全球调查的企业在互联网上发布报告，使世界各地都能获取并利用其发布的信息。

此外，CARMA 的分析还可以用在公关活动的各个方面。接下来，笔者就想介绍一下主要的分析方法和有效使用了这些分析方法的案例。

① 问题管理

关于问题管理请参照第四章第二节“构成危机管理的 3 个概念”。A 公司至今计算了各个媒体刊登自己公司报道的数量，但没有考虑区分报道内容的性质。从 CARMA 的分析结果来看，今年和去年关于“产品”的报道数量特别多，关于“社会贡献”等公司形象的报道比较少。这就体现出了一种不平衡性。（见图表 6–6）

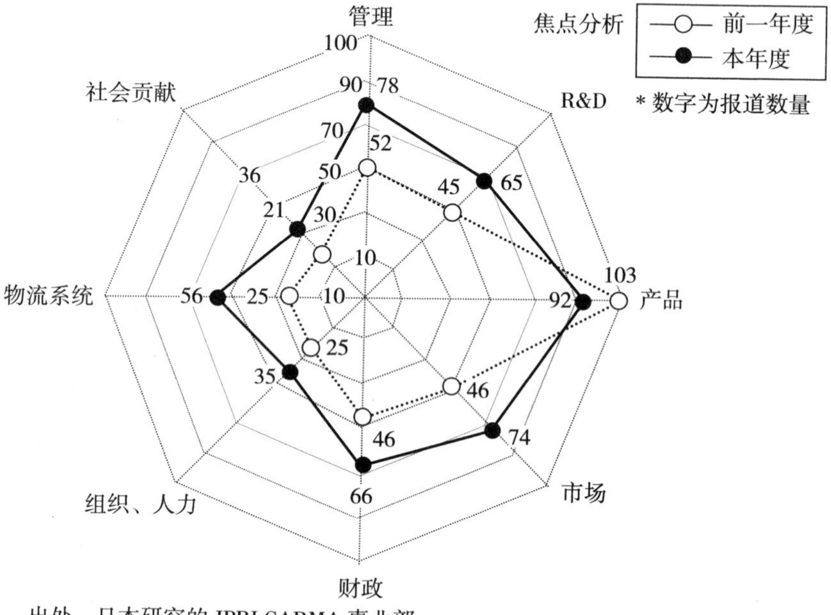

出处：日本研究的 JPRI CARMA 事业部

图 6–6　对问题管理的应用

通过分析，A 公司认识到了自己公司的情况是“消费者能看到产品的样子，却看不到企业和经营者的样子”。这之后，公关部门开始着力于向媒体强调自己公司在企业公关方面的活动，提高了经营管理者的出镜率，成功提升了媒体好感度。

② 和竞争公司的比较分析

不仅对自己的公司，对于那些设定了相同公关课题的竞争公司，分析他们的报道情况也可以明确相互的差异，并在把握对方公司的动态的基础上完善自身的战略架构。图 6-4 是 5 个企业之间构成竞争的产品分析案例。B 公司报道的好感度、影响力最高，占据最优地位。C 公司虽然报道的影响力排第三，但好感度低于 50，即为非好感的报道，如果不采取行动，情况将加速恶化甚至致命。在目前情况下，C 公司已经落败，B 公司和 E 公司，A 公司和 D 公司，已经构成了相互竞争的态势。

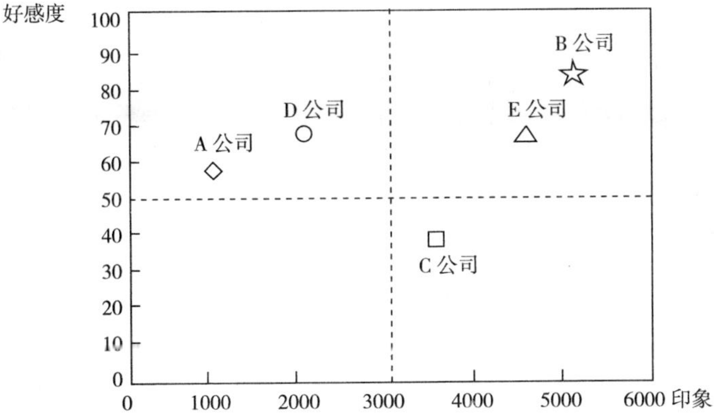

资料来源：日本研究所（JPRI）、CARMA 事业部。

图表 6–7　互为竞争对手的 5 家公司的表现

③ 时间序列分析

下面，我们一起就针对假设存在的 S 公司来进行时间序列分析（图 6–5）

S 公司的公关部门有 20 多名员工，一直奉行着“通过计算新闻稿的被刊登率和公司主页点击率来测评公关业绩”的方法。2013 年年末，该公司初次使用了 CARMA 报道分析法，回顾过去 1 年的公关活动，发现了两大问题点。

一个问题是 9 月虽然发售了大量新商品，但报道数量并没有如期增加。另一个问题是 6 月的媒体曝光率非常低。经过调查，公司发现前者是因为同时期其他公司也在发布新产品，媒体方面的采访安排不过来。后者则是因为公司内部有一个大型活动，相对忽略了和媒体方面的互动。

通过反省，公司在 2014 年把重要新闻的发布时间档有意识地做了调整，又在 6 月份实施了和媒体互动的活动，其结果使得整体公关工作的效率提高了，公关部门全体都体验到了成功感。

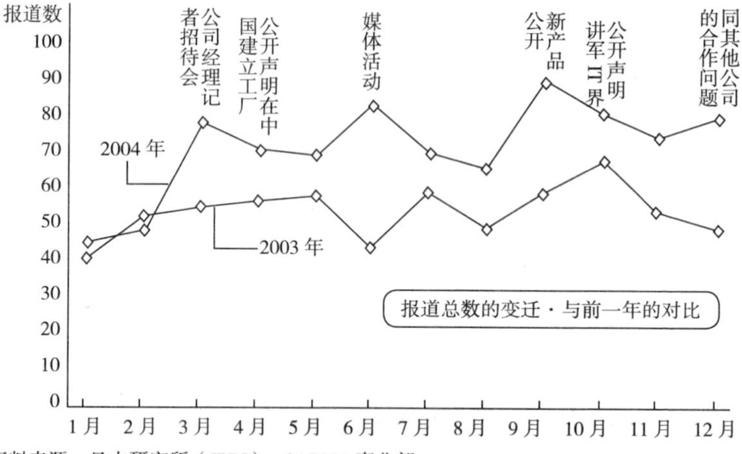

资料来源：日本研究所（JPRI）、CARMA 事业部。

图表 6-8　S 公司的时间序列分析

④ 媒体公关中的好感度

在这里我们再一起来看一个假想的例子。

Y 公司之前一直以面向商业人士的话题为中心发布信息。通过对报道内容进行分析，公司发现N报纸的好感度常常比其他商业报纸低，究其原因，发现是因为公关负责人与N报社新来的记者沟通不足造成的。后来通过充分的互动，N报社的好感度大大改善了。

⑤ 信息来源分析

通过计算报道中发言人、舆论引领者的出现次数及其对公司的好感度，来决定如何做媒体演习。对那些反复对公司做出负面评价的舆论引导者应当采取一定的对策。

⑥ 全球分析

美国的科技公司Q把公关业务委派给了各国分公司，在实施了报道分析后，发现了一直都没有浮现出来的问题，就是德国分公司的好感度很低（见图6–9）。在向当地了解情况后，公司发现消费者就产品内部的一些细节问题提出过不满意见，市民团体也参与了此事，结果此事被各报纸所报道。总公司的质量管理部门针对当地顾客的意见，非常及时地在充分解释的基础上，回答“没有问题”。

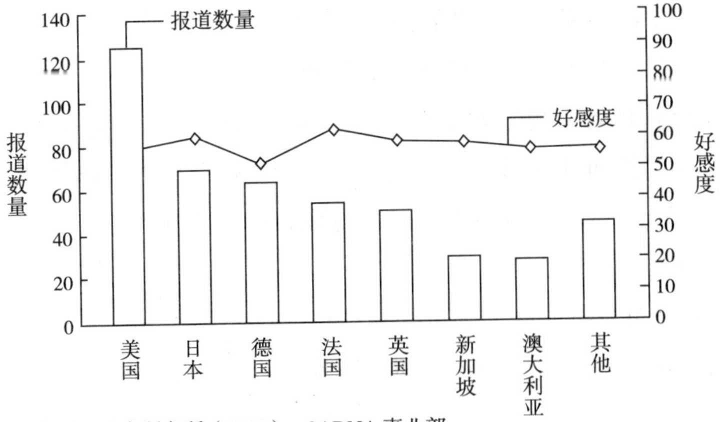

资料来源：日本研究所（JPRI）、CARMA事业部。

图表6–9　全球分析

但是，当地公关部门却轻视了这件事，应对的时候有所怠慢，结果使事态不必要地恶化了。

在这个案例中，好感度测试发挥出了意想不到的监测效果。

⑦危局管理

在危局管理工作中，对报道内容的分析包括“根据某个特定的课题收集信息实施危机管理”“在危机发生时收集媒体舆论”“学习其他公司处理危机的过程”等。报道内容分析手法在危局管理中被广泛应用。分析结果可以提高管理层的危机意识，起到对危机防患于未然的作用。

⑧给高层管理者的报告资料

给高层管理者的报告必须简洁且要领明确。M 公司公关部门关于公关活动成果的汇报，原来只是把公关活动所达到的效果的广告费换算上报，并没有辅以其他说明资料。在公司实施了报道内容分析后，就“整体的报道数量及其好感度”“主要话题的影响力及其好感度”“全国性报纸的报道状况”“发言人的影响力及其好感度”4点制作了高级报告书，开始向上级汇报。

结果，公关目标对象变得更加明确，过去不怎么积极应对媒体的高层管理者们也开始变得积极起来。从这个例子我们可以看出，公关部门把向外发送信息的效果反馈给高层管理者，能够使其进行“自我修正”，从而促进有效的信息发布活动的开展。

⑨和公司股价的关系

CARMA 还可以为公司提供“可以证明媒体好感度和公司股价相关”的数据。接下来，我们一起看一下这方面的内容。

专题七：公共关系与新闻业的区别

PR 专家与新闻业者有着很多工作上的相似之处。比如，需要进行采访、整理大量信息、撰写类似新闻稿的文章。实际上，从新闻工作者转业从事公关的人不少，其结果使得在美国有很多人都误以为公关与新闻业没有什么大的区别。但是，虽然在信息发布等方面，两者的工作中有着很多相同的地方，但是两者的工作目的与业务范围、对象、信息途径等是有根本性差异的。

比如就记者来说，除了自由撰稿人之外，是面向自身所属的媒体（报纸、杂志、广播、电视等）的读者、听众或观众发布信息的。且记者提供的新闻与信息都以传达客观的事实为重要目的。

而公关从业人员则不仅通过媒体，还会以讨论会、接待会等公关活动的形式，通过时事通讯、网络、邮递、宣传手册等各种信息传播途径，（代替客户）发布经过战略性策划制定的信息。这些行为的目的不仅仅在于向外界提供信息，还带有实现组织的目标与目的，改变对象群体的心理与行为模式的意图。而且，公关不仅拥有构筑沟通战略和提供咨询服务的功能，还具有危机管理、投资者关系管理、政府游说等功能。这些在此就不再赘述了。

（摘自 Wilcox，et.al.，Public Relations2005）

CARMA 的数据库中有企业名、产业种类、报道数、媒体好感度、媒体名称、报道标题、报道摘要、股价等信息，并按日期的顺序记录着。在网页上的下拉列表中选择要查阅的企业名称，就能按时间序列显示出这个企业的好感度、报道的数量等信息。还可以简单地更改时间段，添加竞争企业和行业平均值等属性，并且可以把这些数据下载到文档中。

在媒体好感度和股价之间的关联性的折线图里点击一下，就可以看到当时一星期的报道的大标题，所以可以很简单地查看媒体的报道和股价涨跌的关联度。

欧美在比日本早得多的时候，就开始把公关行业作为一个专业业种独立出来。一流企业、机构也积极地导入了公关活动的评价系统。在日本，公关部门的职能从当初的“局限于其他部门的事务窗口的身份”，正在演变为“作为经营管理机制的一部分”，并开始开展战略性公关活动。希望今后日本的公关专家们不仅仅单单凭借“至今为止的经验和感觉”去评价公关活动的效果，而是把评价和测定作为战略性的公关活动的策划手段，在实践中灵活地运用起来。

2004年诞生的Facebook和2006年诞生的Twitter不仅仅把人们日常生活中的交流沟通带入了一个新的时代，也把公共关系带入了一个新的时代。传统的大众传媒是“特权式”地把信息向不特定的多数的人们发送。随着作为通信器材的手机的普及以及社交媒体的急速发展，传统的大众传媒的方式被代替了，演变为“无论何时、无论何人都可以接触的媒体环境”。信息的传递方向也与以往的单方向式传播不同，因为可以“共享（share）”，所以变为双向甚至多向的传播方式。社交媒体的影响力也在不断地扩大，出现了“大众传媒所介绍的信息流向社交媒体”，或者“社交媒体上的信息被大众传媒所介绍”等新的信息流动模式（参照第七章）。因此，对社交媒体的分析，也在公关评价和测定方面占有重要位置。此外，为了适应互联网社会的新动向，在进行公关效果测定的时候，需要综合运用大数据等IT技术。

第七章

互联网时代的企业公关

一、双向性的互联网时代

在当今的互联网时代，运用智能手机、平板电脑、电脑等设备就可以随时随地得到最新的信息。人们根据这些信息可以决定大到企业战略决策，小到晚饭的菜谱。互联网上的关系管理因为没有物理上的距离，所以可以不受地理条件的制约在较大范围内随时进行。但反过来看，互联网上的交流和从前的面对面的交流方式相比传达的信息量较少。所以，我们需要充分发挥各种交流手段的特长进行关系管理。随着互联网环境的发展，以及通信工具的多样化，企业和个人的交流方式和决策过程也在发生着巨大的变化。

在这种背景下，我们在公共关系的存在方式和有效的公关活动方面应该注意些什么呢？在本章内容中，笔者将针对互联网社会的交流方式的变化展开论述，并针对互联网时代新的公共关系手法的有效运用等提供一些建议。

（一）融入生活的互联网

日本总务省的《平成 26（2014）年版信息通信白皮书》告诉我

们，浏览互联网的工具越来越多样化，除了一直以来的电脑（家用电脑 58.4%，家庭外部电脑 27.9%）之外，拥有智能手机（42.4%）和平板电脑（12.4%）的人也越来越多（图 7–1）。

（二）多种多样的设备

随着设备的多样化，人们在各种空间和时间里与互联网发生着交集，随时随地进行着信息的收集。上下班途中、外出和客户会面时的等候时间、开会时急于得到信息的时候、回家后躺在沙发上浏览自己感兴趣的网页的时候……随着设备的小型化，互联网也越来越贴近我们的生活。

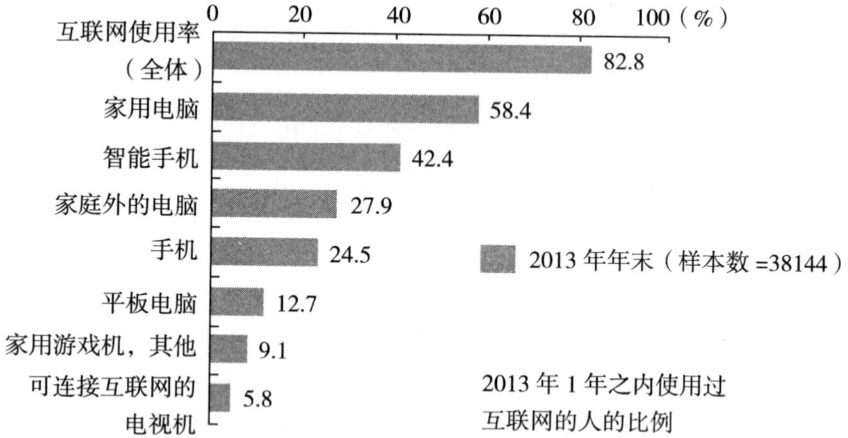

出处：《浏览互联网的工具的种类：平成 25（2013）年》，《总务省平成 26 年版信息通信白皮书》

图 7–1　浏览互联网的工具

（三）行为方式的变化

互联网的普及以及设备的小型化正在改变着人们的行为方式。只要拥有可以连接网络的设备，人们基本上在任何时候任何地方都可以进行“搜索”行为，并且可以自由地在网络上记录和公开自己的想法和行为内容。

◆从 AIDMA 法则到 AISCEAS 法则

一直以来，消费者的购买心理过程都被认为是遵循着 AIDMA 法则，即：“1.Attention（关注）”“2.Interest（兴趣）”“3.Desire（欲求）”“4.Memory（记忆）”“5.Action（购买）”。

但是，这个在 20 世纪 20 年代由萨缪尔·罗兰·霍尔提出的模型已经是 100 年前的模式了。当今的互联网社会在继承了这个过程的基础上，进一步发展出了 AISCEAS 的概念。

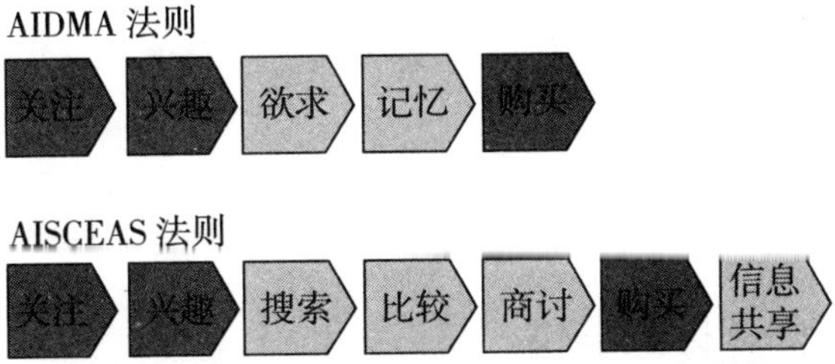

出处：根据《宣传会议》2005 年 5 月 7 日版制作

图 7-2　AIDMA 法则和 AISCEAS 法则

◆ AISCEAS 法则

AISCEAS 指“1.Attention（关注）”“2.Interest（兴趣）”“3.Search（搜索）”“4.Comparison（比较）”“5.Examination（商讨）”“6.Action（购买）”“7.Share（信息共享）”这一系列人的行动·购买的

过程。特别是在网络市场领域被广泛认同的流程。

现代的消费者一旦发现了想要的商品，一般不会记忆，而是立刻在搜索引擎上进行搜索。比如，家里的吸尘器坏了，想要买一台新的的时候，过程会如下：

· 吸尘器坏了：Attention（关注）

· 想买一台新的吸尘器：Interest（兴趣）

· 上网查查有什么样的吸尘器：Search（搜索）

· 哪个牌子的吸尘器好，做个比较：Comparison（比较）

· 比较的结果决定买 A 公司的吸尘器：Examination（商讨）

· 购买 A 公司的吸尘器：Action（购买）

· 用过之后觉得是个不错的吸尘器，在网上告诉大家：Share（信息共享）

通过以上流程我们可以发现，现代人在购物、外出就餐、旅游等行为之前会上网搜索，并且在实际行动之后常常会将行动的内容和信息在网络上分享。

二、社交媒体的特性

如上所述，现代人常常将自己的行动和购买的结果作为信息上传到社交媒体与他人分享。那么，分享信息的社交媒体是什么呢？这是制定网络关系战略的基础部分。接下来想对此加以详细分析。

（一）社交媒体的兴起

社交媒体是指博客、SNS 等更倾向于双向性交流的媒体。20 世纪 90 年代后半期互联网在日本社会开始普及。当时日本社会中信息是单向流通的，也就是说，信息是从发信者发送给接收者的。但是在 21 世纪初的 5 年里，在网络上记录生活的博客开始普及，信息的流动方向开始由单向转变至双向。

具体来说，在网络上浏览的人可以对网络使用者在博客里公布的信息进行评论和转发链接，或者在自己的博客里对别人的主张进行评价。

具有双向性的，属于个人用户的信息发布媒体被称为 CGM（Consumer Generated Media：消费者信息发送型媒体）。与大众传媒不同的是，大众传媒具有面向大众全面地传达信息的功能，而 CGM 是具有将个人的发言在网上公布的功能。

（二）社交媒体是什么？

社交媒体是指“使人与人的联系增强或变得更加顺畅”的互联网媒体。现在可以大致将其分为以下几类：

①社交实践网站

在日本主要指 Facebook、Mixi、GREE、Mobage 等网站。它们将人与人的联系和交友关系变得可视化，具有使交流过程更加顺畅的功能。我们后面还会提到，它们拥有“介绍共同朋友，增加新的联系人”等特点。

②博客

人们可以很轻松地将文章和图像等上传至博客并在上面表达自

己的想法，还可以使用评论功能和链接其他网站的功能等。在日本有 Blogger、Yahoo 博客、cocolog、Amebablog 等博客网站。

③微型博客

以 140 字以内的投稿为前提的博客。其代表为 Twitter 等。通过转发他人的投稿可以将信息扩散。

④口碑网站

指亚马逊、价格 com、cookpad 等网站。在这些网站上用户可以自由地书写对商品的评价，浏览者可以在购物的时候参考口碑和评价信息以决定是否购买。它承担了 AISCEAS 的 Share（信息分享）的部分。它是消费者在购买新的商品后将购买的结果进行信息共享的场所之一。这里的评论都是根据实际经验所写的，所以消费者在购买商品之前通过参考口碑可以避免失败的购物。

⑤媒体共享

主要指共享图片和视频的网站。图片网站有 Instagram、Picaso，视频共享网站有 YouTube、niconico 动画等网站。用户可以通过就上传的视频进行评论来进行交流。

⑥社交书签

用户可以将自己认为重要的网站贴上书签，并将书签在网络上共享。“问号书签”网站是比较有名的一个。

如上所述，社交媒体就是一个让消费者可以以个人的身份向外发出信息，又可以和其他用户联系并交流的具有双向性的媒体。

接下来让我们看看社交媒体的构成要素。

（三）社交媒体的构成要素

构成社交媒体的是个人，这个“个人”在互联网上与他人相连，扩展至无数。那么，构成社交媒体的人们是如何在互联网上互相联系着的呢？康奈尔大学的 David Easley 和 Jon Kleinberg 的著作《网络、群体与市场》（*Networks Crowds and Markets*）称，在社交媒体上拥有共同朋友的 2 个人，在将来成为朋友的可能性很高。

也就是说，社交媒体上的人际关系是遵循“三者封闭原则”的。就这个原则我想用图 7–3 来具体分析一下。

图 7–3（a）代表人物 A、B、C……G 的在互联网上的相互关系。

图 7–3（b）中的人物 B 和 C 之间多了一条粗线。这代表二者通过共同的朋友 A 而联系起来了。

此时人物 A、B、C 完全联系起来，形成了一个三角形的网状构造。“三者封闭”是指 B 和 C 之间的边的形成，将先前的 2 个边（AB 之间、AC 之间）闭起来形成了一个三角形。

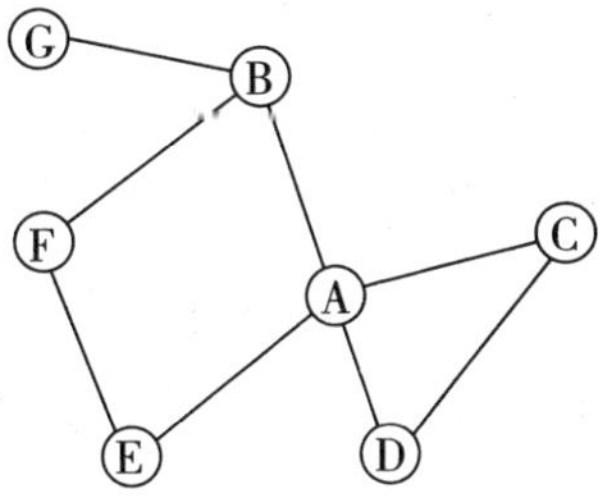

（a）

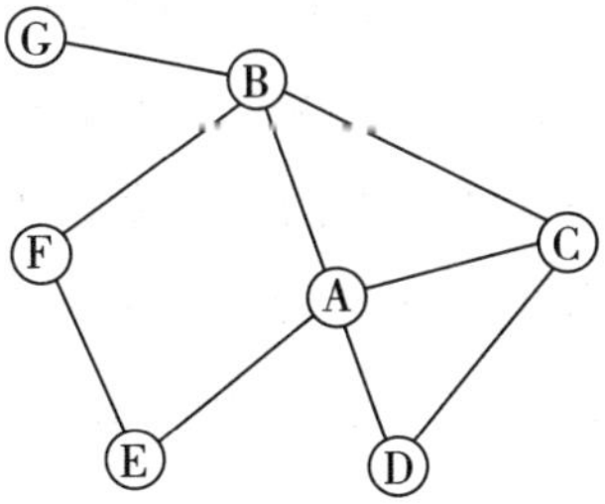

（b）

出处:《网络 · 大众 · 市场——关于现代社会复杂的关联性的推论》

图 7–3　社交媒体上的人际关系（三者封闭原则）

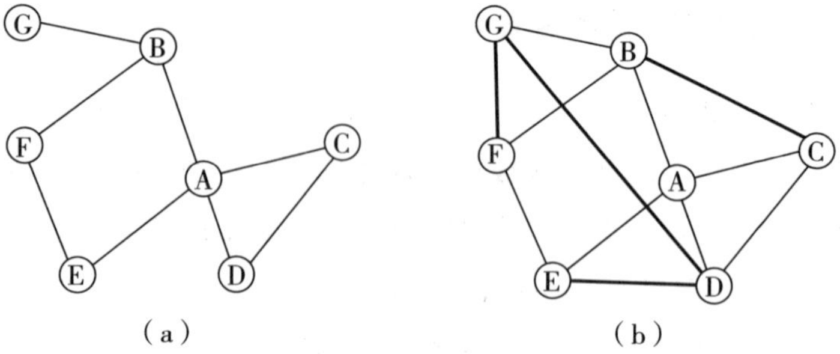

出处：与图 7–3 相同

图 7–4　社交媒体上的人际关系的发展

在这个人际网络中，像这样通过共同的朋友 A，B 和 C 联系起来的可能性就变高了。

那么再过一段时间之后，人际关系在人际网络上又会如何扩展呢？图 7–3 的随着时间的变化后的状态用图 7–4 来表示。

图 7–4（a）是变化前的人际网络，图 7–4（b）是变化后。

试着观察经过长时间后的人际网络就会发现，产生了很多新的边。在图 7–4（b）中可以看到三者封闭的边（BC 之间、DE 之间、FG 之间），并且在 D 和 G 这两个没有直接的共同朋友的人之间也形成了边。

像这样，人们在社交媒体上以共同的朋友为基础，将人际关系网向多个方向扩展。公关行业的人士们在制定战略时需要注意到，在社交媒体上这些属性相近的人们之间的信息是互相关联着并互相传达着的。

（四）社交媒体的使用动机

在社交媒体上人们构筑了很多关系网。不过人们为什么要像这样互相联系呢？社交媒体是人与人进行联系的社区。人们为什么想要加入这个社区呢？在此，笔者想对这个问题进行一下分析。

美国的著名心理学者亚伯拉罕·马斯洛将人类的需求分为 5 个阶段加以分析（如图 7–5 所示）。

据马斯洛称，人的需求从生理的需求开始，然后是对身体的安全的需求，最后到达实现自我价值的需求。其具体阶段如下：

①生理需求

②安全需求

③归属感和爱

④尊重

⑤自我实现

也就是说，人的欲望是从生理需求向着心理需求上升的。最初是吃喝等生理需求，然后是自身的安全，接下来是想要归属于某个集团并被爱被承认，再后来就上升到自我目标的实现。

在当今社会，通过使用社交媒体，人们可以补充性地满足信息共享、与他人联系、被他人认可甚至实现自我价值的愿望。也就是说，人们在借助社交媒体来满足自身高度的心理需求。

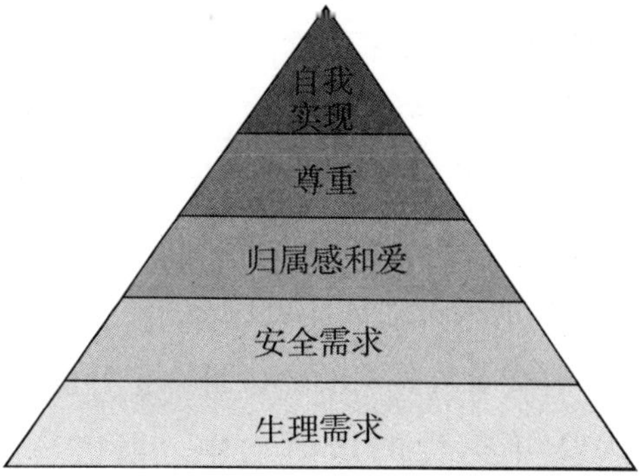

图 7–5　马斯洛的需求层次理论图

那么，公关从业人士们在运用社交媒体进行网络时代的关系管理时，为了更有效地开展活动，就要意识到这个心理需求的构造。

三、网络社会的企业课题

随着网络社会的成熟，企业发布信息的方式也逐渐具有多样性和及时性。而且，因为网络工具的出现，企业和利害关系者之间的沟通也变得越来越细致。

当下，有很多企业利用网络与利害关系者构筑了良好关系的例子。在此，我们一起来看一个利用网络进行了积极公关活动的例子，以及一个利用网络成功解决了顾客不满的例子。

（一）事例 1：美国斯巴鲁公司的 CSR“分享爱”活动

汽车制造商美国斯巴鲁公司从 2008 年开始开展“分享爱（Share the Love）”活动。这个活动是让购买或租赁了新车的人从国内的多个非营利团体中挑选一个，斯巴鲁公司会给这个团体捐款 250 美金。这个活动主要在年末举行。

2008 年斯巴鲁举办了这个活动的结果是，活动期间公司产品的销售额增长率达到了 16.3%（整个行业的增长率为 5.3%），而且新的产品购买者中 35% 的人都对该品牌印象很好。这些数据说明这个活动为购买行为和消费者对公司的印象带来了好的影响。

在 2011—2012 年举行的该活动中，斯巴鲁公司开始使用 Facebook。消费者可以在 Facebook 上投票，从美国红十字协会、美丽美国（Teach for America）、许愿基金会（Make-A-WishFoundation）、儿童奇迹网（Children Miracle Network）的 4 个团体当中选择一个。另外，为了让每个团体都获利，公司还规定最初的 20 万票中每获得一票该团体就得到 10 美分的捐款。

在这一年里，许愿基金会（Make-A-Wish Foundation）最后因服务活动受到好评，总共得到了 13.3068 万票，也就是总票数的三分之一。在这个“分享爱”的活动中得到了来自斯巴鲁公司几百万美金的捐款。

在这个活动之后，斯巴鲁的 Facebook 主页的“赞”从之前的 79796 个增加到了 2 倍以上的 181164 个。这说明有更多的消费者对斯巴鲁公司产生了好感，点了赞。这给公司整个品牌形象的提升做出了贡献。此外，社交媒体与传统媒体不同，其反响容易用数字测定，活动的影响也容易被测定。

上述的事例，就是企业充分利用了社交媒体进行 CSR 活动，与外部利益关系者构筑了良好关系，还打下了提高员工满意度（ES）基础的例子。

（二）事例 2：滋露巧克力公司“迅速准确地解决顾客的不满”的事例

2013 年 6 月 11 日 13 点，Twitter 上出现了一条投稿。投稿中有“巧克力里有毛毛虫”“难以置信”等评论，以及证明巧克力里有虫子的照片。这是某消费者抱怨说自己打算吃那个著名的“一口吞”滋露巧克力的时候，发现里面有虫子的投稿。

在这条投稿发出 30 分钟后，来自顾客的对滋露巧克力的抗议络绎不绝，而且在 Twitter 上还冒出了大量批评滋露公司的投稿。一眨眼的工夫，抱怨巧克力里有虫子的投稿就被转发了 1000 多次，迅速扩散 了起来。在这个抱怨的投稿公布 1 小时之后，混有虫子的巧克力的照片被扩散到了多个网站，事态开始升温。

此时对于这个状况，滋露巧克力公司的负责人开始收集信息，了解现状，并调查出照片中的巧克力是于半年前生产的。然后，公司请昆虫专家分析，得出结论——“如果是在制造过程中混入虫子的话，是不可能混入幼虫的”。

照片中的虫子是出生 30 天到 40 天的幼虫，而此巧克力则是半年前生产的，所以虫子是在巧克力生产并包装完成之后混入巧克力的。

顺便说一句，据日本巧克力与可可协会称，巧克力是很容易招虫子的，而且多发生在巧克力从工厂出厂后到进入家庭的这个过程中。但假设误食虫子也不会直接危害人体，如果感觉担心的话，推荐找医生。

当天 16 点，滋露巧克力公司将调查内容，以及日本巧克力与可可协会关于“在家庭里混入虫子”的说明网页地址（URL）作为公开见解在 Twitter 上公布。消费者们接受了滋露巧克力公司的客观冷静的投稿内容，事态平息了。

在这件事情上，如果当时公司错误使用了社交媒体或者交流的方式的话，很有可能使事态进一步恶化，甚至扩散至对大众影响更大的电视媒体。但是滋露公司在抱怨的投稿发出约 3 小时后就快速地进行了现状分析和信息的发布，成功地平息了事态。

从上述实例我们可以看出，网络交流是有很强的双向性和及时性倾向的。因此，公共关系的从业专家们要随时关注顾客等对象发出的信息，迅速地做出应对。

专题八：品牌新闻

“品牌新闻”指企业自身面向公众企划、编纂并公开关于企业自身的新闻内容的行为。此词汇在 2014 年 10 月于华盛顿举行的美国公关协会的年度大会上成为了关键词之一。

品牌新闻因为被称为“新闻”，所以具有客观性。不同于企业向外“公布”消息的行为，它更倾向于提供公平不偏颇的信息。企业编纂品牌新闻的目的大多是为了获得普通民众和消费者的信赖。

传统公关工作的重要任务之一就是如何让大众传媒的记者写出对客户企业有利的新闻。而今后则会更加重视通过网络发布针对普通民众和消费者的信息。

在这个新的局面下，从前就存在的“故事”的概念将会再次受到关注。

四、如何在网络上有效地发布信息？

——战略 PR 的重要性

网络交流时的公关活动应该是以“姑且应对”而告终吗？答案当然是“No”。网上的公共关系也和包括媒体活动在内的普通关系管理一样，需要有战略有计划的行动。特别是在进行网络公共关系活动的时候，如果没有明确的战略，在随时随地进行的活动中就会产生矛盾，从而出现“信息传达不到对象”或者产生误解的情况。网络公关的特性决定它首先特别重视速度，而且比起别的领域来，它还很重视公关战略的制定以及依照战略所设定的有效的行动计划。

在此，笔者想介绍几个关于网络交流的重要概念，并探讨一下它们与公关活动的关系。

（一）重视故事和验证故事的信息发布

◆讲故事

要想在网络和社交媒体上与利害关系者们构筑良好的关系，我们在网络关系管理方面最应该重视的就是内容的发布。为了在网上将信息扩散开来，近年来出现了 SEO（搜索引擎合理化：在搜索引擎中输入特定的词汇时，在搜索结果中使自己处于靠前的位置的方法）等使自己的信息在搜索引擎上更容易被曝光的技术。这些技术虽然也很重要，但更重要的是内容本身。

在发布内容时，不仅仅是罗列产品内容，还要给产品附上“故事”。也就是说，在用户拿到那个商品的时候，要能够清晰地想象出“生活质量将会如何提高”等“故事”的细节。这就是“讲故事”型信息发布方法。这样一来，接收信息的人也更容易听懂和接受。史蒂夫·乔布斯就是一个会讲故事的企业管理者。

依据美国国立生物工学信息中心的调查，我们的心理活动中对某件事物持续关注时间（Attention Span）的平均值在 2000 年是 13 秒，2013 年缩短到了 8 秒。金鱼的持续关注时间是 9 秒，所以生活在现代的我们还不如金鱼。互联网上的视频平均收视时间是 2.7 分钟。2 成左右的网页访问者在 4 秒钟之内就会离开页面，在同一页面停留 10 分钟以上的用户仅有 4%。在人们花费在收集信息上的时间越来越短的情况下，内容就显得更加重要。

运用了讲故事的手法的内容很容易引起人们的兴趣，有可能大幅度地增加访问者在页面停留的时间。

公共关系的专家们在加深与博客作者和 YouTuber（UGC）等具有影响力的人们的关系的时候，需要提前确认好明确易懂、内容丰富的故事细节。笔者的博客（井之上博客）中也就讲故事进行了介绍，希望读者能够参考（照片 3）。

◆**网站访问解析**

网络公关主要在网页、社交媒体上进行，所以在分析实行结果的时候，运用网站访问分析可以实现快速并定量分析公关成果的效果。这样可以有助于我们针对外部变化得眼花缭乱的环境进行灵活的自我修正。比如说，我们在进行公关活动的过程中，发现没有得到原先假设的结果的话，可以立即进行网站访问解析，客观地理解此时的用户嗜好，并在此基础上，灵活地配合客户嗜好改变发布的内容和信息。

网络上的信息具有很强的随时发送的性质，访问信息的解析和验证也几乎是可以随时进行的。因此公共关系的专家们是可以一边解读潮流趋势，一边先下手为强的。在潮流到来之前出手也是公关专家们必须要做到的事情。

（二）免费增值

免费增值服务主要是指以免费服务为基础的商业模式。因为其免费的性质，所以可以将信息更快地扩散和传播。

这是著名的“长尾理论”概念的提倡者克里斯·安德森在《免费》一书中提出而被广为人知的理论。

一般来讲，东西分为 Atom 和 Bit 两种（即有形的物质和无形的数据）。Atom 是指杯子、桌子等有实际质量的东西。Bit 是指数据，也就是数码照片、MP3、视频动画、应用软件等。

而且，Bit 类的东西复制的时候的成本基本为 0。

比如，我们在开发了一个游戏之后，想要让更多的人认识这个游戏，所以打算免费发放游戏的试用版 CD 光盘。那么，我们就要支出 CD 光盘刻录费用、包装的设计和印刷费用、运送费用等大量成本。

但是近年来流行的不是 CD 光盘，而是直接从 App Store 或者 Google Play 上，用智能手机下载游戏来玩。而且从 App Store 或者 Google Play 下载游戏软件的时候（严密地讲是用户将已经上传到服务器的游戏软件的数据复制到自己的智能手机中），用户除去通信费和包月流量费之外，几乎没有任何需要支付的费用。也就是说它的模式是这样的：游戏厂商在开发游戏软件的时候同时制作设置了限制的免费版，然后在 App Store 或 GooglePlay 等平台免费发放。用户在使用了免费版之后如果喜欢，可以购买收费版。

同样地，歌手们在写了新曲子之后，把歌曲的一部分在 YouTube 免费发放，或者用 MP3 的形式免费发放。试听歌曲的人如果喜欢歌曲的话可以购买演唱会门票，或者在演唱会上购买相关纪念品。

如上所述，在网络关系管理方面，如果我们想要更快更大范围地发送信息的话，可以配合公关战略，采取入口处免费，出口处收费的“入门免费”方法，这样会非常有效。

到此，我们就“工具手段的多样化”“消费者行为过程的变化”“双向性很高的社交媒体的兴起”等现象，分析了作为公关专家应当如何审视和开展有效的公关战略这一问题。

在公共关系方面，对于关系管理来讲最重要的当然是交流，是人。

在当今的大数据时代，对于公关从业者来说，将进化着的科技积极地运用到公共关系中也是非常重要的。而且，以交流和科技为轴心构筑公关战略也将变得越来越重要。

社交媒体的普及已经开始给互联网上的企业公关和宣传的方式

带来了变化。企业不再是把想要向外发送的信息在自己公司的网页上做个“通告”就万事大吉了，更要考虑如何让大众积极地参与到交流的过程中来。

公众可以对企业发送的 Facebook 和 Twitter 的绝大多数投稿进行评论。这样就构建起了一个随时的双向性交流场所。企业等组织和公众的距离也因此而大幅度地被拉近了。

不过，并不是说社交媒体兴起之后，企业网页的重要性就降低了。相反，我们应该说它变得更加重要了。对于企业来说，自己公司的网页依然是向外界发送信息的根据地，是全面展现自己的窗口。

笔者估计，今后网页和社交媒体两者的功能将向着互补的方向发展下去。企业在互联网上进行公关和宣传工作时，需要将两者统合起来运用才行。

资料 1

公共关系的相关团体

1–1 国际公关协会（International Public Relations Association: IPRA）

作为公共关系的专业人士的国际团体，国际公共关系协会（简称 IPRA，总部：伦敦）于 1955 年成立。IPRA 向从事高端公关工作 5 年以上，并且同意遵守 IPRA 的道德・行为规约的个人授予会员资格。它的规约继承了联合国的人权宣言精神，对从业者的个人的和专业方面的廉洁程度、对于顾客以及雇员的态度、对一般大众以及媒体所采取的行为、对同行所采取的行为等做出了明确的规定。现在有大约来自 80 个国家的将近 700 名高端专家作为会员参加此协会。它的规约也是世界各地的公关协会运营的基础。

IPRA 的理事会由各国选出的代表会员组成，领导整体的活动，响应年长的公关从业人员在业务上所重视的要点，对于交流效果的质的提高作出着贡献。柏林墙倒塌后，受经济自由化的潮流影响，世界呈现出一体化的趋势。在这个趋势中 IPRA 担任了很重要的角色。其活动主要以不同领域的委员会和执行委员会为中心开展，主要活动包括世界大会、学术研讨会、Gold Paper 的发行、专业性的研究、Golden World Awards（GWA）奖项的设置等等。IPRA 和联合国教科文组织也有着密切的联系。

该协会每年召开 2 次理事会，所有会员都有资格作为旁听者参加。理事会后，委员会等的活动内容会通过内部互联网和出版物汇报给会员们，使其可以接触到世界的最新信息。

IPRA 的委员会和执行委员会为了会员们的利益，进行着涉及国际贸易影响、自然环境、教育、企业活动以及伦理道德问题等方面的专业性研究活动。每 3 年举办一次的世界大会被认为是公关界的一大国际活动。另外，该协会为了提高社会对公关活动的理解和使用程度，还发行着各类出版物。这其中包括对公关活动进行报告的新闻小册子（每年向会员出版 6 次），定期发行的关于公关职能的白皮书《Golden Paper》，并且专门组织研讨了公关业务的基准和伦理道德、环境和教育等问题。季刊《Front Line 21》中介绍了与国际公关业人士有关系的问题以及“对话题性新闻的分析性报道”，会员以外的人士也可以订阅。

◆国际公关协会（IPRA）的国际伦理纲领

·同意联合国宪章规定的“尊重基本人权和人类的尊严以及价值之信念”，所有的联合国加盟国的公关业人士都要审视自己业务的本质是否符合该宪章的诸项原则，并且遵守。

·人类不仅仅拥有“权利”，还在物质方面在、伦理道德方面以及社会方面抱有一定的欲求，只有这些欲求得到满足的时候，对于人类来讲“权利”才会与原本的利益发生联系。

·公关业人士通过在职业上完成自己的义务，可以对满足人类的知识方面、伦理道德方面以及社会方面的欲求做出极大贡献。

·公关业人士因为拥有可以同时向数百万人传递信息的技术，所以必须要用严格的伦理规定来对其能力进行约束。

因为上述理由，国际公关协会的全体成员必须要同意遵守此国际伦理纲领。并且会员如果在完成职务的过程中违反了此伦理纲领的话，要参照向咨询机关提出的证据认定其犯下了不正当的行为，就会成为被处罚的对象。

所有的会员都应该为了实现以下的事项而努力

1. 要为了建立可使人类充分发挥其本领，并可以处在《世界人权宣言》的保护下不受侵害，且具有伦理道德观和文化属性的环境条件做出贡献。

2. 通过确立传递信息的形式和渠道，以及促进重要信息的自由流通，使得会员可以不间断地获取信息，而且能够自觉意识到个人的职责，并且感受到自己与其他会员之间的连带感。

3. 无论在什么状况下都不能辜负对方对自己的信赖，并且采取可以维护这种信赖感的行为。

4. 在从事公共关系这一职业，并处在公众的关系中时，要注意，即使是个人行为，也有可能左右整个社会对自己职业的评价。

严守下列约定

5. 遵守职务上的本分，伦理原则以及《世界人权宣言》的规则。

6. 对人类的尊严要表示出恰当的敬意，要认识到“支持它，并作为其评价对象”的个人的权利。

7. 通过真挚的对话建立伦理方面、心理方面以及知识方面的交流环境，承认参与者有“分享自己的经验、叙述自己的见解”的权利。

8. 无论在何种状况下，公共关系的从业人士都要在考虑到服务提供方和“与其相关的公众”双方的利益的情况下采取行动。

9. 要选择不会招致任何误解的言语进行工作和完成职务，无论是正在目前的公关活动中受其影响的客户雇主，还是过去的客户和雇主，要保持与所有公众间的信赖关系，在任何情况下都做到忠诚和诚实。

不做以下事项

10. 不优先面对事实，反而优先去重视其他要件。

11. 散布违反事实并且未经确认的信息。

12. 企图做出违反伦理道德的，或者不诚实的举动，或企图损害人类的尊严和诚实。

13. 试图在人类的潜意识中制造个人自由意志所无法控制的冲动，并且通过某种手段和技术，使这种行为不会受到指责。

◆ Golden World Awards（GWA）

IPRA 在 1990 年，以提高公共关系在国际上的认知度，启发公关专家们的能力为目的，创办了 Golden World Awards（GWA）。该奖项是以全世界的企业、团体、政府机关以及研究机关为对象，对优秀业绩加以表彰。该奖项给所有从事公关行业的人们提供了机会，促进了行业内部的交流和沟通。

GWA 是国际规模的竞赛。通过在各国进行宣传活动，通过媒体介绍自身内容，以及通过会员团体邮寄 GWA 的相关资料和申请书等形式募集参赛者。面对的对象不限于公关界，还包括企业和研究机关，所以对各类行业都有很大影响。

接受报名的公关行业的部门有 23 个，有来自世界各地的高水准的交流专家们作为评委进行评选，从部门优秀奖中最后再评选出最优秀奖，在世界大会上举行颁奖仪式。另外 GWA 的评选还有联合国代表团的参加，对明确地展示了联合国的目的和目标的项目特别地另外颁发联合国奖（The United Nations Award）。

IPRA 一方面为了运营 GWA 而招募单独的赞助商，在经济上接受其长期的支援；另一方面对赞助商提供与世界各地的专家直接联络的机会。至今成为过赞助商的日本企业有：日产汽车、NEC、大日本印刷。

1-2 美国公关协会（Public Relations Society of America:PRSA）

美国公关协会（简称：PRSA，总部：纽约）成立于 1947 年，是世界上规模最大的公关专业团体。协会成立时提出了 3 个方针——“提高协会会员的能力”，“为会员提供接受公关专业教育的机会和场所”，以及“支持和引导整个社会向正确的方向发展”。

它还通过教育项目、以交换信息为目的的论坛、研究项目等形式，促进着公共关系专业人士能力的提高和数量的增加（这是它的主要目的），并为会员们提供着提高专业水准的机会。

截至 2014 年 8 月，该组织共拥有 2.1 万名公关专家作为成员，设立有包括政府、教育、非营利组织等在内的 14 个专业领域的部门，在全美有 111 个分部。PRSA 为了提高会员的能力和培养公关专家，实施着以下的措施：

①使公共关系稳定地成为一个组织成功的关键；

②扩大目前以及将来的公关专家们的潜在能力；

③培养可以满足社会和公关专家们需求的行业领导者；

④在保持高度的伦理道德规范和卓越性的同时，提高人们对公共关系整体的正确理解，以及对公关机能价值的理解。

PRSA 的会员有义务遵守协会制定的伦理道德纲领。会员是否遵守纲领，受 PRSA 伦理委员会的监督，并受到专门职业基准的约束。

PRSA 的会员都是以个人的身份参加的，分为正式会员和准会员。要取得会员资格，需要有一定时间的公关从业经验，或者在大学里教授公共关系相关课程。PRSA 对所有的公关专家提供提高职业能力的机会。会员可以参加协会举办的研讨会、学习会，并通过协会发行的出版物、录音带和影像资料等，来提高自己专业方面的能力。

PRSA 每年都实施各种颁奖活动，用以表彰卓越的公关活动，还以支持会员学习公关相关知识、提高公关能力为目的，为大学生、硕士生和博士生们创办了美国公关学生协会（简称 PRSSA）。PRSSA 拥有 1.1 万名会员，在全美国的大学中有 300 个以上的分部。该协会为了使会员成为优秀的公关从业者，举办着研修会和学习会，帮助会员提高个人能力。

◆各种表彰

PRSA 设有以公关项目和公关活动上的创意和努力为对象的银砧奖和铜砧奖，用来表彰公关方面的优秀项目。

在设立以来的 50 多年中，该奖项授给了 1000 多个实施了优秀公关活动的组织。铜砧奖设立于 1969 年，以公关活动中的个别手法、公关项目和活动的要素为对象，表彰其中特别优秀的部分。

该组织更针对个人设置了多个奖项，表彰以公关 R 为专业的工作者的杰出贡献。金砧奖是 PRSA 的针对个人的最高奖项，授予为公关事业作出了巨大贡献的公关从业人士和 PRSA 的会员。与此同时，协会还设置了优秀教育者奖、公众服务奖、PRSA 年度专业奖，以及颁发给对 PRSA 有显著贡献的个人的帕特里克·杰克逊奖。

1-3 社团法人日本公关协会（Public Relations Society of Japan: PRSJ）

日本公关协会（PRSJ）通过制作和实践关于公共关系的伦理道德纲领，以及举办研修会、演讲会等，来试图促进公共关系的健全发展，并以进一步促进日本经济、社会与各行业的发展为己任。

PRSJ 是 1964 年成立的日本公关 PR 协会与 1974 年成立的公关业协会在 1980 年合并，并作为“任意团体”[①] 重新开始活动的。1988 年 12 月，协会受到通商产业省（当时）的认可，成为社团法人直至今日。到 2014 年 12 月为止，协会会员人数约有 520 名（个人会员：265 名，法人会员：267 名）。

◆日本公关协会的主要活动

（1）教育・研修

①公关宣传学院：以系统地学习公关・宣传的知识和技巧为目的，依据学员的经验水准以及学习目的，设置了三个不同课程（基础课程、专业与应用课程、应对 PR Planer 考试的课程）。

②研讨会：每个月举行一次，邀请大众传媒人士或舆论引导者等关键人物参加，探讨时事话题。

③论坛：设定关于公共关系的重要课题，协会内外的讲师们从各个角度深度剖析问题，以便促进论坛参加者公关能力与技巧的提高。

④参观活动与企业访问：参观大众传媒一线部门及企业的公关・宣传部门，使参加者在自己的业务上有所获益。

---

① 任意团体：未经任何登记注册，不具法人资格，但同样具有组织合法性的组织。日本众多的非营利部门都以“任意团体”的形式长期存在和开展活动。

（2）资格认证

为了对广泛的为社会的发展做出贡献的公关人士所拥有的知识、技术、职业意识等做出认证，协会引入了“PR Planer 资格认定制度”，于2007 年开始认证。细分为“PR Planer”“准 PR Planer”“副 PR Planer”3 个层级。

（3）宣传与出版

①为了促进会员对协会理念的理解，协会定期发行面向会员的杂志《月刊 PRSJ NEWS》

②每年发行一次对当年的 PR 情况进行记载的《PR Yearbook》

③每年发行面向从事公关与宣传 PR 相关工作的人士以及媒体人士的信息手册《公关手册》

④于 2010 年 4 月出版了以 PR Planer 资格认定制度的第 1 次考试为基准的课本《宣传与公关概论》，于 2011 年 3 月出版了以第 2 次和第 3 次考试为基准的《宣传与公关实务》，还于 2012 年 4 月出版了《历届考题汇集》

（4）调查

实施了将对象扩大到协会会员之外的“公关业界实际状况调查”，并将其结果公开。

（5）数据库

对公关业务所必需的各种数据库（“公关公司检索”“公关用语小辞典”“公关相关团体”“企业的文化设施”等）进行建设和整备。

（6）国际活动

与美国等各国的公关组织通过各种活动进行人才和信息的交流，并且主办了从全球化的视角观察公关、宣传和媒体业务的“国际研讨会”。

（7）交流

为了使跨越各个行业的会员相互交流，协会举办了诸如“会员纳凉交流会”“友好高尔夫球会”等促进会员亲近和睦的活动。此外，企业会员之间也自主举办了“学习会”等社团活动。与此同时，为了提高公关工作的品质，协会也会举办探讨关于公关行业的管理和业务问题的学习会。

（8）各种表彰

协会设置了 3 个公关相关的奖项：表彰对公关的基本理念——“公益”有所贡献的人，或者表彰在各自的行业里从公关角度作出杰出成绩的人的“日本公关大奖 Person of the Year”；以发掘“踏实并独特的公关、宣传活动”为目的，表彰常年实践着独创性的公关、宣传活动的企业和团体，表彰广泛为社会和地区的发展作出贡献，取得了值得嘉奖的成果的个人或集团（包括 NPO）的“日本公关大奖 Citizen of the Year”；表彰公关业务的成功案例，旨在提高公关工作品质的“PR Award Grand Prix”。

1-4 日本广报协会（Japan Society for Corporate Communication Studies）

日本广报协会成立于 1995 年 3 月，由 51 个法人会员（法人代表以及注册者 167 名）和 497 名个人会员、37 名学生会员，共 435 名组成，成员分布于产业界、学术界以及政治界（2013 年 5 月数据）。所有会员一致通过了如下的协会活动目标。

① 对组织的公关、宣传以及交流活动的各个方面，进行学术和实践方面的研究，一边公布研究成果，一边努力实现理论的系

统化。

② 洞察组织今后的沟通活动的方式方法，以及组织在社会中应该持有的姿态。探讨应该采取的措施，并且努力开发手法和技巧。

③ 贡献力量使得公关与宣传的思想在国际社会上得到普遍认可。

日本广报协会为了达到上述目标，除了每年 6 月举办年会外，还联合产业界、学术界、政治界三界，开展以下活动以促进研究活动的开展及会员间和睦友好。

· 日本广报学会奖：作为纪念学会创立 10 周年的项目之一，该奖项于 2006 年设立，通过从会员的著书和论文中征集参赛作品，再由审查委员会进行审查和选拔的方式评选出获奖对象，然后在研究公布大会上公布结果，进行表彰。学会的奖项具体有“学术贡献奖”、“优秀研究奖励奖”、“研究奖励奖”以及“教育 · 实践贡献奖”4 种。

· 调查研究活动

研究成果公布大会（每年 11 月左右举办）

课题分类研究会

· 公开论坛

· 学会杂志《广报研究》

· 广报学习班

· 学会报纸《日本广报 INFO》的发行

1–5　一般财团法人经济广报中心

经济广报中心于 1978 年成立，成立后一直将“社会与经济界的交流”作为自身发展的关键词，一边向国内外广泛地传播经济界的思维方式和企业活动的内容，一边完成着将社会的声音反馈给经济界和企业的使命。

“重振日本”的关键在于改革创新，除了技术方面的改革，还需要在政治、经济、社会等关乎到国民生活的各个方面进行改革。经济界的人士也强调“自身改革”的重要性。在进行改革的过程中，改革者要站在国民的角度，在公布信息的时候要做到仔细而易懂，这样才能得到国民的理解和支持。因此，经济界需要谦虚地接受社会的意见和建议，广泛地容纳多种多样的价值观。

经济广报中心一直将这种“双向交流”作为宣传的基础，充分利用着自创办以来积累的知识经验，进行着多种多样的宣传及意见采纳活动。为了对社会经济的发展和提高国民生活水平做出贡献，中心今后将继续努力作为经济界的桥梁，促进彼此的相互理解。

1-6　一般财团法人日本投资人公关协议会（Japan Investor Relations Association: JIRA）

JIRA 于 1993 年 5 月由日本的产业界创立，是以普及投资人公关（IR）并提高其质量为目标进行活动的日本唯一的民间非营利团体。协议会成立以来，通过举办各种学习研讨会进行着 IR 的启蒙和普及活动，还对 IR 活动进行调查和研究并提供信息（发行面向会员的杂志《IRCOM》和《IR 基础书》），评选并颁发 IR 优秀企业奖，通过促进会员相互交流完成自身的作为“日本的 IR 活动的信息中心”的使命。在调查和研究方面，该组织每年都实施着以日本所有公开上市公司为对象的“IR 活动的现状调查”，以及“关于股东大会的调查”等。

该组织的成员以能够代表日本的国际型企业为主，发展势头显著的支柱企业今后有上市计划的企业以及对 IR 活动进行着援助的企业和团体等共 699 个会员（2010 年 4 月 1 日数据）。自 2010 年 4 月 1 日起，该组织转变为一般社团法人[②]，随着IR 在整个公关活动中的重要性的提高，会员数量也在逐年增加。

1–7 国际商业学会（Society of Global Business）

国际商业学会成立的主要目的在于公布关于国际商业的研究成果，交换见解和知识，通过强化会员之间以及国内外相关学会之间的关系来刺激国内外经济的发展，并培养对世界经济发展有贡献的人才。抱着上述目标，该学会作为学术团体于 2012 年 4 月成立。

现在的日本虽然把发展重心都集中在“3・11”地震后的复兴上，但是企业活动的重心却正在从国内转向国外。当今社会，全球都在发生着显著的变化，全球化在加速发展，国境的约束越来越不明显。培养适应各个领域变化的人才，成为了日本当前的紧要任务。

在进行国际商务活动的时候，企业以及个人不应仅局限于开展国际业务，为了达成目标，还要充分利用经营管理资源，与自己所处地区的各种利害关系者们构筑良好的关系。在国际业务中，关系管理将越来越受到重视。在这个价值观多样化的全球化社会中，社会真正需要的人才要有“以伦理道德观念为基础的沟通能力”，还

② 一般社团法人是根据日本民法设置的民间团体，按照日本法律规定，团体内必须设置社员总会和理事会（最少有 3 名以上的理事），作为法人意志决定的机构，对法人的行为负责。

要有能力在必要的时候对自己进行修正。从这个角度来看，我们也应当积极培养拥有公关素养的人才。

国际商业学会正是在这个大背景下，为了对“全球化商务”这个极其实际并且多样的领域进行研究，为了培养有用的人才而成立的。它不仅由学者和研究者们参与，还有来自管理、技术、生产、人事、劳务、法律、财务、市场、公关（PR）等领域的从业者和专家们参与其中。

国际商业学会旨在培养能够促进国际性合作的人才，提供超越社会科学、人文科学、自然科学的专业限制的知识，以及能够解决全球商业相关课题的方法，为国内以及国际社会做出贡献。

因此，学会的管理者和顾问委员会由各个领域的实践经验丰富的专家们组成，这也是该学会的一大特色。

资料 2

美国公共关系的发展历史

现代意义上的公共关系的源头可以追溯到 20 世纪初的美国。当时的公共关系被理解为“掌握着企业等组织成败关键的，创造与社会的有益关系并维持这种关系的管理机能”。Cutlip 等人的著作 *Effective Public Relations* 作为公关教科书，在美国广为人知，书中，将美国公共关系的发展史分为了从萌芽期（1900—1917 年）到全球信息化时代（1965—1990 年）的各阶段。

接下来，笔者就依据这个分类对各个时期美国公共关系的特征以及发展里程碑按照时间顺序向大家一一介绍。

（1）萌芽期（1900–1917 年）

这个时期，公关被当作“应对媒体以及政府管制，保护自身利益的手段”。这个时期的公关可以说就是“说服对方的沟通手段”，是单方向的交流方式。

1900 年：亨利·福特公开了“T 型车”的试验车型，举办了面向 Detroit Tribune 报纸记者们的试驾活动。可以说，福特是最早理解公共关系概念的企业家。美国最早的公共宣传公司由 George Michaelis、Herbert Small、Thomas Marvin 三人在波士顿设立。

1902 年：第 2 个办事处由 William Smith 设立于华盛顿。

1904 年:《纽约世界报》的记者 Ivy Lee 在纽约成立了第 3 个公众宣传公司“Parker&Lee 公司”。Lee 后来被称为“公关之父”。他于 1906 年公布了提高公关专家可信程度的“行为规范宣言”（Declaration of Principles），强调了自身提供的新闻的准确程度和公开透明程度之高。

1907 年：AT & T 公司的 Theodore Vail 就任社长职位，雇佣了 James Ellsworth，实施了宣传和广告的项目。

（2）第一次世界大战期（1917—1919 年）

这个时期的公关活动主要为“推销筹集战争费用的债券”“招募军队的服役人员”“为了社会福利的巨额募款”等有特别目的的、有组织的单向型推销活动。此时的公关活动还处于不成熟的阶段，宣传的色彩还很强烈。配合当时世界大战爆发的时代背景，当时的公共关系，处于以“煽动人们的爱国热情的单向说服型的沟通（宣传）”为主的时期。

近代的公共关系活动在实际工作中本来是以被动的应付为主的，但是这个时期却很特殊，公关活动主要走的是宣传的路线。为了将处在战争中的社会舆论变得对自己一方有利，1917 年，时任美国总统的伍德罗·威尔逊建立了 Community on Public Information（CPI）组织。这个组织的委员长为 George Creel，所以又被称为克里尔委员会。从 CPI 组织中后来又出现了很多对公共关系做出了巨大贡献的人才，如 Carl Byoir、爱德华·伯尼斯等人。

（3）第一次快速成长期（1919—1929 年）

在这个时期，在商品的促销活动、选举活动、慈善事业等方面，公共关系的原理被积极地采纳，而且公关的概念里也开始包含有双向交流的意思，也就是说，这是开始出现“相互主义”或“相互关系”的想法了。

1920 年：宾夕法尼亚州匹兹堡的 KDKA 广播电台作为实用电台首次进行了广播节目的播放，首次播音的内容是总统大选的开票快报。

20 世纪 20 年代：公共关系的先驱者们纷纷登上历史舞台。

这个时代有以爱德华·伯尼斯为代表的众多公关实践者们，开始积极开展公关活动。1927 年 5 月，查尔斯·林德伯格在历史上首次成功完成了大西洋单独飞行，Harry Bruno 负责主办了他的新闻发布活动，为美国的航空时代拉开了帷幕。美国克利夫兰州的记者出身的 John Hill 和 Knowlton 共同于 1933 年在纽约成立了 Hill and Knowlton 公司。与此同时，Edward Howard 二世创立了美国俄亥俄州历史最悠久的公关公司 Edward Howard & Company。在芝加哥于 1921 年创立的 Hayes Robe & Company 是由 Gren Hayes 设立的。

1923 年：作为公关史上最早的书籍而广为人知的爱德华·伯尼斯撰写的 *Crystallizing Public Opinion* 出版问世。在此书中，伯尼斯在公关行业中首次使用了“公共关系咨询”一词。当时德国的宣传大臣戈培尔很喜欢这本书，并将其理论运用于纳粹的宣传活动中。在那之后，伯尼斯又于 1928 年出版了 *Propaganda* 一书，并开始在纽约大学教授历史上最初的公共关系课程。他的活动范围广泛，对大企业和政府机构也给予了很大的影响。从柯立芝到胡佛、罗斯福、艾森豪威尔等历代美国总统都向他进行过咨询。1990 年他被《生活》杂志评选为“20 世纪最重要的 100 个美国人”之一。

（4）从经济大恐慌到第二次世界大战期（1930—1945 年）

在 1929 年由因股市大跌而引发的经济恐慌，以及第二次世界大战的爆发这两大事件的影响下，公关的实际业务进入了发展时期。大企业们（美国通用公司、伊士曼柯达公司、福特汽车、美国钢铁公司等）纷纷相继设立公关部门，公共关系完全渗透到了企业当中。

1932 年：作为伯尼斯和罗斯福总统的左膀右臂、堪称总统私人公关教师的路易斯豪构筑了总统选举公关战略，将罗斯福引向了胜利的方向。受到股票大跌所引起的经济大恐慌和第二次世界大战的爆发这两大事件的影响，这个时期是公共关系的实际工作得到了发展的时期。

1933 年：在这个大众传媒还不发达的时代，就任第 32 届总统的罗斯福总统公布了罗斯福新政。为了使罗斯福新政取得成功，他使用了广播等手段，进行了强有力的宣传活动，向国民广泛地宣传了自己的政策。

1933 年：克莱姆 · 维特克和莱恩 · 巴克斯特在旧金山建立了最早的专业选举宣传代理店。

1935 年：麦克阿瑟将军任命亚历山大 · 萨鲁斯少将为公关部门的负责人，让他负责防止有可能发生的战争和积极向记者提供军事方面的信息。随后，海军方面也强化了公关机能，开始雇佣公共关系的专家。

1936 年：乔治 · 盖洛普等人提出了科学的舆论测评方法。此方法被运用到总统选举中，得到了很高的评价。这个方法在公共关系、政治、市场、奖学金等测评方面被视为重要手段，得到了广泛的使用。

1942 年：珍珠湾袭击之后，罗斯福发布了特别指令，设置了 the Office of War Information（OWI），任命埃尔默 · 戴维斯为负责人（《二战》后由 GHQ 介绍给日本的一系列民主化程序，可以看作是采纳了这些美国经验的公关手法）。

（5）第2次快速成长期（1945—1965年）

《二战》后的经济繁荣和大众消费社会的出现，使得公共关系前所未有地兴盛。企业的公关活动和促销活动（市场促销）被紧密地联系起来。电视在社会中得到普及，作为强有力的交流手段被重视起来。这个时期的美国的公关活动作为市场营销手段被介绍和引进到了日本，其中宣传的部分在日本尤其受到了关注，这也是在日本“公关等于宣传”这个错误认识扩散开来的原因。

1945年：以雷克斯·F、哈罗为中心的《Public Relations Journal》创刊，随后成为了美国公关协会的（PRSA）的会刊，一直持续到他去世后的1995年。另外，这个时期的公关教育也在美国开始发展。据1946年的调查显示，这是在全美30个主要教育机构共开办了47个公共关系的讲座。

1947年：PRSA成立。波士顿大学开设了最早的公共关系专业。

1950年：在战争时代得到了强化和扩大的政府主导型的公共关系，在这一时期有了改变。众多的专家们返回了职场。美国此时拥有近2万名的公共关系从业者。

1953年：合众国情报厅（USIA）诞生。美苏两个超级大国的冷战使得作战新闻处（OWI）的潮流向着1953年USIA诞生的方向收敛。在这个大背景下，企业特别地被要求在自由市场中发挥起领袖的作用。

1956年：全美92个主要的教育机构开办了公共关系的讲座。14所大学设置了公关相关专业科目（PRSA的调查数据）。

1964年：全美14所大学开始颁发公共关系学位。29个系、280个讲座中引进了公共关系的课程。

（6）抗议活动和市民运动的时代（1965—1985 年）

这个时代的公共关系的重要课题是“消费者运动”、“环境保护”、“和平”、“废除人种歧视”以及“废除性别歧视”。

美国议会在 1963 年颁布了《大气污染防止法》（将保护环境制定为国家政策），1970 年颁布了《水质改善法》。1970 年 4 月美国举办了最初的“地球日”，同年 10 月设立了环境保护厅（EPA）。被称为“拉开了环境保护运动帷幕”的《沉默的春天》（1962 年）的作者蕾切尔·卡逊向美国的企业界发起了挑战并取得了胜利，奠定了“抗议和变化”的时代基础。

美国通用公司在当时也一度成为公众抗议和监视的目标，通用公司的经历最后使整个社会认识到了企业问责机制的重要性。拉尔夫·纳德出版了《任何速度都危险——安装在美国汽车里的危险（*Unsafe at Any Speed: The Designed-In Dangers of the American Automobile*）》（1965 年），促进了消费者运动诞生。此外，纳德还在新出现的消费者运动中，作为“保护消费者的革命家”成为了媒体的宠儿。消费者的革命家们的战术之一，就是要求企业的股东们把决议权委任给纳德。这样一来，纳德在股东大会上就能够在企业的方针政策方面和董事的人选方面提出自己的不同意见了。

自称“激进派”的 Saul Alinsky 也运用了相同的战术，从美国的企业界和统治阶级那里夺取了权力。他在著作《过激派的法则》（*Rules for Radicals*）中谈到了“一无所有的人们”要如何夺取权力。

在日本也广为人知的马丁·路德·金牧师可以说是 20 世纪六十年代的美国社会变化和权限委托转让的象征。1955 年阿拉巴马州的蒙哥马利的巴士上，因为没有给白人乘客让座，黑人平民罗莎·帕克斯被逮捕。马丁·路德·金牧师因此站出来对她表示支持，这个事件成为他变成国民领袖的起因。1963 年 8 月 28 日，在华盛顿的林肯纪念堂里，马丁・路德・金牧师在大约 25 万人的面前进行了著名的演讲《我有一个梦想》(I Have a Dream)。之后，他于 1968 年 4 月 4 日惨遭暗杀，进而成为了美国公民权运动的象征和殉难者。

公民权运动给社会带来了诸多的变革。1965 年，美国颁布了投票权法（Voting Rights Act），1968 年又针对个人住宅销售和租赁方面的人种歧视问题，颁布了促进废除人种歧视的公正住宅法（Open Housing Law）。

此外，公民权运动的成功给“男女同权运动”也注入了活力。美国社会的所有大门都开始向女性打开。比如，公共关系领域的一半以上都由女性组成。女性进军职场的趋势得到了加强。

反对越南战争的运动是这个时代的分水岭。此时产生了“代沟”“嘻皮士”“性解放”现象，最后还发生了导致尼克松总统被弹劾的“水门事件”。1973 年 1 月 27 日，美国、北越南、南越南、越南临时革命政府 4 方签署了《越南的和平复兴》协议书。此时美国市民的力量已经强大到能够迫使政府对公共政策进行变更，甚至让总统下台的程度。

在抗议运动盛行、市民力量逐渐强大的时代产生的公共关系，其视野已经不仅仅局限于国内的各种关系了。在技术革新和全球化商务的发展潮流下，开展交流活动和国际公关活动变得越来越重要。

★笔者参与了日文版翻译的 *Effective Public Relations*（日文名:《体系パブリック・リレーションズ》），该项从此译本的 2008 年版引用并修改。

（7）数码时代和全球化（1986 年—）

全球范围的放松管制和 IT 的发展使得通信手段变得越来越多样

化，公共关系也在各个方面发挥着更大的作用，比如调解竞争对手之间的关系和促成和解，以及构筑战略计划等等。为了应对社会环境的变化，企业的管理者们不断摸索着新的方法，公共关系也越来越受到这些管理者们的重视。在这个时期，众多的美国企业开始作为多国籍企业寻找海外市场。这些企业和美国公关公司一起开展了许多国际交流活动，这些全球性的活动，给日本的公关人士和企业管理者们也带来了很大的鼓舞，促进了公共关系的发展。

在 2001 年，IT 泡沫经济崩溃的影响还没有退去，美国又遭受了“9 · 11”恐怖事件。同年大型能源企业安然公司的巨额财务丑闻被曝光。2002 年世界上屈指可数的知名会计事务所——安达信也因为有参与“安然事件”的嫌疑而被迫解散。受到包括该事件在内的一系列企业丑闻的影响，2002 年美国颁布 SOX 法，企业开始被要求增强管理力度。同年在旧金山召开的 PRSA 年会的关键词之一就是“Accountability”（企业问责机制）。就是从这个时候开始，美国企业开始积极地向外发布关于 CSR 和管理方面的信息，并开始积极开展 IR 活动。

2004 年 Facebook 和 2006 年 Twitter 的诞生也拉开了公共关系新时代的帷幕。移动电话等终端产品的普及和社交媒体的急速发展，使得“向不确定的多数人发送信息”这一原本属于传统媒体的特权行为的性质发生了改变。无论何时、无论何地、无论何人都可以“向不确定的多数人发送信息”的环境诞生了。信息不仅仅是单向性地向外发出，分享信息的行为使得双向性甚至多向性的信息扩散方式变得平常起来。

公共关系的专家们不仅仅要和记者以及博客作家们沟通，更要与整个“公众”进行直接的双向沟通，在沟通过之后才可以制订战略计划。

组织机构要想顺利地应对这样的新局面，就需要将公共关系、市场营销、信息技术等各种机能有机地统合运用起来。

参考文献

《英语文献》

Bax, Marcel, C. Jan–Wouter Zwart, Reflections on Language and Language Learning: In Honour of Arthur Van Essen, John Benjamins, 2001

Bernays, Edward L., Crystallizing Public Opinion, originally published in 1923, republished by Kessinger Publishing, 2004

Bernays, Edward L., Propaganda, originally published in 1929, republished by Kennikat Press, 1972

Bhagwati, Jagdish, In Defense of Globalization, Oxford University Press, 2007

Broom, Glen, Cutlip and Center Effective Public Relations, 11th edition, Prentice Hall, 2012

Caywood, Clarke ed., The Handbook of Strategic Public Relations and Integrated Communications, McGraw–Hill, 1997

CARMA International, ed., Award Summaries Golden World Awards for Excellence in Public Relations, 1998

Corporate Reputation Review, An International Journal, Vol.2, No.1, 1998

Corporate Reputation Review, An International Journal, Vol.2, No.4, 1999

Cramer, P., Molecular Biology Self-Correcting Messages, Science, 28 July 2006

Culbertson, H., N. Chen, ed., International Public Relations A Comparative Analysis, LEA, 1996

Cutlip, S., A. Center, Effective Public Relations, Prentice Hall, 1952

Cutlip, S., A. Center, and G. Broom, Effective Public Relations, 7th edition, Prentice Hall, 1994

Cutlip, S., A. Center, and G. Broom, Effective Public Relations, 9th edition, Prentice Hall, 2005

Dilenschneider, Robert L., ed., Dartnell Public Relations Hand Book, The Dartnell Corporation, 1996

Ewin, Stuart, PR! A Social History of Spin, Basic Books, 1996

Fink, Steven, Crisis Management Planning for The Inevitable, iUniverse, 2000

Fombrun, Charles J., Reputation: Realizing Value from the Corporate Image, Harvard Business School Press, 1996

Gable, Tom, The New PR Client Service Manual, 3rd edition, The Counselors Academy, 1997

Gold Paper No.12 The Evolution of Public Relations Education and the Influence of Globalisation, Survey of Eight Countries, IPRA, 1997

Goodman, Michael, Corporate Communications for Executives, State University of New York Press, 1998.

Grunig, J. E., D. M. Dozier, Excellence in Public Relations and Communication Management, Lawrence Erlbaum, 1992

Grunig, J. E., T. Hunt, Managing Public Relations, Holt, Rinehart, & Winston, 1984

Grunig, J. E., L. A. Grunig, Implications of Symmetry for a Theory of Ethics and Social Responsibility in Public Relations, Paper presented at the meeting of the International Communication Association, 1996

Hall, E. T., Beyond Culture, Doubleday, 1976

Harris, Thomas L., The Marketer Guide to Public Relations, Wiley, 1991

Harris, Thomas L., Value-added Public Relations, NTC Business Books, 1998

Harvard Business Review on Crisis Management, Harvard Business School Press, 2000

Howard, C., W. Mathews, On Deadline, 3rd edition, Waveland, 2000

Inoue, T., Mad Cows, Bad System in Japan, IPRA Frontline, 2002, 24 (2)

Inoue, T., The Need for Two-way Communications and Selfcorrection, IPRA, Frontline, 2002, 24 (4), and the erratum, Mar. 2003

Inoue, T., An Overview of Public Relations in Japan and the Self-Correction Concept, Sriramesh, K., and D. Vercic, ed., The Global Public Relations Handbook: Theory, Research, and Practice, Lawrence Erlbaum Associates, 2003

Kotler, Philip, Nancy Lee, Corporate Social Responsibility, John

Wiley & Sons, 2005

Lesly, Philip, ed., Lesly Handbook of Public Relations and Communications, 5th edition, NTC Contemporary Publishing Company, 1998

Macnamara, Jim, Public Relations Handbook for Managers & Executives, Prentice Hall, 1996

Macnamara, Jim, Research in Public Relations, Asia Pacific Public Relations Journal, 1999

Mehrabian, Albert, Silent Message, Wadsworth, 1971

Morley, Michael, How to Manage Your Global Reputation: A Guide to The Dynamics of International Public Relations, New York Univrsity Press, 1998

Newsom, D., J. Turk, D. Krukeberg, This is PR: The Realities of Public Relations, 7th edition Wadsworth, 2000

Regester, M., and J. Larkin, Risk Issues and Crisis Management: A Casebook of Best Practice, Kogan Page, 1997

Reputations, the Internet and the Future: A Report from the Echo World Editors Forum,

Saffir, Leonard, Power Public Relations: How to Master the New PR, NTC Business Books, 2000

Seited, Fraster P., The Practice of Public Relations, 7th edition, Prentice Hall, 1998

Seited, Fraster P., The Practice of Public Relations, 8th edition, Prentice Hall, 2001

Tye, Larry, The Father of Spin: Edward L. Bernays & The Birth of

Public Relations，Crown，1998

Weiss，Joseph W.，Business Ethics: A Stakeholder and Issues Management Approach，2nd edition，Dryden，1998

Wilcox，Dennis，G. Cameron，R. Reber，Public Relations: Strategy and Tactics，11th edition，Pearson，2014

《日语文献》

アーカー・デービット、エーリッヒ・ヨアヒムスターラー著／阿久津聡訳『ブランド・リーダーシップ』ダイヤモンド社、2000

（David Allen Aaker、Erich Joachimsthaler 著／阿久津译《品牌领导力》，钻石社，2000）

原题目：Brand Leadership

アダムス、ポール／小林啓倫訳『ウェブはグループで進化する』日経 BP 社、2013

（Paul Adams 著／小林启伦译《网络以集团形式进化》，日经 BP 社，2013）

原题目：Grouped

鰺坂真・上田浩・黒田治夫・山川学『倫理学』世界思想社、2004

（鲹坂真、上田浩、黑田治夫、山川学、《伦理学》，世界思想社，2004）

足立幸男『公共政策学入門民主主義と政策』有斐閣、2002

（足立幸男:《公共政策学入门民主主义和政策》，有斐阁，

2002）

阿満利磨『日本人はなぜ無宗教なのか』筑摩書房、1996

（阿满利磨:《日本人为什么没有宗教?》，筑摩书房，1996）

阿満利麿『人はなぜ宗教を必要とするのか』筑摩書房、1999

（阿满利磨:《日本人为什么需要宗教?》，筑摩书房，1999）

アリストテレス / 山本光雄編・出隆訳『アリストテレス全集〈第3巻〉』岩波書店、1968

（亚里士多德 / 山本光雄编；出隆译《亚里士多德全集（第3卷）》，岩波书店，1968）

アンダーソン、クリス / 高橋則明訳、『フリー〈無料〉からお金を生みだす新戦略』日本放送出版協会、2009

（Chris Anderson/ 高桥则明译《从免费中创造金钱的新战略》，日本放送出版协会，2009）

原题目：Free: The Future of a Radical Price

イースリー・デイビッド、ジョン・クラインバーグ / 浅野孝夫・浅野泰仁訳『ネットワーク・大衆・マーケット現代社会の複雑な連結性についての推論』共立出版、2013

（David Easley，Jon Kleinberg/ 浅野孝夫、浅野泰仁译《网络・大众・市场—关于现代社会复杂的关联性的推论》，共立出版，2013）

原题目：Networks，Crowds and Markets

猪狩誠也編・経済広報センター監修『企業の発展と広報戦略 50年の歩みと展望』日経BP社、1998

（猪狩诚也编；经济广报中心责任编辑《企业的发展和广报战略50年的历程和展望》，日经BP社，1998）

池上知子・遠藤由美『グラフィック社会心理学』サイエンス

社、1998

（池上知子・远藤由美:《图像社会心理学》，科学社，1998）

石井敏・岡部朗一・久米昭元『異文化コミュニケーション新・国際人への条件』改訂版、有斐閣、1996

（石井敏、冈部朗一、久米昭元:《异种文化交流 新国际人的条件》改编版，有斐阁，1996）

市川伸一編『認知心理学 4 』東京大学出版会、1996

（市川伸一编《认知心理学 4》，东京大学出版会，1996）

伊藤邦雄『実践・コーポレートブランド経営』日本経済新聞社、2002

（伊藤邦雄:《实践・企业品牌管理》，日本经济新闻社，2002）

井之上喬「IPRA ゴールド・ペーパー No.12 の意義と日本に与える影響」日本広報学会『第 3 回研究発表大会予稿集』、1997

（井之上乔:《IPRA Golden Paper No.12 的意义和给日本带来的影响》，日本广报学会《第 3 届研究成果公布大会预选稿集》，1997）

井之上喬編『入門パブリックリレーションズ』、PHP 研究所、2001

（井之上乔编《入门公共关系》，PHP 研究所，2001）

井之上喬「IT 先進国米国企業におけるパブリック・リレーションズ」日本広報学会『第 7 回研究発表大会予稿集』、2001

（井之上乔,《IT 发达国家美国的企业公关》，日本广报学会《第 7 届研究成果公布大会预选稿集》，2001）

井之上喬「米国におけるパブリック・リレーションズの発展の分析・考察と新しいモデルの提案」『情報文化学会論文誌』Vol. 9 、No. 1 、2002

（井之上乔:《美国公共关系的发展的分析・考察和新模型的提案》,《信息文化学会论文志》Vol9，No.1，2002）

井之上喬「考察：日本再生のためのリスク・マネージメントとパブリック・リレーションズ」情報文化学会『第 10 回全国大会講演予稿集』、2002

（井之上乔:《考察：为了日本重生的风险管理和公共关系》，信息文化学会《第 10 届全国大会演讲预稿集》，2002）

井之上喬「狂牛病に対処する危機管理法」『正論』2002 年 3 月号

（井之上乔:《应对疯牛病的危机管理法》,《争论》2002 年 3 月号）

井之上喬「広報・コミュニケーションの高度専門職育成のあり方」日本広報学会『第 9 回研究発表大会予稿集』、2003、および当日配布資料

（井之上乔:《广报・交流的高级专业人员的培养方法》，日本广报学会《第 9 届研究成果公布大会预稿集》，2003，以及当日分发资料）

井之上喬「日本におけるパブリック・リレーションズ発展のための考察新モデルの実現と教育システムの構築に向けて」『日本広報学会広報研究』第 9 号、2005

（井之上乔:《为了日本的公共关系发展的考察 面向新模型的实践和教育系统的构筑》,《日本广报学会广报研究》第 9 号，2005）

井之上喬「企業不祥事と危機管理」『経済セミナー』2005 年 3 月号

（井之上乔:《企业的负面新闻和危机管理》,《经济研讨会》

2005 年 3 月号）

井之上喬「メタ認知を適用した自己修正の重要性」日本広報学会『第 12 回研究発表大会予稿集』、2006

（井之上乔:《运用元认知的自我修正的重要性》，日本广报学会《第 12 届研究成果公布大会预稿集》，2006）

井之上喬「自己修正モデル：ケース・スタディによる自己修正の段階的変容とその考察」『広報研究』第 11 号、2007

（井之上乔:《自我修正模型：自我修正的阶段性变化之案例分析与考察》,《广报研究》第 11 号，2007）

井之上喬「パブリック・リレーションズにおける自己修正モデル（SCM）に関する研究自己修正行動における変容の考察と事例検証」（早稲田大学大学院公共経営研究科 博士学位論文）、2008

（井之上乔:《关于公共关系的自我修正模型（SCM）的研究 对自我修正行为的变化的考察和实例验证》，早稻田大学大学院公共经营研究科 博士学位论文，2008）

井之上喬『「説明責任」とは何か』PHP 研究所、2009

（井之上乔:《"说明责任"是什么？》，PHP 研究所，2009）

インターネット協会『インターネット白書 2005』インプレス、2005

（互联网协会《互联网白皮书 2005》，Impress 出版社，2005）

今田高俊『自己組織性と社会』東京大学出版会、2005

（今田高俊:《自我组织性和社会》，东京大学出版会，2005）

ウィーナー、N. / 鎮目恭夫、池原止戈夫訳『人間機械論』第 2 版、みすず書房、1996（原著初版 1950、改訂版 1954）

［Norbert Wiener/ 镇目恭夫、池原止戈夫译《人类机械论》第 2

版，美铃书房，1996（原著初版1950，改编版1954］
原题目：The Human Use of Human Beings
ヴォーゲル、エズラ / 福島範昌訳『ジャパン・アズ・ナンバーワン』TBSブリタニカ、1984
（Ezra Feivel Vogel/ 福岛范昌译《作为第一的日本》,TBS不列颠，1984）
原题目：Japan as Number One: Lessons for America
猪狩誠也・経済広報センター『企業の発展と広報戦略』日経BPコンサルティング、1998
（猪狩诚也，经济广报中心:《企业的发展和广报战略》，日经BP咨询，1998）
大泉光一『クライシス・マネジメント危機管理の理論と実践〈新訂版〉』同文舘、1997
（大泉光一:《危局管理 危机管理的理论和实践（新编版）》，同文馆，1997）
小倉重男『PRを考える』電通、1990
（小仓重男:《思考PR》，电通，1990）
小倉重男・瀬木博道『コミュニケーションするPR』電通、1995
（小仓重男、濑木博道:《沟通的PR》，电通，1995）
小沢一郎『日本改造計画』講談社、1993
（小泽一郎:《日本改造计划》，讲谈社，1993）
金井辰樹『マニュフェスト新しい政治の潮流』光文社新書、2003
（金井辰树:《公约 新的政治潮流》，光文社新书，2003）

カトリップ、スコット、アレン・センター、グレン・ブルーム / 日本広報学会監修・井上邦夫・井之上喬・伊吹勇亮・北村秀実・関谷直也・矢野光彦訳『体系パブリック・リレーションズ』ピアソンエデュケーション、2008

（Scott M. Cutlip，Allen H. Center，Glen M. Broom/ 日本广报学会责任编辑，井上邦夫、井之上乔、伊吹勇亮、北村秀实、关谷直也、矢野光彦译《有效的公共关系》皮尔逊编辑出版社，2008）

カプフェル、J. N. / 博報堂ブランドコンサルティング監訳『ブランドマーケティングの再創造』東洋経済新報社、2004

（J.N.Kapferer/ 博报堂品牌咨询责任编辑:《品牌营销的再次创造》，东洋经济出版社，2004）

北川正恭『行政革命』ぎょうせい、2004

（北川正恭:《行政革命》，行政出版社，2004）

キャノン、W. B. / 原栖六郎・大澤三千三訳『人体の叡智』創元社、1959（原著出版 1932）

【Canon W.B./ 原栖六郎、大泽三千三译:《人体的智慧》，创元社，1959（原著出版 1932）】

経済企画庁経済白書（年次経済報告）1956 年版』

（经济企划厅白皮书（年度经济报告）1956 年版）

経済広報センター「第 11 回企業の広報活動に関する意識実態調査報告書」、2012

（经济广报中心:《第 11 次关于企业的广报活动的意识形态调查报告》，2012）

ケラー・ケビン・レーン / 恩藏直人研究室訳『ケラーの戦略的ブランディング』東急エージェンシー出版部、2005

（Kevin Lane Keller/ 恩藏直人研究室译:《凯勒的品牌战略》，东急代理出版部，2005）

小谷重一『企業経営と PR』電通、1964

（小谷重一:《企业管理与 PR》，电通，1964）

コトラー、フィリップ / 木村達也監訳・有賀裕子訳コトラーのマーケティング講義』ダイヤモンド社、2004

（Philip Kotler/ 木村达也责任编译；有贺裕子译《克多拉的营销讲义》，钻石社，2004）

コトラー、フィリップ、ナンシー・R. リー他著 / ハーバード社会起業大会スタディプログラム研究会訳『グッドワークス！』東洋経済新報社、2014

（Philip Kotler，Nancy R.Lee 等著 / 哈佛社会创业大会学习项目研究会译《做得好 !》；东洋经济新报社，2014）

原题目：Good Works！

小山栄三『行政広報入門』ぎょうせい、1975

（小山荣三:《行政广报入门》，行政出版社，1975）

斎藤精一郎『日本経済入門』ダイヤモンド社、2002

（齐藤精一郎:《日本经济入门》，钻石社，2002）

斎藤由多加『林檎の樹の下でアップル日本上陸の軌跡』アスキー、1996

（齐藤由多加:《苹果树下 苹果公司进军日本的轨迹》，ASCII，1996）

堺屋太一『時代が変わった』講談社、2001

（界屋太一:《时代变了》，讲谈社，2001）

堺屋太一『「豊かさ」はどこへ行くのか日本経済の百年を考

える』日本放送出版協会、2002

（界屋太一:《"富裕" 到哪里去了 思考日本经济的百年》，日本放送出版协会，2002）

「CSR 企業総覧」『週刊東洋経済増刊』2014 年 12 月 3 日号

（"CSR 企业总览" :《周刊东洋经济增刊》, 2014 年 12 月 3 日号）

思想の科学研究会編『新版：哲学・論理用語辞典』三一書房、2002

（思想之科学研究会编:《新版：哲学・理论用语词典》，三一书房，2002）

柴崎菊雄『生き残りの戦略的 PR 論』実務教育出版、1993

（柴崎菊雄:《生存战略 PR 论》，实务教育出版，1993）

司馬遼太郎『この国のかたち』3 、文藝春秋、1992

（司马辽太郎:《此国之形》3，文艺春秋，1992）

司馬遼太郎『この国のかたち』4 、文藝春秋、1994

（司马辽太郎:《此国之形》4，文艺春秋，1994）

司馬遼太郎『この国のかたち』6 、文藝春秋、1996

（司马辽太郎:《此国之形》6，文艺春秋，1996）

「社長の発信力ランキング 2013」『日経ビジネス』2013 年 4 月 29 日与 5 月 6 日两期的合并发行刊

（"社长的信息发出能力排行榜 2013"《日经商务》2013 年 4 月 29：5 月 6 日合并号）

ジャービス、ジェフ著 / 小林弘人監修・関美和訳『パブリック開かれたネットの価値を最大化せよ』NHK 出版、2011

（Jeff Jarvis 著 / 小林弘人责任编辑；关美和译:《公共关系 将打开的网络价值最大化》，NHK 出版，2011）

原题目：Public Parts: How Sharing in the Digital Age Improves the Way We Work and Live

「進化する口コミ」『日経ビジネス』2005年5月19日号

（“进化的口碑”:《日经商务》2005年5月19日号）

杉田芳夫『経営者のための企業広報』丸善、2003

（杉田芳夫:《为了管理者的企业广报》，丸善，2003）

ゼックミスタ、E. B.、J. E. ジョンソン / 宮元博章・道田泰司・谷口高士・菊地聡訳『クリティカルシンキング〈実践篇〉』北大路書房、1997

（Zechmeister E. B., J. E. Johonson/ 宫元博章、道田泰司、谷口高士、菊地聡译:《批判思考（实践篇）》，北大路书房，1997）

原题目：Critical Thinking

『宣伝会議』2005年5月1日号

（《宣传会议》，2005年5月1日号）

総務省「ユビキタスネット社会の実現に向けた政策懇談会最終報告書」、2004

（总务省“为了实现一点通的网络社会的政策茶话会的整体报告”，2004）

総務省『平成23年版情報通信白書』、2011

（总务省:《平成23年版信息通信白皮书》，2011）

総務省『通信利用動向調査』、2013

（总务省:《通信的使用动向调查》，2013）

総務省『平成26年版情報通信白書』、2014

（总务省:《平成26年版信息通信白皮书》，2014）

『ソークラテースの弁明・クリトーン・パイドーン』新潮文

庫、1968

(《苏格拉底的辩解・柏拉图》，新潮文库，1968)

高木徹『ドキュメント戦争広告代理店情報操作とボスニア紛争』講談社、2002

(高木徹:《文档战争 广告代理店的信息控制和波斯尼亚战争》，讲谈社，2002)

霍見芳浩『日本の再興生き残りのためのヒント』講談社、1999

(霍见芳浩:《重振日本 为了存活的启示》，讲谈社，1999)

『哲学・思想辞典』岩波書店、1998

(《哲学・思想辞典》，岩波书店，1998)

電通パブリックリレーションズ『広報110番パブリック・リレーションズ実務辞典』電通、1998

(电通公共关系:《广报110公共关系实务辞典》，电通，1998)

電通『電通広告年鑑1956年版』、1956

(电通:《电通广告年鉴1956年版》，1956)

内閣総理大臣官房広報『政府広報30年史』、1990

(内阁总理大臣官房广报:《政府广报30年史》，1990)

中西輝政『なぜ国家は衰亡するのか』PHP研究所、1998

(中西辉政:《国家为何会衰亡?》，PHP研究所，1998)

日経BP コンサルティング『ブランド・ジャパン2014』、2014

(日经BP咨询:《品牌・日本2014》，2014)

日経BP コンサルティング『ブランド・ジャパン2015』、2015

（日经 BP 咨询:《品牌・日本 2015》，2015）

西川隆蔵・善明宣夫・吉川茂・西田仁美・大石史博・神澤創『新自己理解のための心理学』福村出版、1998

（西川隆藏、善明宣夫、吉川茂、西田仁美、大石史博、神泽创《新编为了理解自己的心理学》福村出版，1998）

日本インベスター・リレーションズ協議会編『IR 戦略の実際』日本経済新聞社、2004

（日本投资人公关协议会编:《IR 战略的实际情况》日本经济新闻社，2004）

日本政策投資銀行地域企画チーム『PPP ではじめる実践“地域再生”』ぎょうせい、2004

（日本政策投资银行地域企划组:《从 PPP 开始实践的“振兴地方社会”》，行政出版社，2004）

日本パブリックリレーションズ協会『日本パブリックリレーションズ協会報』1997 年秋号

（日本公关协会:《日本公关协会报》，1997 年秋季号）

日本パブリックリレーションズ協会『日本パブリックリレーションズ協会報』2005 年春号

（日本公关协会《日本公关协会报》，2005 年春季号）

日本パブリックリレーションズ協会『PR Yearbook2014 版』、2014

（日本公关协会:《PR Yearbook2014 版》，2014）

日本パブリックリレーションズ協会『広報・マスコミハンドブック PR 手帳』、2015

（日本公关协会 :《广报・大众传媒手册 PR 手册》,2015）

ノートン、メアリー・ベス / 本田創造監修・上杉忍・中條献・中村雅子訳『アメリカの歴史 5 大恐慌から超大国へ』三省堂、1996

(Mary Beth Norton/ 本田创造责任编辑：上杉忍、中条献、中村雅子译:《美国的历史 从 5 大恐慌到超级大国》，三省堂，1996)

原题目：A People and a Nation: A History of the United States

博報堂ブランドコンサルティング『図解でわかるブランドマネジメントのすすめ方』日本能率協会マネジメントセンター、2004

(博报堂品牌咨询:《图解易懂 品牌管理的流程》，日本能源效率协会管理中心，2004)

樋上亮一『PR の考え方とあり方』世界書院、1951

(樋上亮一:《PR 的思考方法和存在形态》，世界书院，1951)

樋上亮一『自治体広報の理論と技術』世界書院、1952

(樋上亮一:《自治体广报的理论与技术》，世界书院，1952)

フォーチュン誌『世界で最も賞賛される企業 2014 年版』タイム社、2014

(财富杂志:《世界上最受赞美的企业 2014 年版》，时代社，2014)

フォード、デビット、IMP グループ / 小宮路雅博訳『リレーションシップ・マネジメント』白桃書房、2001

(David Ford, IMP Group/ 小宫路雅博译:《关系管理》，白桃书房，2001)

原题目：Manage Business Relationships

藤江俊彦『現代の広報戦略と実際』電通、1995

（藤江俊彦:《现代广报战略与实践》，电通，1995）

「ベスト・グローバル・ブランド TOP100」『ビジネスウィーク』（アジア版）2005 年 12 月 26 日号

（“Best Global Brand TOP100”:《商业周刊》，（亚洲版）2005 年 12 月 26 日号）

「ブランド価値は“貯金”できる本業不振もソニー首位、定番ブランドに強み」『日経ビジネス』2005 年 4 月 25 日・5 月 2 日号、日経 BP 社

（“品牌价值可以‘储蓄’主业不兴旺的索尼还是第一名，强在知名品牌”，《日经商务》2005 年 4 月 25 日：5 月 2 日号，日经 BP 社）

ブランチャード、オリビエ / 松並敦子訳『ソーシャルメディア ROI ビジネスを最大限に伸ばす、リアルタイム・ブランド戦略』ピアソン桐原、2012

（Olivier Blanchard/ 松并敦子译:《社交媒体 ROI 最大限度地扩张商务 实时品牌战略》皮尔逊桐原，2012）

原题目：Social Media ROI Managing and Measuring Social Media Efforts in Your Organization

ブレインゲイト株式会社『図解でわかるブランディング』日本能率協会マネジメントセンター、2003

（大脑之门株式会社:《图解易懂关于品牌》，日本能源效率协会管理中心，2003）

プレストウィッツ Jr、C. / 國広正雄訳『日米逆転』ダイヤモンド社、1988

（Jr. Prestowitz，Clyde V./ 国广正雄:《日美逆转》，钻石社，

1988）

原題目：Trading Places How We Allowed Japan to Take the Lead

ポーター、マイケル・E. / 土岐坤訳『国の競争優位』ダイヤモンド社、1992

（Porter Michael E./ 土岐坤译:《国家的竞争优势》，钻石社，1992）

ポーター、マイケル・E、竹内弘高『日本の競争戦略』ダイヤモンド社、2000

（Porter Michael E./ 竹内弘高译:《日本的竞争战略》，钻石社，2000）

正村公宏・山田節夫『日本経済論』東洋経済新報社、2002

（正村公宏、山田节夫:《日本经济论》，东洋经济新报社，2002）

三浦恵次著『地方自治体の広報活動住民参加のすすめと行政の対応』総合労働研究所、1986

（三浦惠次著:《地方自治体的广报活动 推荐居民参加以及行政的应对》，综合劳动研究所，1986）

森敏昭・井上毅・松井孝雄『グラフィック認知心理学』サイエンス社、1995

（森敏昭、井上毅、松井孝熊:《图形认知心理学》，科学社，1995）

文部科学省『科学技術要覧平成 25 年版』、2013

（文部科学省:《科学技术要览平成 25 年版》，2013）

ライズ、アル、ローラ・ライズ / 片平秀貴監訳『ブランディング 22 の法則』東急エージェンシー出版部、2003

（Al Ries，Laura Ries/ 片平秀贵责任翻译:《品牌的 22 个法则》，东急代理出版部，2003）

ライズ、アル、ローラ・ライズ / 共同 PR 訳『ブランドは広告でつくれない』翔泳社、2003

（Al Ries，Laura Ries/ 共同 PR 译:《品牌不是广告做出来的》，翔泳社，2003）

リー、シャーリーン、ジョシュ・バーノフ / 伊東奈美子訳『グランズウェルソーシャルテクノロジーによる企業戦略』翔泳社、2008

（Charlene Li，Josh Bernoff/ 伊东奈美子:《舆论的浪潮 社交科技的企业战略》，翔泳社，2008）

原题目：Groundswell:winning in a world transformed by social technology

リスク・マネジメント研究会編『会社の危機管理戦略的リスク・マネジメントへの取り組み』日本能率協会マネジメントセンター、1995

（风险管理研究会编:《公司的危机管理 战略性风险管理》，日本能源效率协会管理中心，1995）

ロジャーズ、E. M. / 安田寿明訳『コミュニケーションの科学』共立出版、1992（原著出版 1986）

（Everett M. Rogers/ 安田受明译:《沟通的科学》，共立出版，1992）（原著出版 1986）

原题目：Communication Technology——The New Media in Society

和田渡『自己の探求自己とつきあうということ』ナカニシヤ出版、2005

（和田渡:《自我的探求 和自己交往》，中西屋出版，2005）

ワルラス、L. / 久我雅夫訳『純粋経済学要論』岩波書店、1983（原著出版 1874、1877）《ウェブサイト》

（Walras Law/ 久我雅夫译:《纯粹经济学要论》，岩波书店，1983）（原著出版 1874，1877）

・CNET Japan「賞賛と炎上を分けるもの」

（CNET Japan:《分开赞赏和批判的东西》）

http://japan.cnet.com/marketers/sp_orgtransparency/35034620/

・『朝日新聞』1994 年 11 月 21 日「在米大使館怠慢が原因」（1 面）/「対米開戦通告遅延問題責任不問はなぜ」（30 面）

[《朝日新闻》1994 年 11 月 21 日“美国驻日本大使馆傲慢的原因”（1 版）/“为何不追究对美国的战书的推迟问题的责任？”（30 版）]

http://japan.cnet.com/marketers/sp_orgtransparency/35034620/

・Higher Education Programs Online Directory

http://prsa.vendorguides.com/profile/allvendorlisting?what=&where=&custom_fields=al

・NHK ニュースおはよう日本

（NIIK 新闻 早安日本）

http://www.nhk.or.jp/ohayou/marugoto/2014/04/0416.html

・World Com international public relations glossary 1st edition–2013

http://www.slideshare.net/CommPRObiz/worldcom-releases-international-public12 relations-eglossary

・Public Relations Society of America : PRSSA（米国学生パブリッククリレーションズ協会）

（美国学生公关协会）

http://www.prssa.org/about/

· World Economic Forum / The Global Competitiveness Report 2014-2015

http://www3.weforum.org/docs/WEF_GlobalCompetitivenessReport_2014-15.pdf

辅论

公共关系中的自我修正模型（SCM）

在序章中我们曾提到过，20世纪日本和欧美发达国家所追求的“以物质丰富为中心的幸福”是具有局限性的。当今时代要求我们从这种经济至上主义的“经济发展模型”，转变为与大自然共同生存，直视粮食和人口问题、环境问题、民族纷争和不同文化间的冲突等多种全球化问题的“新模型”。

在本书辅论中，笔者将试着构筑这个符合新时代的、作为21世纪的新型公关基础的模型。即，为了达到目标，当事人需要实施的公共关系新修正模型——“自我修正模型（self-correction model，SCM）。公共关系本身需要有人参与修正行为，需要反映了人类自由意志的“伦理观”、“双向沟通”、“自我修正”这3个经过统合的要素的存在，才能真正发挥其作用。

其中的“自我修正模型”尤其具有精神上的高度，是全球化时代实现世界和平与繁荣的共存型模型，也是新的公共关系的核心概念。而且对于那些认识到“自己的繁荣和社会的繁荣是分不开的”道理的所有组织来说，自我修正模型都是非常重要的。

接下来，我们就一起来看一下自我修正模型的概要和特性。

1　自我修正模型（SCM）的概要

美国的公关专家们认为，在必要的时候，需要就通过双向性沟通得到的意见反馈，应该进行“改变（change）”，“调整（adjust）”，“适应（adapt）”的对应方式。但是，他们没有提及改变和调整等修正行为应该达到何种深度。

笔者所说的公共关系的自我修正模型的基本构造如前所述，是有“人类参与的”“反映了人类的意志的”，由“伦理”“双向沟通”“自我修正”3个要素构成的。这3个概念虽然在日本社会并不为人们所熟知，却是一个健全的组织在达成目标的过程中所不可或缺的，对于公关来说尤为重要的要素。

在对自我修正模型展开分析之前，笔者想先回答“什么是自我修正”这个问题，明确其定义，并对其特征进行描述。

1.1　自我修正及其特征

“‘自我修正’在‘自我修正模型’中尤其有重要意义，含有重要因素。”如果这么说的话，会显得话语重复。但是笔者在此想要强调的是，自我修正的行为中包含着“伦理观”和“双向沟通”两个要素。要想正确地修正自己的行为，“伦理观”和“双向沟通”这两个要素是必不可少的。

如果我们缺乏伦理观念的话，是无法进行健全的自我修正的，而如果缺乏双向交流的话，修正行为会变得我行我素，无法顺畅地实现自我修正。

自我修正的概念至今被经济学[i]、生物学[ii]、教育学[iii]、计算机科学等领域所提及。

麻省理工学院的数学家 N.Weiner 在其著作《人类机械论》中说道：我们每个个人和组织（主体）要想有效地发挥其机能，就必须在变化的环境中进行自我调节（Wiener, 1950/1979, p.11）。这个说法对于“通过与公众构筑和维持良好关系而达到目的”的公共关系也是适用的。

我们是一个一个独立的个体。首先是作为个体的“人”存在，然后才形成了人与人（他人）之间的人际关系。我们每个人都在与他人和外界的关系中，时或感到不安，时或感到安然，亦有心灵被治愈的时候。也就是说，我们不可以把“人”看作一个个体，“人”是存在于与他人的关系中，并不断变化着的。“‘人’虽然是个体，却是变化和成长着的”（西川等，1988，pp.24–25）。这个想法对于组织也同样适用。

那么，本辅论的关键词之一“自我”又是什么呢？

“‘自我’是在意识到他人的同时又意识到‘和他人的关系中的自己’的时候，所意识到的东西。”（和田，2005，p.11）

“‘自我’这个词看起来好像是完全属于私人领域的事物，但是在自我意识诞生和发展的过程中，社会和集团，以及人际关系，起着非常重要的作用。”（西川等，1998，pp.24–25）

而“修正”一词在《广辞苑》的解释为：“把不好的地方改正。”也就是说，把现在的状态修正为别的状态。

在此基础上，笔者把“自我修正”定义为：“拥有各种关系的个人和组织，在变化的状况中为了维持稳定和成长，依靠自己的意志，把不好的地方改正的行为。”

至今在公共关系中，明确地把自我修正（self-correction）引入并加以论述的专家只有笔者一人。

如前所述，美国的公关专家们在进行双向沟通并获得意见反馈之后，在必要的时候进行了“改变”、“调整”和“适应”。

如果探究美国的自我修正概念的渊源的话，可以追溯到 W.Cannon 那里。Cannon 是 20 世纪 30 年代在美国首次将 X 光引进到医学领域的哈佛大学的生理学家。Cannon 还因为提出了 homeostasis（恒常性维持机能）的概念而广为人知。Cannon 把生命体的维持恒常性机能命名为 homeostasis，同时还研究了生命体的恒常性维持机能和社会的恒常性维持机能的关系，指出“对生命体的恒常性维持机能的研究可以同样运用于构成社会组织的要素的安定化方面的研究”（Cannon，1932—1959，pp.213—228）。Cannon 所提出的恒常性维持机能的概念，为后来的社会科学的各种研究开辟了道路，这一概念不仅在生物学领域，还在社会学、经济学、政治学[iv]等多个不同的领域被广泛应用与研究。

特别是 Wiener 引用了恒常性维持机能的概念，提倡了双向性的反馈原理，将针对外界变化的自我控制（self-control）概念理论化了（辅论图表 1）。

另一方面，公共关系学者 Scott Cutlip 把对“不断变化的环境的应对”作为公关的本质来看待，将生态学的概念带入了公共关系学中。Cutlip 和 Center 在 *Effective Public Relations* 的初版（1952）中对公关的根本功能做了如下定义：“组织必须在变化中做调整，以使得所有的当事人都获得利益。”（Cutlip and Center，1952，p.19）Cutlip 把焦点对准了生态学，运用了 Cannon 的自我调整机能，将适应外界的恒常性维持机能的概念引入了公共关系中。

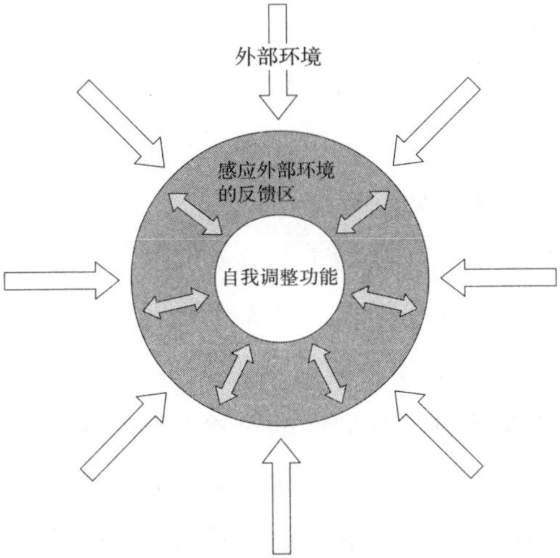

辅论图表 1 Cannon-Wienner 模型

需要强调的是，本书中所讲的自我修正必须是“有自己的意志参与的”。也就是说，无论是在什么状况下做的修正，都必须是反映了自由意志的修正行为。此外，在此所讲的自我修正，不是为了迎合对方而做的表面上的调整和变更，而是深层的本质上的，“自己将自己改变的”至上的行为。

1.2 统合 3 个要素的模型

“近年来频发的企业丑闻的根源在于，拥有‘伦理观’‘双向性的交流沟通’‘自我修正机能’这 3 个要素的公共关系发生了机能失灵的问题。”（井之上，2005 年，pp.28–31）

如果我们想让自我修正机能起作用，就要注意不要使“伦理观”在个人和组织的内部昏睡过去。而且，不仅要了解自己的状况，还要充分了解对方的状况。正因为如此，确立双向沟通渠道，以对象的反响和反应等反馈信息为基础的自我修正就显得特别重要。个人和集团为了在互相的关联中生存下去，就要通过双向沟通来理解对方，并根据需要进行自我修正。

笔者提倡的自我修正模型（SCM）包含了“伦理观”、“双向沟通”和“自我修正”3个要素。这3个要素互相依存，并且只有在经过统合后才会发生效用（辅论图表2）。无论我们怎么努力进行自我修正，如果是不具备双向性的对象的话，从始至终就只能站在各自的立场执着于自己的主张，缺乏伦理观的修正是无法将公关对象（公众）引导向好的方向的。我们只有在自己的指南针里安装伦理道德，才能向正确的方向（自我修正）前进，并到达目的地。

在这里笔者想说明的是，有时候我们设定的目的和目标会因为对方的反馈意见等外部环境的变化而被迫改变，有时甚至要做出根

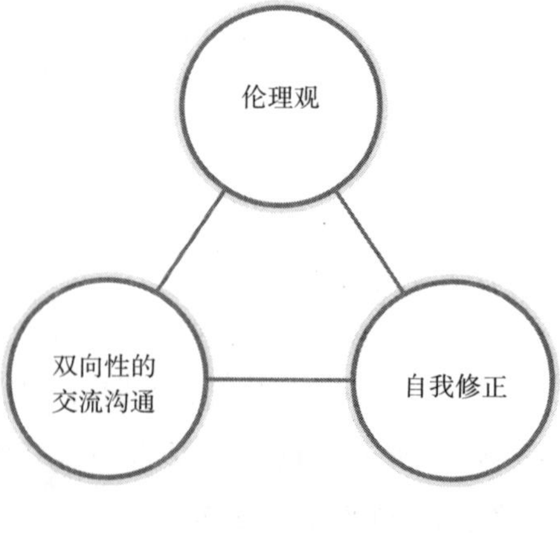

辅论图表 2 “自我修正模型”的三位一体

本性的修正和改变。

在执行拥有伦理观的公共关系的时候，需要带着具有双向性的各种视角去审视问题。在这个追求多样性的全球化的大环境中，我们需要成为一个“能够理解对方并表达自己的内容丰富的主张”的人。多样性只有在双向性环境中才有效。缺乏伦理观和相互理解的不同文化之间的对立，是做不到正确的自我修正的，有时还难免会发展为国家间的战争。所以，我们只有将这 3 个要素统合起来，才能构筑和维持双赢的关系，这才称得上 21 世纪的公共关系。

2　自我修正的构造

2.1 自我修正的中心——伦理观

前面也讲到了，无论在什么样的状况下进行，自我修正必须是有自我意志的参与的修正行为。前述 Cannon 的恒常性维持机能的概念中所包含的“刺激和反应”等一连串的作用，常常被理解为化学或物理反应，但是我们必须认识到“人类的各种活动也是这样，不仅仅是刺激和反应而已”。

对于笔者所讲的自我修正来说，对称双向性环境下的伦理道德观是非常重要的因素。在这种情况下，我们必须知道自己在整体中所处的位置。如果仅仅从平面的距离来看的话，就算可以测量得出自己和对方的距离，也无法掌握客观的、绝对的位置关系。所以我们需要一个像全球定位系统（GPS）那样的三维立体的系统，通过三维的意见反馈来观察绝对的位置关系，才能判断自己身处何处（辅论图表

3）。在自我修正的过程中充当GPS的，正是伦理观。因此，最终的中心点就是伦理观。这个中心点就是原则，是不会动摇的判断事物的基准（关于伦理观，请参照“序章”第2节至第4节）。

2.2 危机管理状态下的自我修正

自我修正有各种各样的形态。前面我们讲到过，所谓修正就是“将不好的地方改正过来”，所以在危机管理状态下，自我修正是最能够发挥自身作用的。

在通常情况下，个人和组织的负面新闻发生时，就是负面事件本身暴露出来的时候。事件被外界知晓，也就是被公司内部或外部指出并暴露后，才演变为负面新闻，对于企业来说，这时才开始进

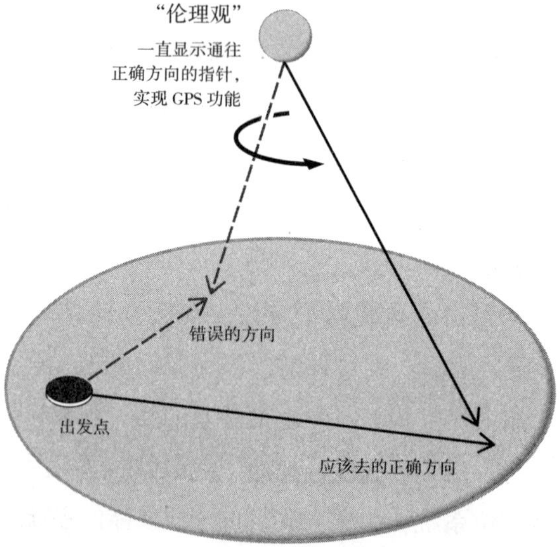

辅论图表3　存在于自我修正的中心的伦理观

入危机管理状态。其实，企业本来应该是自己意识到自己的错误，并主动应对负面事件的，正因为没有自己主动应对，而是被内部或外部揭发后，又被媒体报道，才使得负面事件公之于众。在这种时候，企业所面对的危机往往就很严重了。

2.3　容易被误认为是自我修正的事项

在这里，笔者想谈谈容易被误认为是自我修正的事项。如前所述，自我修正是指“个人或组织在周围环境的变化中，改正不好的地方的行为，这种行为不单单是因为外部的压力或威吓，而应该是通过自己的意志进行”。所以，如果不符合上述环境，也就是说如果是没有伦理道德观存在的，因自然现象和个人或组织的状况变化而进行的改变和修正的话，就不属于自我修正的范畴。

比如，以下的情况就只能称得上“自发的变更”，而不是自我修正。

①在沿着某个目标制定战略和计划的时候，主体（个人或组织）单纯地改变了战略和战术。

②单纯因为气象变化，或者政治、经济方面的外部环境有所变化，而决定推迟活动的实施，或者对政策进行变更等。

③外出的时候，把平时一直都穿的蓝色衣服，依据当天的心情换为绿色衣服。

但是，假如在实施①的计划的时候，是因为环境问题或地域摩擦等原因而对计划进行改变的话，那么伦理道德的一面就显现了出来，这时候，这一变更行为就可以称为自我修正了。同样的，在②③的情况中，如果是考虑到了对方（社会、利害关系者等）的感受，通过变更使企业或个人得到了对方的欢迎和喜爱的话，也可以称为自我修正。也就是说，伦理观是自我修正的基础，没有伦理观的变更就只能称为自发性变更。

3 自我修正的 2 个评价基准和 4 个侧面

自我修正由 2 个评价基准和 4 个侧面构成。

3.1 2 个评价基准

前面也讲到了，在日本不断发生的企业负面事件，其主要原因都是缺乏伦理道德观念。因缺乏伦理观而产生的企业丑闻一直处于东边解决了，西边又来了的状况。为了不重演这些丑闻，我们在进行修正工作的时候，就需要重新回归伦理观进行审视。在进行自我修正的时候，要关注这个自我修正是在哪个层次上进行的。

笔者为自我修正行为设定了 2 个评价基准。

第一个是以伦理为基础的“努力进行自我修正的态度”，第二个是“自我修正行为的内容”。这两种不同的自我修正的构成因素拥有不同的性质，因态度和行动内容的不同，会使修正行为走向不同方向。

◆ 以伦理观（双向性）为基础的态度

前面我们提到过，自我修正态度的基础，是伦理观。

本来伦理观是个人或组织的全体人员以某种形式共同持有的东

西，但是伦理观在每个人或组织的身上发挥作用的程度却是不同的。此外，伦理观如果起作用的话，往往是从内部自发地起作用；如果没有起作用的话，往往会从外部对企业产生作用。伦理观所发挥的作用的程度，因所属的组织和社会环境、文化环境、教育环境的不同而不同，既有处于休眠状态不起作用的时候，也有处于觉醒状态非常灵敏的时候。

因外力作用而反应（外部发起的作用）的是被动的态度，因组织等内部的变革的力量而产生的反应（内部发起的作用）是主动的态度[v]。

因此，自我修正的第一个评价基准——“以伦理观为基础的自我修正的态度”可以分为：

①因外部的作用力，即来自外部的刺激（冲击力＝促成因素）而意识到错误，然后采取行动的“被动的行动态度”。

②因内部的作用力，即来自内部的刺激（冲击力＝促成因素）而意识到错误，然后采取行动的“主动的行动态度”。

以上的“行动态度”将在稍后出现的辅论图表 5 中，由 X 轴来表示。

◆伦理观和双向性沟通的关系

在此我想谈谈伦理观和双向性沟通的关系。提出了公共关系的 4 个特性的 Gruning（参照第 2 章）断言道：“单向沟通模型，以及非对称性的双向性沟通模型是不具备伦理观念的、没有考虑到社会责任的、无法有效地管理组织的模型。”（J.Gruning, L. Gruning & Dozier, 1992, p.40）此外他还提道：“双向性的沟通意味着在促使对方变化的同时，自己也进行着改变，以良心和善意为基础的对话（交流沟通）使得具备伦理道德观念的公共关系成为可能。”（J. Gruning, L. Gruning, 1996, p.45）也就是说，他明确地指出了，在伦理观存在的地方，对称双向性沟通是可以成立的。笔者也认为“自我修正模型”的伦理观和拥有对称性的双向沟通是如同一个硬币的正反面一样的关系。

◆自我修正行为的内容

接下来，我们再来看看自我修正的第二个评价基准——“自我修正行为的内容”。无论是被动的态度，还是主动的态度，个人和组织只有在采取实际行动进行修正之后，其修正行为才具有价值。而且修正行为不能是因外界的压力和强制而进行的，必须是以自己的自由意志为基础的，这在前面我们已经多次提到过了。此外，修正后的内容也需要通过一定标准进行判断。

修正后的内容有以下 2 个判断标准。

①对于个人和组织来说，自我修正的内容是否是不重要的细枝末节的“表面的自我修正”？

②是否是关系到个人的人生，或组织的运营管理的根本的“本质上的自我修正”？

这些“修正行为的内容”，将在后面的辅论图表 5 里出现，由 Y 轴来表示。

3.2 自我修正的 4 个方面（特性）

如上所述，自我修正的 2 个评价基准为：进行以伦理为基础的自我修正的态度，以及自我修正行为的内容。这两个基准我们用 X

轴和 Y 轴来表示，每个轴都有 2 个形成鲜明对比的方面，所以一共有 2×2＝4 个方面（特性）。不仅战略或项目的内容会影响到自我修正的重点，而且优先顺序或目的与目标的不同，以及个人还是组织的不同也会使得自我修正产生变化。这 4 个方面的修正方向和性质各不相同，所以笔者把这 4 个方面作为自我修正的特性，用辅论图表 4 来表示。

◆自我修正的被动的一面

首先，消极的自我修正态度，是指通过外部的作用力，即外部的刺激而产生行动的态度（下面将其叫作由外部冲击带来的“被动的自我修正”）。这时的伦理观处在不发挥任何作用的状态下，组织或个人因外部的督促而从错误的方向试着转向应该去的方向。

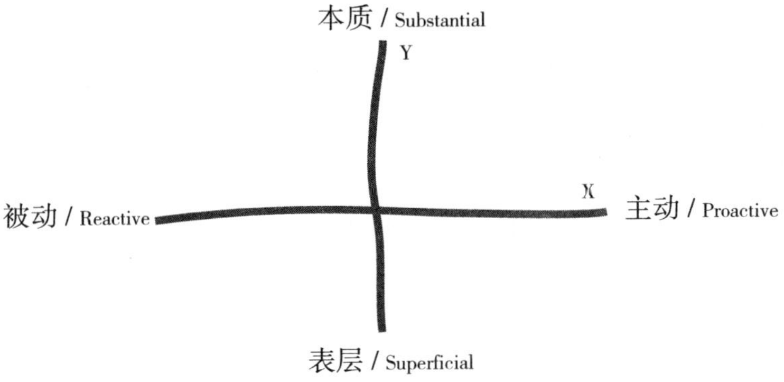

辅论图表 4　自我修正的 4 个方面（特性）

◆自我修正的主动的一面

积极的自我修正态度，是指通过内部的作用力，即内部的刺激而产生行动的态度（下面将其叫作由内部冲击带来的“主动的自我修正”）。这时的伦理观处在发挥作用的状态，如果组织或个人为了达成某个目的或目标的政策方针和初衷不符，内部的督促作用就会促使组织或个人将自身的行进方向朝着正确的目标调整。

◆自我修正的表面性的一面

对于组织或个人没有重要意义的细枝末节性的自我修正叫作“表面性的自我修正”。比如，为了配合街道的景观氛围而将公司的广告牌的颜色改变，或者为了使参赛者方便而改变公司内部的运动会的项目和时间等。

通常，在制定公关项目策划案的时候，因为对企业管理以及整个项目几乎不会有什么影响，所以时间的变更和细小的预算修改等行为会被归类为“表面性”的内容。但是，比如社长向员工进行重要演讲这件事，如果因为重大的情况而改变时间的话，则有可能从“表面性”的修改变为“实质性”的修改。

在组织战略的构筑过程中，战术上的修正大多数是表面性的，或者就算是本质上的，其修正程度也是比较偏弱的，而战略上的修正大多数是程度上很强的本质性的修正。

◆自我修正的本质性的一面

关系到个人和组织的运营的根本性的自我修正叫作“本质性的自我修正”。

亚里士多德（Aristotle）在其著作《自然学》（1968年）中说，“事物可以分为‘实体（Substance）’和‘偶然性或附带性（Attributes）’”。人性，对于一个人来说一定是具备的，其本质是一个人的个性，也就是所谓的人格对于一个企业来说就是与企业性、企业文化等有关的设立企业的目的，以及企业的理念、愿景等等。另一方面，一个人头发的颜色和长度、服装等要素不是他的个性。亚里士多德将本质性的变化和偶然性的变化严格区分开来，“在海边晒黑了”的变化是偶然性的变化，“香烟被点燃变为烟和灰”的变化是本质性的变化。

笔者提出的“本质与表面的关系”与上述的哲学的形而上学（存在论）中常常使用的概念——“实体与偶然性”的关系非常接近。也就是说，实体是本质，偶然性是表层的想法。它们有可能以实体变化或偶然性变化的形式进行双向性的演变。

3.3 自我修正的 4 个领域

辅论 3.2 中我们介绍了自我修正的 4 个方面，如果再加上前面提到的 2 个评价基准的话，就形成了 4 个领域。这样，我们就可以观察自我修正的状态和变化了。自我修正行为包括以下 4 个领域。

①被动 · 表层领域

②被动 · 本质领域

③主动 · 表层领域

④主动 · 本质领域

自我修正模型的 3 个构成要素（ⓐ伦理观，ⓑ双向沟通，ⓒ自我修正）中，ⓐ伦理观和ⓑ双向沟通的水准比较高的时候，ⓒ自我修正的基础就会主动地、本质上地向好的方向发展。而在ⓒ自我修正充分实践的情况下，ⓐ伦理观和ⓑ双向沟通也能充分发挥其机能。

此外，测定ⓐⓑ的程度虽然是很难的，但如果能测定ⓒ的话，

ⓐⓑ的程度也就可以类推出来了。

前面我们提到了，自我修正分为由外界的刺激带来的源自外界的修正，以及发自内部的自发性修正（X 轴）。同时，还可以分为修正内容很小的修正和关乎事物的本质的大幅度修正（Y 轴）。笔者所认为的理想的修正是由自身意识带来的，在 4 个修正领域中处于④主动・本质领域的修正。换句话说，笔者所提倡的，是用主动的态度进行的关乎事物本质的修正行为，是在最深刻的本质处进行的修正行为。但是，在平时没有什么大的变化的时候，我们不一定需要深刻的本质上的修正，反而是表层的修正行为比较多。在这种情况下，处于主动的态度（③主动・表层，④主动・本质）的，有自身意识的督促的状态，对于我们来说，则是最好的状态。

在此，比较重要的是，在回顾自我修正的时候，要运用“元认知”，检查自己的思考方式是否偏执。“元”是指“上面的”、“更高层次的”或者“超越……的”，“认知”是指对于围绕自身的环境的认识活动。“元认知”拥有伦理的一面，在心理学和哲学中常被用到，是从高维空间对自己的思考、记忆、判断等所进行的主体性的内省行为。通过对“元认知”的运用，我们可以使自我修正更加正确有效，可以使“应需要对自己的深层进行自身的修正”成为可能[vi]。

4　自我修正地图和观测值

笔者把自我修正的 2 个评价基准和 4 个方面设定为：表达以伦理观（双向）为基础态度的程度的 X 轴，以及表达修正行为的内容程度的 Y 轴。这就是自我修正地图（辅论图表 5）。在这里为了方便表达，我们在这张二维平面图上把 X 轴和 Y 轴分为 5 个阶段（-2，-1，0，1，2）。

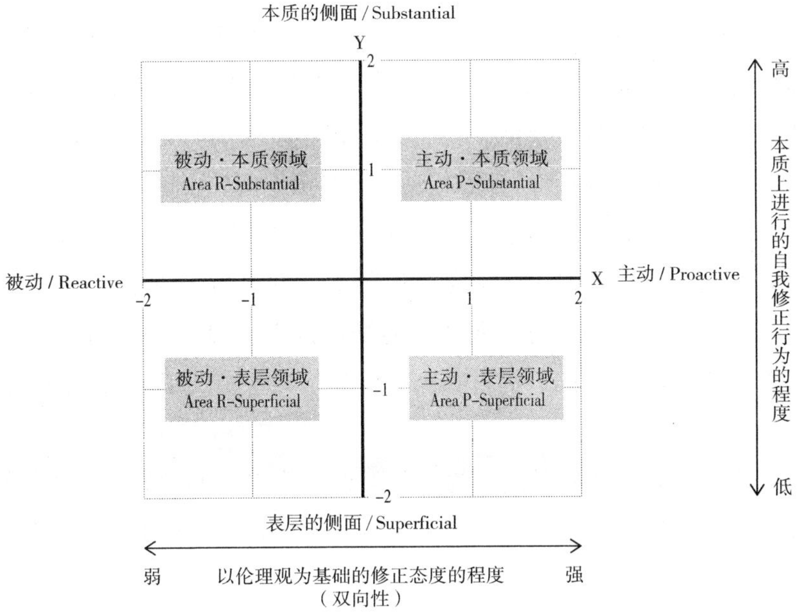

辅论图表 5 “自我修正”地图和 4 个领域

自我修正的观测值[vii]因主体的位置的不同而不同，因个人和集团所面临的危机的内容（不至于是关乎人命的事态），以及谁（个人、组织、地区・国家）是主体等问题而变化（参照后面的高中棒球部的例子）。自我修正的行为是源于内因还是外因，会决定观测值在 X 轴上的位置。不过如前所述，被变化所迫（如遇到强盗或交通事故等）而发生改变的情况不属于自我修正。

辅论图表 5 是将自我修正的程度用 X 轴和 Y 轴表示的地图，我们可以将自我修正行为的观测值在地图上标出来，这样就可以观察自我修正随着时间的推移产生了怎样的变化。观测值的位置叫作“自我修正位置”（SC-P: Self-Correction Position）。

辅论图表 5 的 X 轴表示自我修正时的态度，Y 轴表示伦理观（双向）基础。左边的被动（reactive）行为，对于进行自我修正的主体（以下简称主体）来说是督促自我修正的外在要因，–2 是表示来自外界的最强的刺激（督促），–1 表示相对较弱的刺激（督促）。右边的主动（proactive）行为是促成自我修正的内在要因。

另一方面，Y 轴表达了自我修正行为的程度。Y 轴下半部分的表面的（superficial）自我修正行为，是与主体的重要事项无关的“发现”和“反省”而产生的修正行为（–2）。Y 轴上半部分的本质性（substantial）的自我修正行为是与主体的根本相关的修正行为（2）。

辅论图表 6 是笔者提倡的公共关系自我修正模型的概念图。其大前提是，信息的发送者（主体）与作为接收者的利害关系者及特

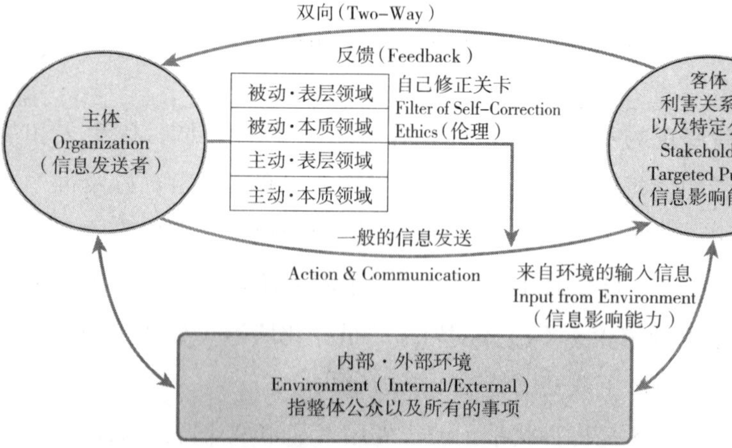

辅论图表 6　自我修正模型的概念图

定的公众（客体）之间要有具有对称性的双向沟通。然后，主体（组织）要依据来自公众的反馈，在必要的时候进行自我修正。这个时候，信息通过中央的自我修正过滤网的过滤和修正，发送给大众。再次经过公众的反馈，有必要的话主体再进行修正，和前一次一样再通过中央自我修正过滤网的过滤，再次发送给公众。图表 6 下面的方框代表周围环境（内部、外部环境）。环境包括一般大众以及自然界的各种事物与现象。主体在对环境施加影响的同时也受到环境的影响。同样，环境会受到客体（利害关系者、特定公众）的影响，也会对客体施加影响。受到了这些影响的客体会通过反馈，对主体产生反应。这一系列的行为会重复发生。通过反馈得到的信息，必须通过图表 6 中央的自我修正过滤网中的，由伦理 · 双向沟通为基准的 X 轴和自我修正行为的内容为基准的 Y 轴构成的 4 个领域（被动 · 表层领域、被动 · 本质领域、主动 · 表层领域、主动 · 本质领域）的某个领域。通过重复进行这个过程，自我修正让公司的公关战略朝着更加健全的方向发展。

在此，笔者想举一个假设的例子（某高中棒球队的例子）来说明自我修正是如何按时间序列进行的。我们就按照刚才介绍的自我修正地图（辅论图表 5）来说明。

<故事>

某棒球队的主力队员 A，不顾学长和其他队员的忠告，完全不来参加训练。队员们再三向教练反映情况，与此同时，队里开始弥漫起一种没有干劲儿的厌烦情绪。教练劝告 A 退队，随后 A 进行了反省并且请求归队。教练和 A 进行谈话后接受了 A 的请求，A 实现了回归棒球队的愿望（辅论图表 7）。

这个例子中的自我修正观测值在自我修正的地图上标出来的话，就可以看出从①至⑤的变化。

①某天，A 被教练劝告退队，终于意识到事态的严重。被教练劝退会失去棒球队员的身份，这是外部的刺激，X 轴为 –2。Y 轴表示意识到了事态，同样在 –2 处。

② A 少年时的玩伴儿 B 同样是棒球队队员。B 对 A 说："我也帮你劝劝其他队员，但你也改正一下自己的训练态度，不要退队，加油训练好吗？你再考虑考虑！" A 说："那我想想。" A 开始反省自己，并向 B 道歉，从心里意识到给 B 添了麻烦。同时开始考虑要想留在棒球队应该怎么办。此时 B 的强有力的推动使得 X 轴变为 –1。但是行动上没有什么变化，Y 轴也为 –1。

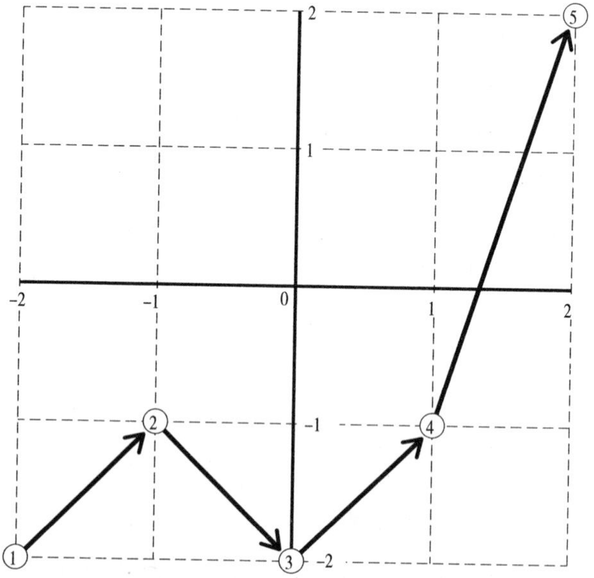

辅论图表 7　某高中棒球队的自我修正的时间序列变化

③ A 开始反省自己后，恰好教练要找他谈话，A 也同意了。A 自己认识到了事态的严重，X 轴变为 0，在合适的时机接受了教练的谈话，Y 轴变化为 –2。

④ A 反省了至今的行为，向队友们道歉。A 的反省表达了他想要积极努力的态度，X 轴正在变化为 1。而且，由于向队友们道歉了，Y 轴变化为 –1。

⑤ A 向教练和队友们表示自己已经端正了态度，发誓要为棒球队变得更强而做出贡献，并得到了教练和全部队友的谅解，进而回归了棒球队。A 因为发自心底地反省了自己，又发誓要使棒球队壮大，所以 X 轴移动到 2。而且因为 A 是棒球队的关键队员，所以 A 的回归从修正程度上讲是本质上的修正，Y 轴也移动至 2。从这个状况来看，双向的沟通得到了保证。

在这个故事里，A 通过深深的自我反省重新回到棒球队，对于棒球队以及 A 双方来讲都是好事情。队友和教练在深思熟虑后决定接受 A，A 发誓再也不采取从前那样不认真的练习态度，从而得以回归棒球队。在辅论图表 7 中，观测值最后到达了右上方的主动・本质领域，这是伦理观、双向沟通与自我修正 3 要素共同起作用的结果。

5　对报道的分析中的自我修正模型案例

在“序章”中我们谈到了，在自我修正模型中，自我修正是公共关系的 3 个构成要素之一。那么，在个人或组织进行自我修正的时候，自我修正地图上的观测值是怎样变化的呢？

通常，我们在进行自我修正的时候，因为有人的意志的存在，所以需要花费一些时间。而且由于容易受到周围环境变化的影响，所以修正过程中的轨道不是固定不变的。但是，我们能够以基于自身意志的修正行为定位，并亲自掌舵进行修正，从而通过最短距离到达舆论所认为的应有的方位（公正的位置）。这个过程正是自我修正的变化过程（井之上，2007，pp.1–18）。

在此，笔者想介绍几个“自我修正”在危机管理中发挥了显著作用的案例，进而向大家解释一下自我修正模型发挥作用的机理。接下来，就让我们一起看看①“石棉事件”（成功案例）和②“牛肉伪装事件”（失败案例）这两个自我修正行为在新闻报道中的表现，并借此来了解一下自我修正的时间序列变化。因为篇幅等的限制，为了让大家对自我修正的变化有所了解，只介绍事件的概况和在地图上的推移变化［详细内容参照井之上（2008）］。

5.1 【成功案例】石棉事件

2005 年 6 月 29 日，石棉制造商之一的 J 公司自己公布，由石棉引起的胸膜和腹膜癌（中皮肿）等在 1978 年之后，共造成工厂员工以及外部人员 79 人死亡。随即，公司在没有确定关于石棉与发病的因果关系以及相关法律责任的情况下，又快速地采取了一系列措施，如企业自行决定支付慰问金，规定向去世的患者支付吊唁金，探讨设立石棉疾病患者治疗的基金等。J 公司的管理者们积极地进行了自我修正，因此这件事情在 18 个月后，也就是第二年的 11 月份渐渐平息了。我们把从 2005 年 6 月 29 日 J 公司公布问题之

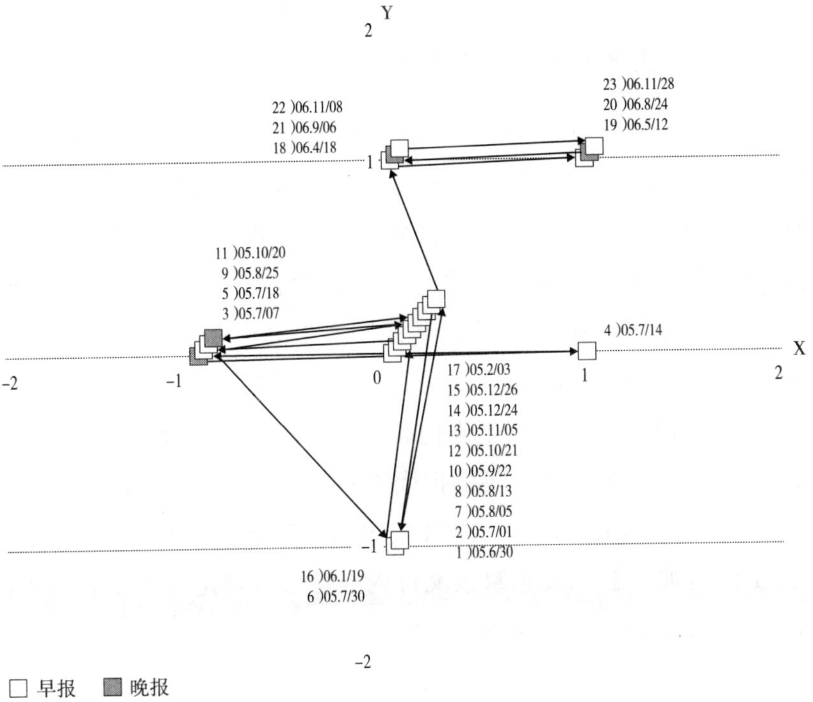

辅论图表 8　报道分析 1:“石棉事件”在自我修正地图上的变动

后，到事件平息的 2006 年 11 月 28 日之前的特定的全国性报纸的早报和晚报刊登的关于“石棉事件”的 23 篇报道抽取出来，试着将自我修正的时间序列变化状况在辅论图表 8 的自我修正地图上标记出来。

俯瞰“石棉事件”中按照时间序列排列的自我修正模式，我们就会发现，从一开始就可以看出企业积极的态度，然后在“主动 · 表层领域”和“被动 · 表层领域”之间移动，最后到达了符合舆论方向的“主动 · 本质领域”。

5.2 【失败案例】牛肉伪装事件

2001年9月10日，日本国内首例BSE（疯牛病）感染牛被发现了。X公司的“牛肉伪装事件”的整个过程是这样的：作为针对BSE的政策之一，日本农林水产省对国产牛肉进行了采购。X公司恶意利用这一政策，公司的合作肉食品中心（位于兵库县伊丹市）的员工将从澳洲进口的牛肉伪装成国产牛肉出售给了农林水产省。这件事情之后又相继发现了Z公司（总部设在大阪的大型肉食品销售公司），以及U公司的牛肉伪装行为，使得人们对食品标识的信任骤减，消费者们对于肉类的担忧急速扩大。

将伪装牛肉装盒的地方是X公司的生意合作伙伴冷藏公司T公司，T公司被X公司要求篡改文件内容。事件就是因为T公司的告发，而于2002年1月23日被发现的。

在1月23日的记者招待会之后，兵库县警察为了将食品伪装行为立案，对其进行了为期三个月的搜查和强制调查，发现其伪装行为很可能涉及整个公司。在这种情况下，高层管理者们引咎辞职，X公司召开临时股东大会并决议解散公司，整个过程都是在被动地受到外界刺激的情况下发展的。从事件暴露起短短3个月的时间，销售额超过900亿日元的企业就这样消失了。

而且，在4月26日的股东大会上，当公司解散的决议被公布时，出现了员工股东对着管理者们大喊：“你们给我查明原因！”后又被负责人拦住的一幕。从这些地方也可以看出，公司员工和管理层之间没有足够的双向沟通，互相的信赖关系也没有建立起来，而这正是导致公司解散的重要原因。假如双方的沟通比较顺畅的话，互相的理解也会加深，工作第一线的情况也会比较容易在公司内部被共享，公司伦理道德意识会随之提高，公司内部的工作态度就会比较主动，修正行为进而会变得迅速、准确并更加健全。在这样的良性循环下，公司解散的悲惨结局也许就可以避免了。

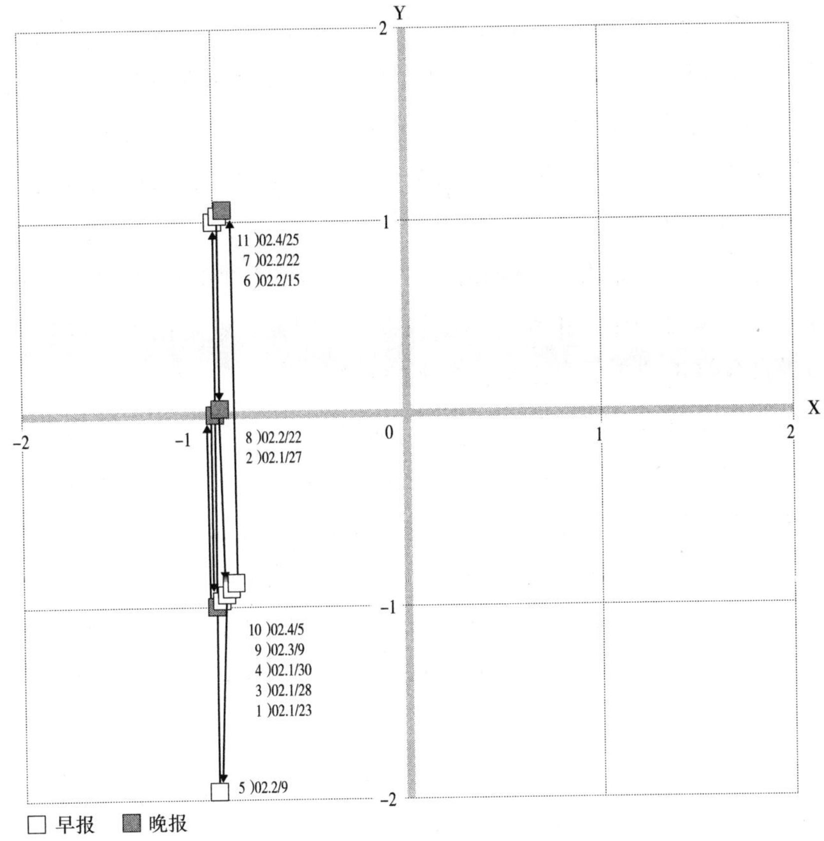

辅论图表 9　报道分析 2："牛肉伪装事件"在自我修正地图上的变动

我们把从2002年1月23日事件暴露起到公司解散的大概3个月之间的相关报道中、特别聚焦于本事件的11个报道提取出来，对其进行了评价（按照伦理方面的努力和自我修正行为的时间序列变化），并制作了辅论图表9。

纵观“牛肉伪装事件”中按照时间序列排列的自我修正模式，可以发现其在“被动·表层领域”和“被动·本质领域”之间往返，一直到公司解散这个最坏的结果发生，X公司都没有做出任何伦理道德方面的反应。在“主动·表层领域”和“主动·本质领域”里没有留下任何痕迹，而且公司本身也解散了，可以说这是一个典型的失败案例。

通过高中棒球队的案例和以上2个媒体报道案例我们可以发现，自我修正最终到达“主动·本质领域”的时候，就是伦理、双向沟通、自我修正的3要素被统合起来的时候。

组织在进行危机管理时，大多数情况下都是被来自外部的刺激所驱动的，在代表伦理的X轴上多从负数起步。而石棉事件却是公司在事件发生初期就主动采取措施，所以3大要素得到了统合，发挥了作用。再看牛肉伪装事件，事件本身是从负面新闻被报道开始的，又在伦理、双向沟通、自我修正3要素完全不起作用的情况下结束了。换句话说，正是当事企业缺乏伦理观和双向沟通，又完全没有主动采取任何措施才导致失败的。

笔者还观察过许多案例，由于篇幅限制在此就不一一介绍了。这些案例都有一个共通之处，就是在爆发负面新闻的时候，会因当事企业是B2B还是B2C，而发生应对危机管理时的时机差别。直接和消费者紧密联系的B2C企业，比B2B（顾客是企业）企业的反应更加迅速。

因为当面临危机时，B2C 企业受股东的反应和消费者的拒买运动影响，所蒙受的损失比较大，所以 B2C 企业就更需要迅速地解决问题。

今后我想对将 3 要素三位一体地统合起来的“自我修正模型”与危机管理·危局管理之间的关系做进一步研究，并提倡新的“危机管理模型”。

6 总结

如果对自我修正模型（SCM）加以总结的话，我们可以说要想让起到中枢作用的自我修正行为发挥功能，就要不仅仅了解自己的状况，更要熟知对方的状况。因此，我们就需要建立双向沟通（对称性沟通），对从目标对象那里得到的反响和反应进行意见反馈，将其作为自我修正的材料。而且，自我修正必须有伦理道德观念的支持。作为一个组织，在以追求大多数人的幸福为目的而发展事业的时候，即使不触犯法律也不可以搅乱市场和社会环境。有时候，违背伦理观的行为可能能帮助我们暂时达到自己的目的，但是从长远角度看，我们都能够明白，这样做是无法维持与利益相关者共同的繁荣，带来真正意义上的好结果的。

重复提到过多次了，对于自我修正模型来说，最重要的就是伦理观、双向沟通、自我修正这 3 大要素的统合。缺乏伦理观的自我修正是无法将目标公众引导向好的方向的。只有在自己的指南针上安装上伦理道德观念，才能使自我修正发挥作用，并最终到达目的地。同时，如果没有了解对方，且给对方带来变化的对称双向沟通没有发挥作用的话，伦理观也无法起到指南针的作用，自我修正就会驶向错误的方向。

本辅论开头部分也提到了，笔者所研究课题“自我修正模型”是“有人类参与的，反映了人类的意志的，由伦理、双向沟通、自我修正 3 个要素统合构成而起作用的”公共关系中的新概念。

自我修正模型高度地重视精神方面的因素，可以考虑将其作为人类的行为规范来使用。它是实现世界和平和繁荣的共生型模型，是笔者所做研究的核心概念。

辅论注

ⅰ. 关于自我修正在其他领域，如经济学领域被提及的例子：L. Walras 在“一般均衡论”（“一般均衡论”是试图从数学的角度分析所有相关市场的供需的同时进行的由自我修正带来的平衡的成立条件的理论）中谈道：自我修正因市场的供需平衡而自动形成。具体请参照 Walras《纯粹经济学要论》（1983）。

ⅱ. 在生物学中有论述提道：是拥有自律性自我修正机能的忠实的复制功能确保了生命可以维持。在复制细胞的时候，在 DNA 为了合成 RNA 而进行读取的阶段，如果出现了偶然性的错误，被误取的核苷酸自己会发挥自我修正机能，为了合成 RNA 而进行的复制是保证忠实于原型的（Cramer, 2006, pp.447–448）。

ⅲ. 在教育学中，Kouraogo 就学习者在达成目标的过程中所进行的，通过自我评价和对他人的评价而进行的自我修正的重要性进行了论述（Bax & Zwart, eds, 2001, pp.325–339）。

ⅳ. K. Deutsch 是 Wienner 的学生（Rogers, 1986/1992, p.102），

将 cybernetics（指由反馈原理所带来的自我控制机能的概念）的概念引入政治学，是将政治性的信息处理进行公式化的政治学家。今田（2005）认为，Deutsch“考虑将‘自觉的反馈’作为给系统的自我组织性奠定基础的反馈作用。据他称，在某个组织中，在意见反馈的诸多过程中，存在有可以促使改变目标的自觉的反馈，这正是使得目标从根本上进行改变的因素。例如，瑞典的政治制度从 17 世纪的追求军事力量的目标，变为 20 世纪的追求社会福祉的目标”。（p.71）

ⅴ. 在 2006 年出版的拙著《公关力》（中文版 2010 年发行）的第 1 版的“序章”第 2 节中，我试着将自我修正分为 2 种，用“内在”和“外在”这两个词语对其进行了说明。在接下来的研究过程中，渐渐感觉“内在”和“外在”的语感是静态的，而“内发性”和“外发性”所具有的动态语感则更能表现自我修正行为的“动作”。所以自那之后就改用后者了。

ⅵ.“元认知”在本书 2006 年初版的时候就有所记述，但其起源据说要追溯到公元前 5 世纪的苏格拉底。使用“元认知”的概念可以使自我修正更准确和有效，使得“依据需要在自己的深处进行修正”成为可能。在心理学领域这个词是在进入 20 世纪 60 年代之后开始被使用的。因 20 世纪 70 年代，J. H. Flavell 和 A. Brown 对它的研究而迅速地扩大了知名度。带有伦理意义的元认知一般是指从其他次元考虑自己的思想，从元（高处）的层次俯视和认识自身（行为和想法、知识量、特点、缺点等）。（参照井之上的博客：2007 年 4 月 28 日 http://inoueblog.com/archives/2007/04/post_42.html）

ⅶ. 在日常的工作中，自我修正的态度有时可以明确地区分为主动或被动，有时则处于无法明确区分主动和被动的状况，或者有时是一个一个微小的无数的连续的主动·被动的现象的相互作用的结果。在对自我修正的观测值进行判断的时候，需要在对整体局势有所理解的前提下，对一个一个的个别现象的重要程度进行观察，从中选择重要的现象在轴上标出。

结　语

我前言中已提到，在全球化加速的时代背景下，在民族纷争、环境问题、领土问题、贫困问题、贫富差距·不平等等诸多问题困扰着世界的今天，充分运用具有综合性视角的公共关系才是解决这些问题的最佳方法。

本书探究了 21 世纪公共关系的作用和重要性，明确提出了在严峻的竞争环境中企业管理者和公关人士应当实践的公关方法和分析手法。对于组织来讲，公共关系是“为了达到目的而与各种利害关系者构筑良好关系”的活动。就此本书已经举例说明了。

现在，互联网的普及正在给世界的结构带来巨大的变化。世界在由两极化向着多元化急速发展，协调国家之间的关系变得更加困难。与此同时，个人给政治和经济生活带来的影响变得空前巨大，对组织团体的管理也因此变得更加困难。在这种背景下，作为拥有综合视角的中介者，公共关系的从业人士担负着重大的责任和义务。

企业管理正在从以往的“金融资本主义型”转向“公益资本主义型”。日本在明治维新之后接受了各种试炼，经历了各种挑战。作为课题发达国家的日本，现在不正是应该发挥自己的软实力，为世界做出贡献的时候吗？我衷心希望公共关系在此时能为 21 世纪的日本和世界的安定与发展做出贡献。

为了在日本普及公共关系，2001 年，我在 PHP 研究所编著出版了《入门·公共关系》，现在一晃已经过去 15 年了。2004 年，为了培养拥有“个体”能力的下一代人才，我又在早稻田大学开设了公共关系论的课程，至今已有 2000 多名学生走向了社会。我热切地盼望他们能成为新的日本的栋梁。

我希望本书不仅对于学生们，还能对于从事实际公关业务的人们有所帮助。如果将日常工作与本书的理论体系对照，能帮助您理清思路的话，我将不胜荣幸。

我相信，能够将这个前途未卜的日本和世界变为充满和平和希望的社会的，正是阅读此书的读者诸君们，这也是公共关系的力量所在。

在创作本书时，继初版之后，我又多次受到日本评论社的守屋克美先生的照顾。与此同时，我所经营的井之上公关公司的董事皆见刚先生，作为我的顾问，30 多年来和我风雨同舟，给予了我很大帮助。本书的第 2 版得以发行是因为诸多人士的帮助和支持，在此，我向大家表示衷心的感谢。

井之上乔

2015 年 3 月

图书在版编目(CIP)数据

公共关系 / (日) 井之上乔 著；王冕玉，王熙威 译 . —北京：东方出版社，2018.1
ISBN 978-7-5060-9831-1

Ⅰ. ①公… Ⅱ. ①井… ②王… ③王… Ⅲ. ①公共关系学
Ⅳ. ① C912.3

中国版本图书馆 CIP 数据核字（2017）第 157908 号

公共关系（第二版）
（GONGGONG GUANXI）

作　　者：[日] 井之上乔
译　　者：王冕玉　王熙威
责任编辑：辛春来　汪霁月
出　　版：东方出版社
发　　行：人民东方出版传媒有限公司
地　　址：北京市东城区东四十条 113 号
邮　　编：100007
印　　刷：北京联兴盛业印刷股份有限公司
版　　次：2018 年 1 月第 1 版
印　　次：2018 年 1 月第 1 次印刷
开　　本：880 毫米 × 1230 毫米　1/32
印　　张：10.625
字　　数：224 千字
书　　号：ISBN 978-7-5060-9831-1
定　　价：46.00 元
发行电话：（010）85924663　85924644　85924641